**초보자도 쉽게 배우는
포토샵 CC 길라잡이**

초판 1쇄 인쇄 | 2016년 4월 15일
초판 1쇄 발행 | 2016년 4월 20일

지 은 이 | 이승희
발 행 인 | 이상만
발 행 처 | 정보문화사

책임편집 | 최동진
편집진행 | 오운용, 노미라, 이보윤
주   소 | 서울시 종로구 대학로 12길 38 (정보빌딩)
전   화 | (02)3673-0037(편집부) / (02)3673-0114(代)
팩   스 | (02)3673-0260
등   록 | 1993년 8월 20일 제1-1013호
홈페이지 | www.infopub.co.kr

I S B N | 978-89-5674-693-7

이 책은 저작권법에 따라 보호받는 저작물이므로 무단 전재와
무단 복제를 금하며, 이 책 내용의 전부 또는 일부를 사용하려면 반드시
저작권자와 정보문화사 발행인의 서면동의를 받아야 합니다.

※ 책값은 뒤표지에 있습니다.
※ 잘못된 책은 구입한 서점에서 바꿔 드립니다.

들어가는 글

Photoshop의 핵심을 담은 책을 쓰기 위해 집필에 착수한 것이 지난여름이었는데 벌써 두 개의 계절을 지나 새봄을 눈앞에 두고 있습니다.

이 책을 집필하는 동안 'Photoshop을 사용하는 독자들에게 도움이 되려면 어떤 내용을 담아야 할까?'라는 문제를 놓고 많은 고민을 했습니다. 이 책은 20여 년 동안의 강의 경력을 바탕으로 Photoshop을 처음 접하는 독자들이 궁금해 하는 내용을 중심으로 구성했으며, 독자들이 내용을 가장 효율적으로 습득할 수 있도록 하기 위해 따라하기 방식의 학습 방법을 사용했습니다.

이 책은 Photoshop을 잘 다루지 못하는 분들은 물론, 이번 기회에 기본기를 확실하게 다지기를 원하는 분들에게 도움이 될 수 있도록 하는 것을 최우선 목표로 삼았습니다. 이러한 목표를 바탕으로 독자들이 Photoshop의 기본기뿐만 아니라 두 프로그램의 알찬 기능들을 익힐 수 있도록 구성하였습니다.

또한 Photoshop의 전반적인 기능을 이용하여 다양한 예제들을 따라하기 형식으로 구성함으로써 Photoshop의 전반적인 개념을 익힐 수 있도록 하였고, 이와 더불어 기능을 익히는 과정에서 중요하다고 생각되는 내용을 디자인에 적용해볼 수 있도록 최선을 다하였습니다.

여러분도 잘 알고 있는 바와 같이 Photoshop은 편집, 디자인, 광고 분야에서 가장 널리 사용되고 있는 대표적인 그래픽 툴입니다. 이러한 분야에서 훌륭한 작업물을 만들기 위해서는 색채를 조합하는 능력과 Photoshop의 기능을 잘 활용할 수 있는 배경 지식이 필요합니다. 독자들 또한 이 점이 가장 큰 고민일 것이라 생각하며, 이 책이 독자들의 열망에 조금이나마 부응하기를 간절히 바랍니다.

이 책을 집필하면서 가장 힘들었던 것은 샘플 이미지를 제작하는 일과 Photoshop의 수많은 기능들을 적절히 활용한 예제를 만들어 내는 것이었습니다. 예제를 만들고, 활용 분야에 적합한 예제를 선택하고, 이를 검증하는 작업이 결코 녹록지 않았지만, 이 모든 순간을 견딜 수 있었던 것은 독자들에게 도움이 되는 책을 만들겠다는 나름대로의 고집 때문이었다고 생각합니다. 이러한 필자의 노력과 정성이 조금이나마 독자들에게 전달되기를 바랍니다.

끝으로 이 책을 기획하고 제작해주신 정보문화사 관계자 여러분들께 감사의 마음을 전합니다.

이승희

이 책을 보는 방법

이 책은 포토샵 CC의 최신 버전을 기반으로 집필되었습니다. 휴대하기 편리하게 두 권으로 분리가 가능하며, 총 20개의 레슨으로 구성되어 있습니다. 입문자가 쉽게 따라할 수 있도록 각 작업에 대한 내용을 빠짐없이 설명하고 있으며, 각 Step으로 구성하여 단계별로 학습할 수 있습니다.

레슨 제목 및 발문
각 레슨에서 학습할 제목과 배울 내용을 간결하고 쉽게 설명하였습니다.

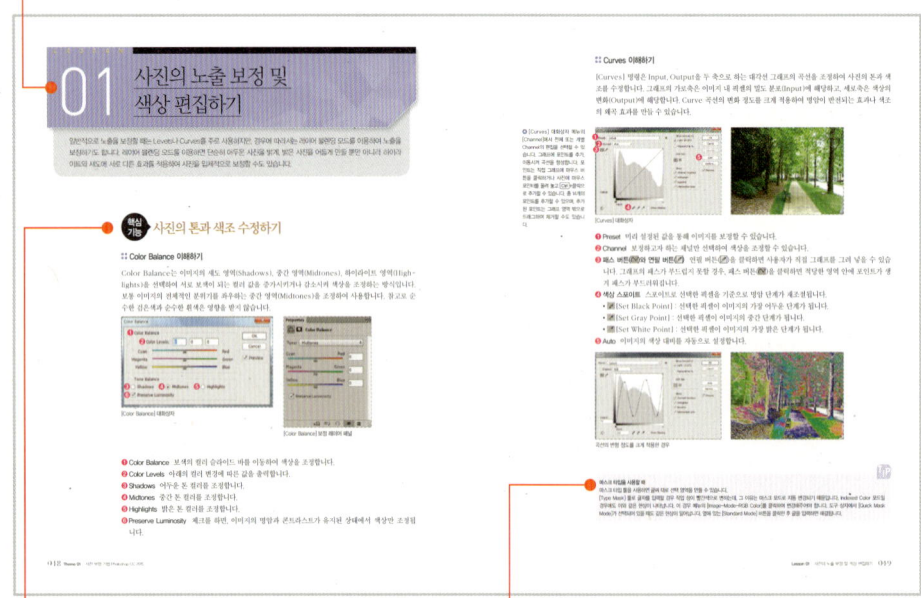

핵심 기능
해당 Lesson에서 학습할 핵심적인 기능을 자세하게 소개하였습니다.

Tip
포토샵을 사용하면서 작업의 효율을 향상시키고자 할 때 알아두면 좋을 유용한 내용과 저자의 풍부한 실전 경험을 바탕으로 한 알짜 노하우를 정리하였습니다.

기능 실습
앞에서 학습한 기능에 관련된 실습 예제를 따라해보는 부분으로, 이해하기 어려운 내용에는 〈Tip〉을 추가하였습니다.

따라하기
예제를 직접 활용하여 익히는 과정으로, 따라하기 형식을 바탕으로 구성했습니다. 단계를 체계적으로 구성하였기 때문에 누구나 쉽게 학습할 수 있습니다.

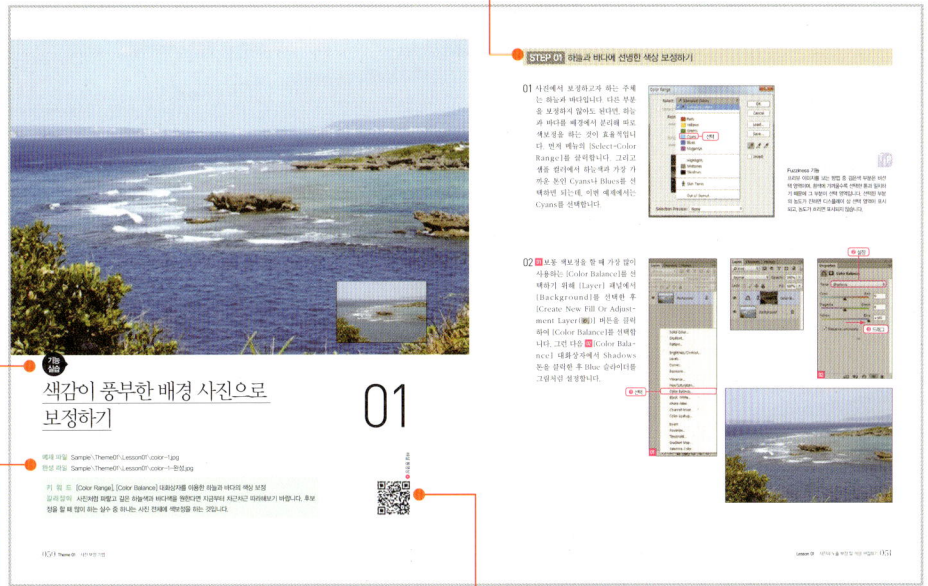

예제 파일/완성 파일
학습에 필요한 파일의 경로와 파일명을 알 수 있습니다.

키워드/길라잡이
학습에 필요한 실습 예제를 활용하면서 사용하는 기능이 무엇이며, 예제가 어떠한 상황에 쓰이는지를 알려주는 가이드 역할을 해줍니다.

동영상 강좌
해당 레슨에 대한 좀 더 자세한 해설은 스마트폰에서 QR 코드를 인식하게 한 후 확인하거나 부록으로 제공하는 압축 파일(Sample.zip)의 "동영상 강의 링크.xls" 파일에서 확인하세요.

기능 향상
〈핵심 기능〉에서 미처 담지 못한 내용과 기능 설명을 추가로 정리하였습니다.

실무테크닉
앞에서 배운 Step 과정을 응용하여 추가로 알아야 할 사항이나 새로운 기능을 소개하였습니다.

Note
본문에 미처 담지 못한 내용과 꼭 필요한 핵심 내용을 정리했으며, 저자의 노하우를 소개하였습니다.

노하우
저자의 노하우가 담긴 팁을 담았습니다.

Photoshop CC 2015 무료 시험 버전 설치

이 책에는 Photoshop CC 2015 무료 시험 버전이 포함되어 있지 않습니다. 이 책의 20쪽을 참조하여 여러분의 PC에 다운로드하여 설치하기 바랍니다. 설치 작업에는 몇 시간 이상 걸리는 경우도 있습니다. 또한 무료 시험 버전은 하나의 계정으로 처음 시작한 시점부터 30일 동안만 사용할 수 있으므로 주의하기 바랍니다. 이 책에서는 지금까지 Creative Cloud를 설치한 적이 없는 분을 위해 무료 시험 버전을 설치하는 방법을 설명하겠습니다.

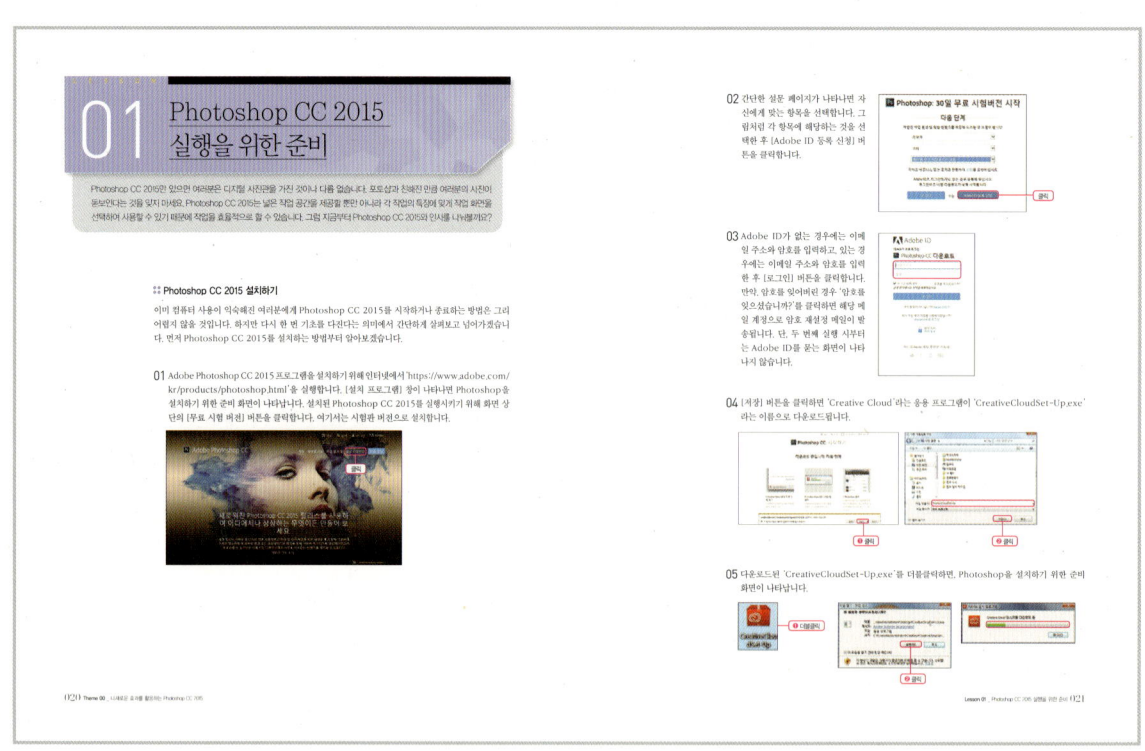

예제 파일의 구성

본문에 사용된 모든 예제 파일과 완성 파일은 정보문화사 홈페이지(http://www.infopub.co.kr) 자료실에서 다운로드 가능합니다. 다운로드한 ZIP 파일의 압축을 푼 후 책과 함께 학습하며 따라할 수 있습니다.

❶ 홈페이지에 접속한 후 [자료실]을 클릭합니다.

❷ 하단의 검색란에 "초보자도 쉽게 배우는"을 입력하여 검색합니다.

❸ 다운로드하려는 도서의 제목을 클릭한 후 해당 파일을 다운로드 하면 됩니다.

동영상 파일은 스마트폰의 QR코드로 찍어 바로 볼 수 있으며, 컴퓨터(PC)로 학습할 때에는 유튜브(http://www.youtube.com/user/infobooks)에 접속하거나 "동영상 강의 링크.xls" 파일에서 확인하세요.

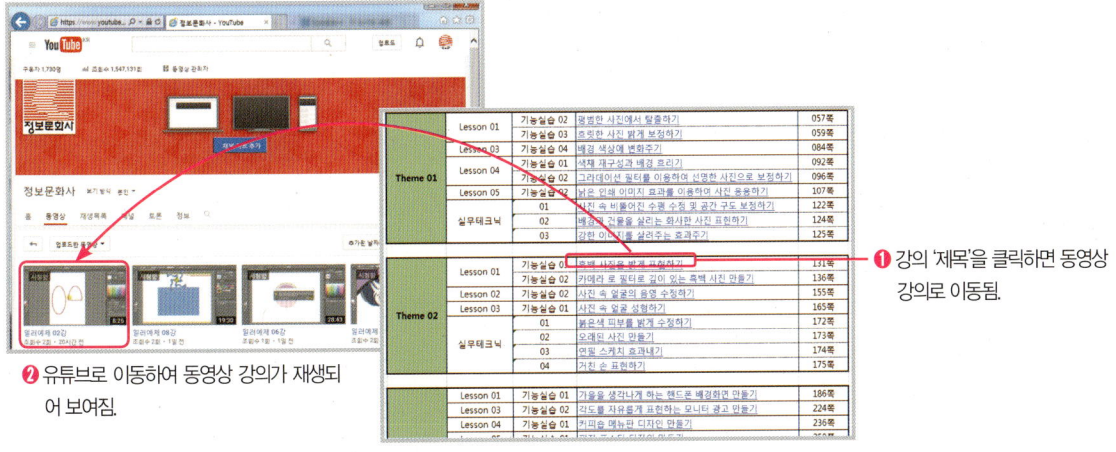

❶ 강의 '제목'을 클릭하면 동영상 강의로 이동됨.

❷ 유튜브로 이동하여 동영상 강의가 재생되어 보여짐.

학습하면서 궁금한 사항은 정보문화사 홈페이지 〈도서문의 게시판〉 또는 저자 이메일(sumiday@nate.com)로 문의주세요.

Gallery Photoshop CC 2015

사진 보정 기법

Lesson 01 사진의 노출 보정 및 색상 편집하기
색감이 풍부한 배경 사진으로 보정하기(p.50)

Lesson 01 사진의 노출 보정 및 색상 편집하기
평범한 사진에서 탈출하기(p.53)

Lesson 01 사진의 노출 보정 및 색상 편집하기
흐릿한 사진 밝게 보정하기(p.55)

Lesson 02 사진 자동 보정 기능 알아보기
사진에 햇빛 노출 효과 표현하기(p.64)

Lesson 02 사진 자동 보정 기능 알아보기
듀오톤 사진 만들기(p.68)

Lesson 03 색상 편집 도구 활용하기
단색 이미지 만들기(p.74)

Lesson 03 색상 편집 도구 활용하기
흑백 이미지를 단색 이미지로 변경하기(p.76)

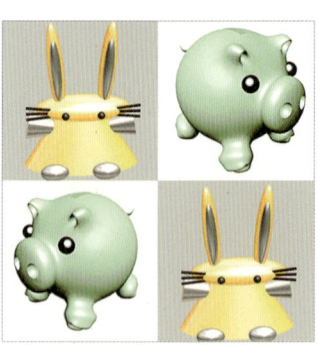

Lesson 03 색상 편집 도구 활용하기
이미지 색상 바꾸기(p.78)

Lesson 03 색상 편집 도구 활용하기
배경 색상에 변화주기(p.80)

Lesson 04 그라데이션을 이용하여 색채 구성하기
색채 재구성과 배경 흐리기(p.88)

Lesson 04 그라데이션을 이용하여 색채 구성하기
그라데이션 필터를 이용하여 선명한 사진으로 보정하기(p.92)

THEME 02 인물 사진 보정 살펴보기

Lesson 05 다양한 그래픽 효과를 위한 사진 응용하기

배경에 등록한 패턴 채우기(p.100)

[실무 테크닉]

사진 속 비뚤어진 수평 수정 및 공간 구도 보정하기(p.119)

Lesson 01 색상 또는 이미지를 자유롭게 채우기

흑백 사진을 밝게 표현하기(p.127)

Lesson 05 다양한 그래픽 효과를 위한 사진 응용하기

낡은 인쇄 이미지 효과를 이용하여 사진 응용하기(p.103)

[실무 테크닉]

배경과 건물을 살리는 화사한 사진 표현하기(p.120)

Lesson 01 색상 또는 이미지를 자유롭게 채우기

카메라 로 필터(Camera Raw Filter)로 깊이 있는 흑백 사진 만들기(p.132)

[실무 테크닉]

사진 속 비뚤어진 수평 수정 및 공간 구도 보정하기(p.118)

[실무 테크닉]

강한 이미지를 살려주는 효과주기(p.121)

Lesson 01 색상 또는 이미지를 자유롭게 채우기

추억의 흑백 사진 만들기(p.137)

Gallery Photoshop CC 2015

Lesson 02 피부 잡티 및 인위적 얼굴 제거하기

얼굴이나 피부의 잡티를 제거하기(p.147)

Lesson 02 피부 잡티 및 인위적 얼굴 제거하기

사진 속 얼굴의 음영 수정하기(p.151)

Lesson 03 [Liquify] 필터 마법 활용하기

사진 속 얼굴 성형하기(p.161)

Lesson 03 [Liquify] 필터 마법 활용하기

사진 속 체형 성형하기(p.164)

[실무 테크닉]

붉은색 피부를 밝게 수정하기(p.168)

[실무 테크닉]

오래된 사진 만들기(p.169)

[실무 테크닉]

연필 스케치 효과내기(p.170)

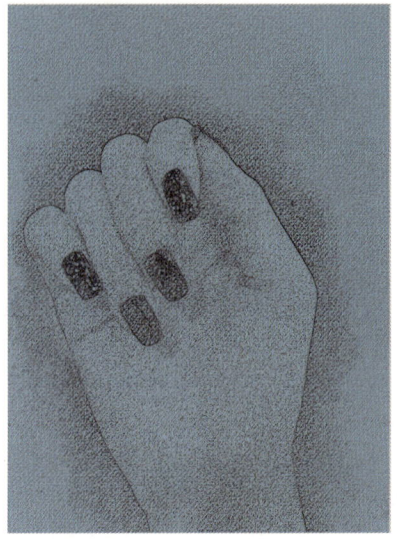

[실무 테크닉]

거친 손 표현하기(p.171)

THEME 03 광고 디자인

Lesson 01 핸드폰 광고 디자인

가을을 생각나게 하는 핸드폰 배경화면 만들기(p.182)

Lesson 02 핸드폰 케이스 광고 디자인

핸드폰 케이스 포스터 만들기(p.198)

Lesson 03 모니터 광고 디자인

생동감 있는 노트북 광고 디자인 만들기(p.209)

Lesson 03 모니터 광고 디자인

각도를 자유롭게 표현하는 모니터 광고 만들기(p.220)

Lesson 04 간판 디자인

커피숍 메뉴판 디자인 만들기(p.232)

Lesson 04 간판 디자인

카페 로고 만들기(p.240)

Lesson 05 포스터 디자인

피자 포스터 디자인 만들기(p.255)

Lesson 06 옥외 간판 디자인

의류 옥외 간판 디자인 만들기(p.287)

Lesson 06 옥외 간판 디자인

신발 옥외 광고 디자인 만들기(p.302)

Gallery Photoshop CC 2015

Lesson 07 모바일 광고

모바일 게임 광고 디자인 만들기(p.321)

[실무 테크닉]

정류장 옥외 광고 만들기(p.336)

[실무 테크닉]

한식 페스티발 포스터 만들기(p.338)

Lesson 07 모바일 광고

커피 모바일 광고 디자인 만들기(p.326)

[실무 테크닉]

재즈 음악회 티켓 만들기(p.337)

[실무 테크닉]

커피 시음회 포스터 만들기(p.339)

포토샵(Photoshop)에서
반드시 알아야 할 기본 기능부터
예제를 통한 반복 학습까지!

"포토샵(Photoshop)에 대해 전혀 모르는 사람도 걱정할 필요가 없습니다."
포토샵(Photoshop)의 복잡하고 어려운 메뉴들을 모두 익히느라 시간을 뺏기지 말고 디자인 작업을 할 때 필요한 툴만 쉽게 배우며 재미있게 활용하세요.

포토샵(Photoshop) CC 공부의 흐름

포토샵(Photoshop)은 사진 이미지 합성과 리터칭의 최강자입니다. 지금부터 이 책으로 공부하면 포토샵 전문가가 될 수 있습니다.
포토샵을 배워 두면, 사진 보정에 관련된 부업부터 디자인 프리랜서, 취업 및 알바에 이르기까지 다양한 분야에서 일할 수 있습니다. 꼭 알아야 할 부분만 먼저 마스터 하세요!

❶ 포토샵 초보 기본 툴
포토샵에서 자주 사용하는 기본 툴을 익히는 과정에서 복잡한 툴과 메뉴들을 모두 외울 필요 없이 반드시 알아야 하는 툴 위주로 예제를 따라하면서 포토샵을 익혀보시기 바랍니다.

❷ 다양하게 활용하는 사진 이미지 보정하기
포토샵을 이용하여 사진 이미지를 수정하거나 편집하는 작업은 다양한 부분에서 활용할 수 있습니다. 사진 이미지를 보정하여 블로그나 카페에 다양하게 활용해보세요!

❸ 얼굴 사진 뽀샤시 보정하기
내 얼굴, 친구 얼굴 등 내가 찍은 인물 사진들을 포토샵으로 직접 수정할 수 있습니다. 포토샵의 간단한 기본 툴을 사용하여 연습하면 누구나 쉽게 얼굴을 보정하는 방법을 배울 수 있습니다.

❹ 상품 사진 보정으로 세련미 주기
쇼핑몰에 올리는 다양한 상품 사진들! 디카가 오래된 기종이라서 선명하게 찍히지 않아도 괜찮습니다. 포토샵을 이용하면 세련되고 멋진 상품 사진으로 변경할 수 있습니다.

❺ 실무 예제로 꼭 필요한 툴 숙달하기
응용 예제를 계속 만들어 보면 자신도 모르게 포토샵 툴이 익숙해질 것입니다. 포토샵을 잘 다루는 방법은 많이 해보는 것이라는 사실을 잊지 마세요.

❻ 원하는 디자인은 모두 만든다!
다양한 디자인들을 통해 좀 더 섬세한 작업들을 공부하면서 좀 더 쉽게 작업할 수 있는 방법과 노하우를 익히고 활용해 보도록 합니다.

이제부터는 다른 사람에게 부탁하지 말고 직접 포토샵을 활용하여 디자인해보세요.

contents 포토샵

| 들어가는 글 ··· 003
| 이 책을 보는 방법 ··· 004
| Photoshop CC 2015 무료 시험 버전 설치 ······························ 006
| 예제 파일의 구성 ··· 007
| Gallery ·· 008
| 포토샵(Photoshop)에서 반드시 알아야 할 기본 기능부터 예제를 통한 반복 학습까지! ······ 013

Theme 00
다채로운 효과를 활용하는 Photoshop CC 2015

- **Lesson 01** Photoshop CC 2015 실행을 위한 준비 ···························· 020
- **Lesson 02** 작업 성격에 따른 화면 모드 변경하기 ································ 028
- **Lesson 03** Photoshop CC 2015 워크스페이스(Workspace) ············ 030
- **Lesson 04** Photoshop CC 2015의 화면 구성 색상 편집하기 ··············· 033
- **Lesson 05** Photoshop CC 2015의 달라진 기능들 ····························· 034
  - [핵심 기능] Artboard 기능 추가하기 ·· 034
  - [핵심 기능] 다중 레이어 스타일 확장하기 ······································ 039

Theme 01
사진 보정 기법

- **Lesson 01** 사진의 노출 보정 및 색상 편집하기 ································ 048
  - [핵심 기능] 사진의 톤과 색조 수정하기 ·· 048
  - [기능 실습 01] 색감이 풍부한 배경 사진으로 보정하기 ···················· 050
  - [기능 실습 02] 평범한 사진에서 탈출하기 ···································· 053
  - [기능 실습 03] 흐릿한 사진 밝게 보정하기 ···································· 055
  - [기능 향상] [Curves] 대화상자 알아보기 ······································ 060
- **Lesson 02** 사진 자동 보정 기능 알아보기 ·· 062
  - [핵심 기능] Levels 이해하기 ·· 062
  - [기능 실습 01] 사진에 햇빛 노출 효과 표현하기 ···························· 064
  - [기능 실습 02] 듀오톤 사진 만들기 ·· 068
  - [기능 향상] Duotone Mode ·· 072

| Lesson 03 | 색상 편집 도구 활용하기 | 073 |

[핵심 기능] Hue/Saturation 이해하기(Ctrl+U) ···············073
[기능 실습 01] 단색 이미지 만들기 ·······························074
[기능 실습 02] 흑백 이미지를 단색 이미지로 변경하기 ······076
[기능 실습 03] 이미지 색상 바꾸기 ·······························078
[기능 실습 04] 배경 색상에 변화주기 ····························080
[기능 향상] Replace Color ···083

| Lesson 04 | 그라데이션을 이용하여 색채 구성하기 | 085 |

[핵심 기능] 색상 그라데이션으로 사진의 명암 재구성하기 ·····085
[기능 실습 01] 색채 재구성과 배경 흐리기 ······················088
[기능 실습 02] 그라데이션 필터를 이용하여 선명한 사진으로
　　　　　　　　보정하기 ··092
[기능 향상] 그레이던트 툴의 [Gradient Editor] 대화상자 ·····096

| Lesson 05 | 다양한 그래픽 효과를 위한 사진 응용하기 | 098 |

[핵심 기능] [Threshold] 명령 및 패턴(Pattern) 이해하기 ·····098
[기능 실습 01] 배경에 등록한 패턴 채우기 ······················100
[기능 실습 02] 낡은 인쇄 이미지 효과를 이용하여 사진 응용하기 ···103
[기능 향상] 레이어 ···111
실무테크닉 01 사진 속 비뚤어진 수평 수정 및 공간 구도 보정하기 ···118
실무테크닉 02 배경과 건물을 살리는 화사한 사진 표현하기 ·········120
실무테크닉 03 강한 이미지를 살려주는 효과주기 ·······················121

Theme 02
인물 사진 보정 살펴보기

| Lesson 01 | 색상 또는 이미지를 자유롭게 채우기 | 124 |

[핵심 기능] 툴 이해하기 ···124
[기능 실습 01] 흑백 사진을 밝게 표현하기 ······················127
[기능 실습 02] 카메라 로 필터(Camera Raw Filter)로 깊이 있는
　　　　　　　　흑백 사진 만들기 ··································132
[기능 실습 03] 추억의 흑백 사진 만들기 ·························137
[기능 향상] [Black & White] 패널 ··································143

Lesson 02 피부 잡티 및 인위적 얼굴 제거하기 ·········· 145
　[핵심 기능] 힐링 브러시 툴과 스폿 힐링 브러시 툴 이해하기 ······ 145
　[기능 실습 01] 얼굴이나 피부의 잡티 제거하기 ·········· 147
　[기능 실습 02] 사진 속 얼굴의 음영 수정하기 ·········· 151
　[기능 향상] [Unsharpen Mask] 필터와 [Smart Blur] 필터 ······ 156

Lesson 03 [Liquify] 필터 마법 활용하기 ·········· 158
　[핵심 기능] [Liquify] 대화상자 이해하기 ·········· 158
　[기능 실습 01] 사진 속 얼굴 성형하기 ·········· 161
　[기능 실습 02] 사진 속 체형 성형하기 ·········· 164
　[기능 향상] [Puppet Warp] 기능 이해하기 ·········· 167
　실무테크닉 01 붉은색 피부를 밝게 수정하기 ·········· 168
　실무테크닉 02 오래된 사진 만들기 ·········· 169
　실무테크닉 03 연필 스케치 효과내기 ·········· 170
　실무테크닉 04 거친 손 표현하기 ·········· 171

Theme 03 광고 디자인

Lesson 01 핸드폰 광고 디자인 ·········· 174
　[핵심 기능] 이미지 선택하기 ·········· 174
　[기능 실습 01] 가을을 생각나게 하는 핸드폰 배경화면 만들기 ······ 182
　[기능 향상] [New] 대화상자와 [Paste Into] 이해하기 ·········· 192

Lesson 02 핸드폰 케이스 광고 디자인 ·········· 194
　[핵심 기능] 문자(Type Tool) 기본 사항 파악하기 ·········· 194
　[기능 실습 01] 핸드폰 케이스 포스터 만들기 ·········· 198
　[기능 향상] 폰트 속성 및 단락 속성에 필요한 팔레트 기능들 ······ 206

Lesson 03 모니터 광고 디자인 ·········· 207
　[핵심 기능] 지우개 툴 이해하기 ·········· 207
　[기능 실습 01] 생동감 있는 노트북 광고 디자인 만들기 ······ 209
　[기능 실습 02] 각도를 자유롭게 표현하는 모니터 광고 만들기 ······ 220
　[기능 향상] Transform 이해하기 ·········· 226

Lesson 04 간판 디자인 ·········· 228
　[핵심 기능] 레이어 스타일(Layer Style) 알아보기 ·········· 228
　[기능 실습 01] 커피숍 메뉴판 디자인 만들기 ·········· 232
　[기능 실습 02] 카페 로고 만들기 ·········· 240
　[기능 향상] [Brightness/Contrast] 명령 이해하기 ·········· 248

Lesson 05 포스터 디자인 ··· 249
   [핵심 기능] 채널(Channels) 알아보기 ······································· 249
   [기능 실습 01] 피자 포스터 디자인 만들기 ································ 255
   [기능 향상] [Halftone Pattern] 필터를 이용한 도트 패턴 이미지
            제작하기 ··· 271

Lesson 06 옥외 간판 디자인 ··· 276
   [핵심 기능] 특별한 이미지에 사용하는 필터 효과들 알아보기 ······· 276
   [기능 실습 01] 의류 옥외 간판 디자인 만들기 ···························· 287
   [기능 실습 02] 신발 옥외 광고 디자인 만들기 ···························· 302
   [기능 향상] Filter Gallery ··· 313

Lesson 07 모바일 광고 ·· 314
   [핵심 기능] 필터(Filter) 조합으로 표현해내는 다양한 효과
            알아보기 ··· 314
   [기능 실습 01] 모바일 게임 광고 디자인 만들기 ························ 321
   [기능 실습 02] 커피 모바일 광고 디자인 만들기 ························ 326
   [기능 향상] 그 밖에 도움을 주는 기능 ······································ 334
   실무테크닉 01 정류장 옥외 광고 만들기 ··································· 336
   실무테크닉 02 재즈 음악회 티켓 만들기 ··································· 337
   실무테크닉 03 한식 페스티발 포스터 만들기 ···························· 338
   실무테크닉 04 커피 시음회 포스터 만들기 ······························· 339

   찾아보기 ··· 340

026 Photoshop CC 2015 실행을 위한 준비

028 작업 성격에 따른 화면 모드 변경하기

030 Photoshop CC 2015 워크스페이스(Workspace)

033 Photoshop CC 2015의 화면 구성 색상 편집하기

034 Photoshop CC 2015의 달라진 기능들

THEME 00

다채로운 효과를 활용하는
Photoshop CC 2015

이 책의 레슨을 하나하나 따라하다 보면 Photoshop CC 2015의 매력을 느낄 수 있습니다. 각 레슨을 통해 Photoshop CC 2015가 가지고 있는 기능들의 기본적인 특성을 이해하고, 깊이 있는 활용법을 익히게 될 것입니다. 이 테마에서는 복잡한 Photoshop CC 2015 기능들을 좀 더 쉽게 풀어 소개하고자 합니다.

여행지의 전체적인 모습을 담은 지도는 여행자에게 필수 요소입니다. 여러분들이 Photoshop CC 2015의 세계를 깊게 이해하기 위한 필수 요소는 Photoshop CC 2015의 전반적인 이해입니다. 'Photoshop CC 2015가 이런 것이구나'라는 기본적인 지식은 여러분들이 Photoshop CC 2015의 깊이 있는 세계를 경험하기 위한 기초가 됩니다.

Photoshop CC 2015는 보다 빠르고 강력한 기능을 통해 놀라울 정도로 사실적인 이미지를 자유롭게 만들어 낼 수 있습니다. 또한 고급 선명 효과 툴 등 완전히 새롭게 재설계된 수십 개의 기능을 이용할 수 있습니다. 따라서 Photoshop CC 2015에서 바로 작업을 공유하여 피드백을 얻을 수 있고, 직접 제작한 프로젝트를 선보일 수도 있습니다.

LESSON 01
Photoshop CC 2015
실행을 위한 준비

Photoshop CC 2015만 있으면 여러분은 디지털 사진관을 가진 것이나 다름 없습니다. 포토샵과 친해진 만큼 여러분의 사진이 돋보인다는 것을 잊지 마세요. Photoshop CC 2015는 넓은 작업 공간을 제공할 뿐만 아니라 각 작업의 특징에 맞게 작업 화면을 선택하여 사용할 수 있기 때문에 작업을 효율적으로 할 수 있습니다.. 그럼 지금부터 Photoshop CC 2015와 인사를 나눠볼까요?

▪▪ Photoshop CC 2015 설치하기

이미 컴퓨터 사용이 익숙해진 여러분에게 Photoshop CC 2015를 시작하거나 종료하는 방법은 그리 어렵지 않을 것입니다. 하지만 다시 한 번 기초를 다진다는 의미에서 간단하게 살펴보고 넘어가겠습니다. 먼저 Photoshop CC 2015를 설치하는 방법부터 알아보겠습니다.

01 Adobe Photoshop CC 2015 프로그램을 설치하기 위해 인터넷에서 'https://www.adobe.com/kr/products/photoshop.html'을 실행합니다. [설치 프로그램] 창이 나타나면 Photoshop을 설치하기 위한 준비 화면이 나타납니다. 설치된 Photoshop CC 2015를 실행시키기 위해 화면 상단의 [무료 시험 버전] 버튼을 클릭합니다. 여기서는 시험판 버전으로 설치합니다.

02 간단한 설문 페이지가 나타나면 자신에게 맞는 항목을 선택합니다. 그림처럼 각 항목에 해당하는 것을 선택한 후 [Adobe ID 등록 신청] 버튼을 클릭합니다.

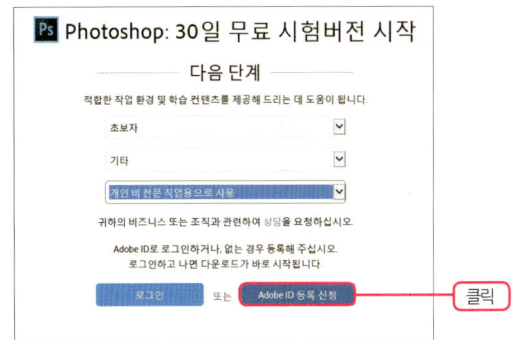

03 Adobe ID가 없는 경우에는 이메일 주소와 암호를 입력하고, 있는 경우에는 이메일 주소와 암호를 입력한 후 [로그인] 버튼을 클릭합니다. 만약, 암호를 잊어버린 경우 '암호를 잊으셨습니까?'를 클릭하면 해당 메일 계정으로 암호 재설정 메일이 발송됩니다. 단, 두 번째 실행 시부터는 Adobe ID를 묻는 화면이 나타나지 않습니다.

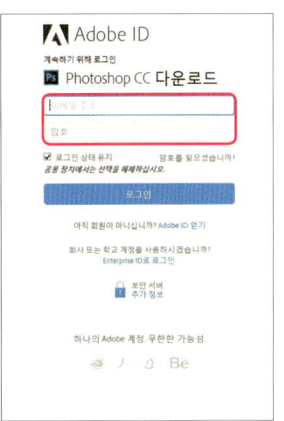

04 [저장] 버튼을 클릭하면 'Creative Cloud'라는 응용 프로그램이 'CreativeCloudSet-Up.exe'라는 이름으로 다운로드됩니다.

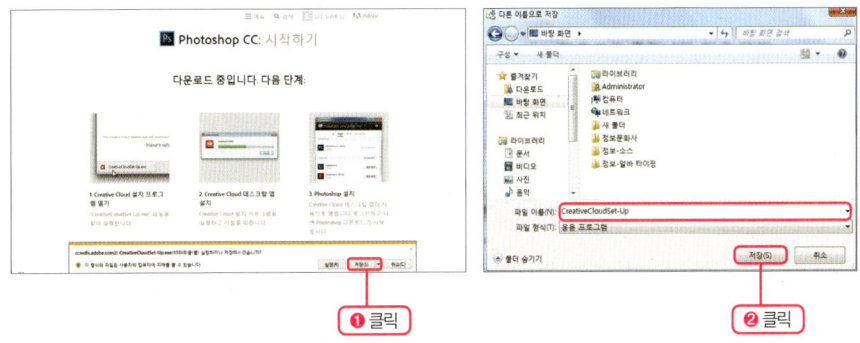

05 다운로드된 'CreativeCloudSet-Up.exe'를 더블클릭하면, Photoshop을 설치하기 위한 준비 화면이 나타납니다.

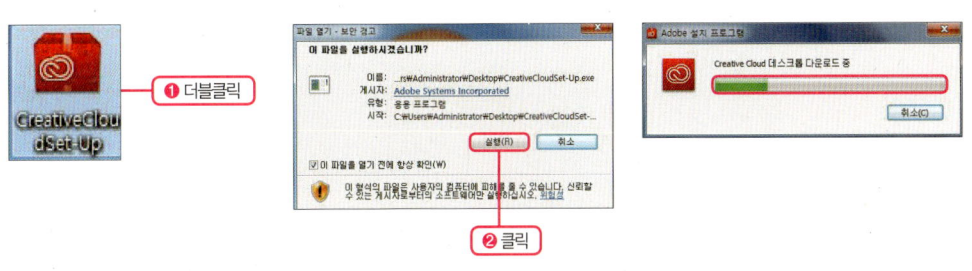

06 Adobe 홈페이지에서 사용했던 Adobe ID로 로그인합니다. 그러면 다음과 같은 화면이 나타나면서 설치되는 항목들을 확인할 수 있습니다.

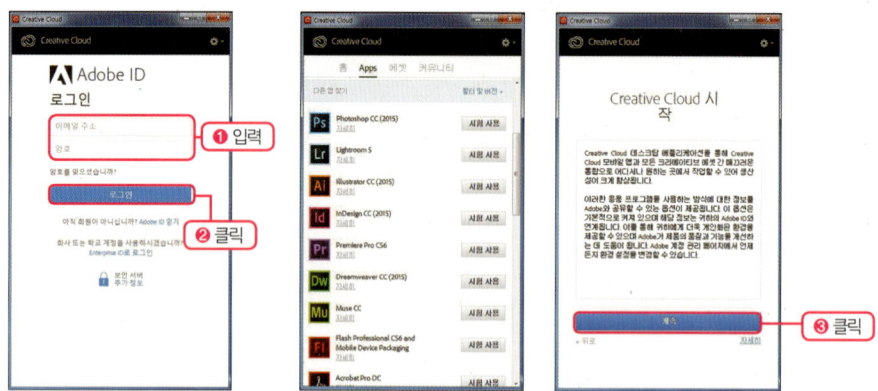

07 언어를 설정하기 위해 [Creative Cloud]의 [Apps] 화면 상단 오른쪽 설정 버튼(⚙)을 클릭한 후 [환경 설정]을 선택합니다.

TIP

Adobe Photoshop CC 2015 설치 시 주의 사항
Photoshop CC 2015는 설치를 할 때 CS6, CC를 삭제하도록 설정되어 있습니다. 만약 이전에 설치한 포토샵 버전의 삭제를 원하지 않는다면 Advance Option에서 'Deselect the Remove Old Version Option'에 체크해야 합니다.

[Windows 설치 조건]
- Intel Pentium 4 또는 AMD Athlon 64 프로세서(2GHz 이상) 프로세서
- Microsoft Windows 7 서비스 팩 1 또는 Windows 8

[Mac 설치 조건]
- 멀티코어 Intel 프로세서(64비트)
- Mac OS X v10.7, v10.8 또는 v10.9

[공통 설치 조건]
- 2GB RAM
- 설치 시 3.2GB의 하드 디스크 여유 공간 필요, 설치 중에 추가 여유 공간 필요(이동식 플래시 스토리지 장치에는 설치할 수 없음)
- 16비트 색의 1024x600 디스플레이 해상도(1280x800 권장) 및 512MB VRAM(3D 기능에 1GB VRAM 필요)
- OpenGL 2.0 지원 시스템
- 필수 소프트웨어를 활성화하고, 구독을 확인하고, 온라인 서비스에 액세스하려면 광대역 인터넷 연결과 등록이 필요합니다.

08 [Creative Cloud]에서 기본 앱 언어는 '한국어'로 되어 있습니다. 영문 언어로 변경하기 위해 [환경 설정] 화면에서 앱 언어를 'English (International)'으로 설정한 후 전단계 화면으로 이동하기 위해 상단 왼쪽 버튼(◁)을 클릭합니다.

09 지금까지 모든 실행이 끝났습니다. 이는 프로그램을 설치한 후 처음 실행했을 때만 실행되는 과정입니다. 두 번째 이후부터는 이러한 과정이 필요 없습니다.
Photoshop CC(2015) 오른쪽에 있는 [시험 사용] 버튼을 클릭합니다. 모든 설치 과정이 끝나면 [완료] 버튼을 클릭합니다.

∷ Photoshop CC 2015의 실행과 작업 환경 설정하기

Photoshop CC 2015 작업 환경 설정이란, 일반적으로 Photoshop CC 2015 퍼포먼스에 해당하는 히스토리, 캐시, 메모리 설정과 작업 공간인 워크스페이스에 도구 상자, 이미지 작업 창, 패널, 컨트롤 패널의 위치와 형식을 설정하는 것을 말합니다.

01 [Adobe Photoshop CC 2015] 아이콘을 더블클릭하면 프로그램 시작 화면이 나타납니다.

02 화면의 색과 작업 공간을 여러분이 원하는 대로 설정합니다.

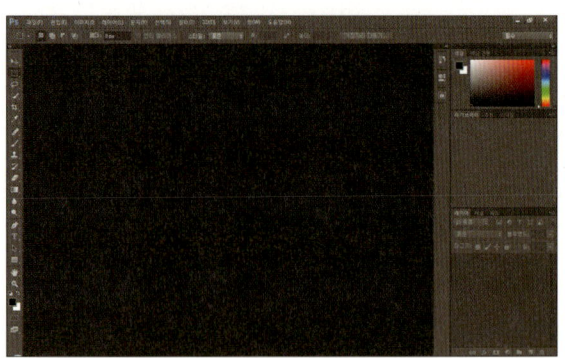

03 메뉴의 [Edit-Preferences-General]을 선택하거나 단축키 Ctrl+K를 누르면 [Preferences] 대화상자가 나타납니다.

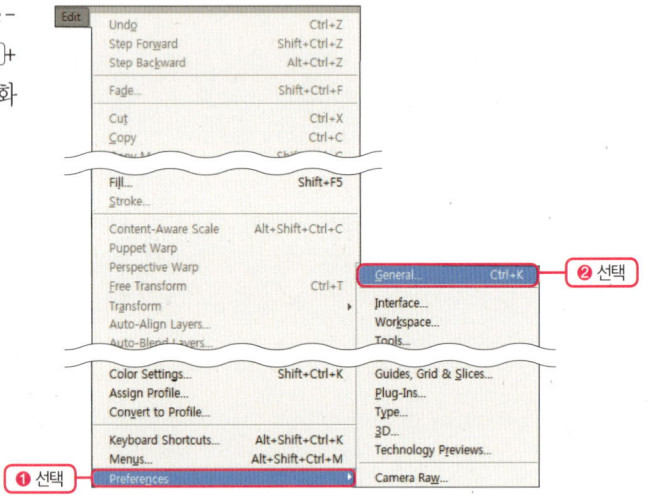

04 [Preferences] 대화상자에서 [Interface]를 클릭한 후 [Appearance] 항목에서 그림처럼 화면 색상을 변경합니다. 프로그램의 화면이 검은색으로 되어 있고, 무언가 달라진 모습을 볼 수 있습니다. Photoshop CC 2015의 인터페이스는 [Preferences] 환경 설정에서 이전 버전처럼 바꿀 수 있으며, 네 가지 색상으로 표시할 수 있습니다.

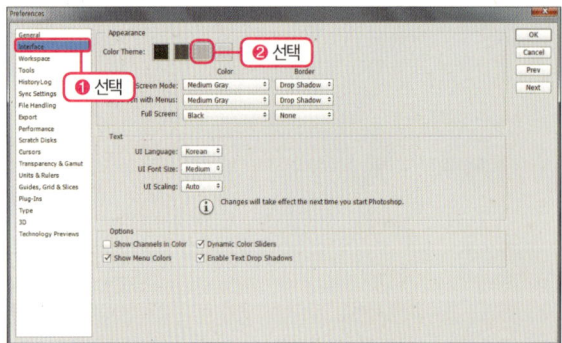

05 Photoshop CC 2015의 화면색이 변경된 것을 확인할 수 있습니다.

06 이번에는 작업 공간을 변경해보겠습니다. 메뉴의 [Window-Workspace]를 선택한 후 [Essentials]를 선택하면 화면의 작업 공간이 변경된 것을 확인할 수 있습니다.

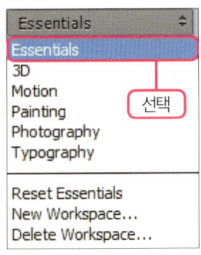

설치되어 있는 한글 버전을 영문 버전으로 변경하는 방법

Photoshop CC 2015를 설치하는 경우, 윈도우의 언어에 맞게 자동으로 설치됩니다. 설치한 후에 확인해보면 한글 버전으로 설치되어 있는 것을 볼 수 있습니다. 처음 Photoshop CC 2015를 접할 때는 한글 버전이 쉽게 느껴질 수 있지만, 서점에서 판매하는 대부분의 책이 영문 버전으로 설명되어 있을 뿐만 아니라 단축키를 사용할 때에도 불편함이 있습니다. 따라서 Photoshop CC 2015를 사용할 때에는 영문 버전을 사용하기 바랍니다.

01 한글 버전 Photoshop CC 2015 화면입니다. 우선 Photoshop CC 2015가 실행 중인 경우, 프로그램을 종료합니다. 사용 중인 파일은 수정이 불가능합니다.

02 탐색기로 다음의 위치 경로를 찾습니다.
C:\Program Files\Adobe\ Adobe Photoshop CC 2015(32Bit)\Locales\ko_KR\Support Files

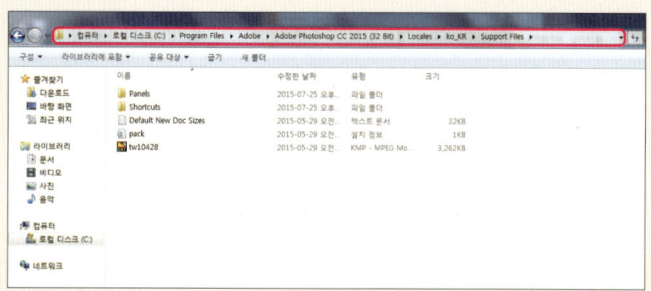

03 'tw10428' 또는 'tw10428.dat' 파일을 찾습니다(확장자 표시 여부에 따라 다르게 나타날 수 있습니다). 해당 파일에 마우스 오른쪽 버튼을 누르면 나타나는 단축 메뉴 중에서 [이름 바꾸기]를 선택하거나 단축키 F2를 눌러 수정합니다. 수정할 때 파일명 뒤에 아무것이나 입력해도 상관없지만, 나중에 한글 버전이 필요할 수도 있으므로 삭제하면 안 됩니다.

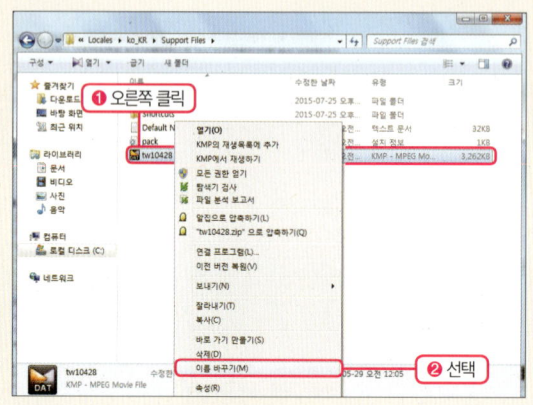

이름이 변경된 화면입니다.

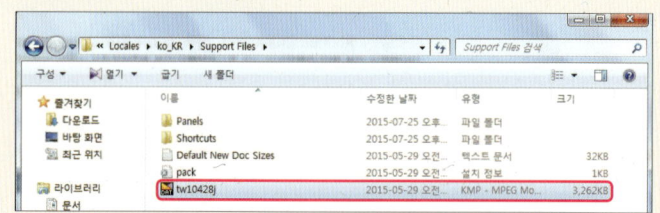

04 Photoshop CC 2015를 다시 실행하면 영문 버전으로 변경된 것을 확인할 수 있습니다.

❶ [History States] 수치 늘리기
메뉴의 [Edit-Preferences-Performance]에서 선택합니다. [History States]의 값을 늘린다는 것은 [History] 패널에서 작업을 하다가 전단계 작업으로 돌아갈 수 있는 횟수를 설정하는 것을 말합니다. History State의 개수는 변경할 수 있으며, 최대 1,000개까지 지원합니다.

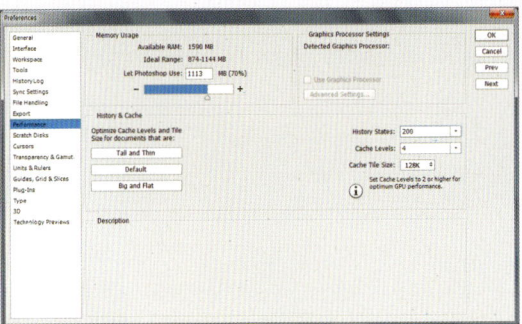

❷ [Purge] 기능 이해하기
Photoshop CC 2015으로 작업을 하다 보면 지금까지의 작업 과정이 [History] 패널에 쌓이는 것을 알 수 있습니다. 그럴 경우 Photoshop CC 2015가 좀 더 느려지는데, 이때 메뉴의 [Edit-Purge-All]를 클릭하여 히스토리 데이터를 제거하면 좀 더 빠르게 작업할 수 있습니다. 단, Purge로 제거된 데이터는 복구가 불가능하므로 신중하게 사용해야 합니다.

LESSON 02 작업 성격에 따른 화면 모드 변경하기

Photoshop CC 2015의 화면 모드가 최소화되어 작업 창을 넓게 사용할 수 있습니다. 또한 프레젠테이션이나 작업 과정에 따라 화면 모드를 변경하면서 작업하면 디자인 감각을 살리면서 작업할 수 있습니다. 이번에는 Photoshop CC 2015에서 제공하는 화면 모드의 종류에 대해 살펴보겠습니다.

:: Standard Screen Mode

Standard Screen Mode는 Photoshop CC 2015를 처음 시작했을 때의 기본 화면 모드로, 도구 상자, 패널, 메뉴 등을 모두 보면서 작업할 수 있습니다.

:: Full Screen Mode with Menu Bar

Full Screen Mode with Menu Bar를 이용하면 작업 내용을 좀 더 넓게 확인할 수 있습니다. 제목 바가 사라지고 여러 개의 이미지를 열어 놓은 상태라도 현재 작업 중인 이미지만 표시합니다. ⊞를 누르면 열려진 다른 파일로 이동할 수 있습니다.

:: Full Screen Mode

Full Screen Mode(전체 화면 모드)는 메뉴 바와 도구 상자, 패널 등을 모두 숨긴 상태에서 검은색 배경에 현재 작업 중인 이미지만 보여줍니다. ⊟를 누르면 메뉴와 도구 상자 등이 나타나고, 다시 한 번 누르면 사라집니다. ⊞를 누르면 열려진 다른 파일로 이동할 수 있습니다.

전체 화면 모드 전환
[Full Screen Mode]를 누르면 다음과 같은 창이 나타납니다. 이때 [Full Screen] 버튼을 누르면 작업 화면이 전체 화면 모드로 전환됩니다.

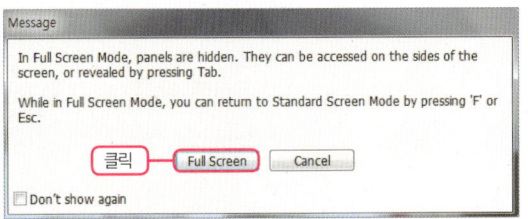

LESSON 03 Photoshop CC 2015 워크스페이스(Workspace)

워크스페이스란, 도구 상자와 각종 패널 등을 작업 패턴에 맞게 최적화한 세팅을 말합니다. Photoshop CC 2015에서는 Essentials, 3D, Motion, Painting, Photography, Typography라는 여섯 가지 워크스페이스를 제공하고 있기 때문에 작업 성격에 맞게 사용하면 됩니다.

❶ **Essentials** Photoshop CC 2015 버전을 실행했을 때 나타나는 기본 화면 구성입니다.

❷ **3D** 3D 오브젝트를 편하게 사용할 수 있는 화면 구성입니다.

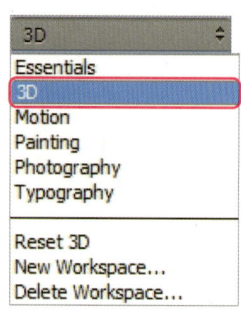

❸ **Motion** 애니메이션 실행 과정을 단계별로 해결하면서 작업하는 화면 구성입니다.

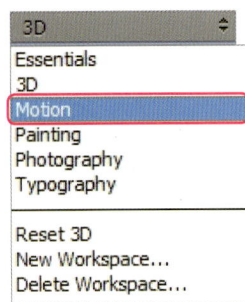 

❹ **Painting** Photoshop CC 2015로 자유롭게 채색할 수 있는 화면 구성입니다.

❺ **Photography** 사진 작가들이 작업을 할 때 편하게 사용할 수 있는 화면 구성입니다.

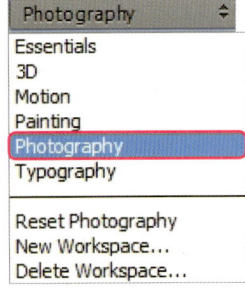 

❻ **Typography** 출판에 관련된 업무를 할 때 사용할 수 있는 편집 디자인에 관련된 화면 구성입니다.

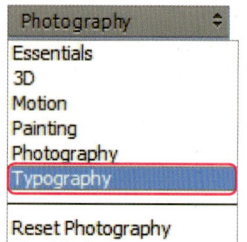 

TIP

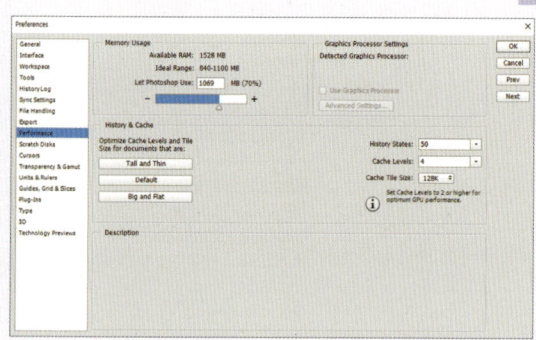

메뉴의 [Edit-Preferences-Performance]를 선택하면 나타나는 [Memory Usage] 항목은 포토샵이 사용할 수 있는 RAM의 사용 범위를 설정하는 것입니다. 포토샵은 RAM을 많이 사용하는 프로그램이기 때문에 시스템에서 사용 가능한 RAM 수치를 수동으로 지정할 수 있습니다.

평소 포토샵을 많이 사용한다면 70~80% 정도로 세팅해주는 것이 좋습니다. 물론 포토샵 외에 다른 윈도우 프로그램들을 동시에 많이 사용하는 유저라면 50~60%로 설정해주는 것이 좋습니다. RAM을 100%로 설정하면 시스템과 윈도우 환경 자체가 느려집니다.

04 Photoshop CC 2015의 화면 구성 색상 편집하기

Photoshop CC 2015는 크게 도구 상자, 이미지 작업 창, 패널, 컨트롤 패널로 구성되어 있습니다. 이번에는 각 영역의 명칭과 역할에 대해 간단하게 살펴보겠습니다.

❶ **메뉴 바** 포토샵 메뉴가 항목별로 분류되어 있고, 각 메뉴를 클릭하면 하위 메뉴들이 아래로 펼쳐지면서 나타나기 때문에 '풀다운 메뉴'라고 합니다.

❷ **컨트롤 바** 도구 상자에서 선택한 툴에 해당하는 세부 옵션이 화면의 윗부분에 일자형으로 나타납니다.

❸ **도구 상자** 포토샵에서 이미지를 만들거나 편집하는 등 작업에 필요한 도구들을 모아놓은 것을 의미합니다.

❹ **이미지 작업 창** 작업할 이미지가 보이는 창으로, 실제 작업이 이루어지는 공간입니다. 이미지 작업 창의 위쪽에는 파일 이름, 용량, 확대 배율 등이 표시되고, 아래쪽에는 이미지 배율을 설정할 수 있는 칸이 있습니다.

❺ **[최소화], [최대화], [닫기] 버튼** 포토샵 프로그램을 최소화, 최대화하거나 프로그램을 종료할 수 있습니다.

❻ **패널** 포토샵의 다양한 기능을 선택하여 사용할 수 있으며, 필요할 때 열어서 편리하게 사용할 수 있습니다.

❼ **상태 바** 작업 중인 이미지의 보기 배율, 파일 크기, 사용하고 있는 툴의 간단한 설명 등을 보여줍니다.

LESSON 05 Photoshop CC 2015의 달라진 기능들

지난 2015년 6월, Photoshop CC 2015 버전이 공개되었습니다. Photoshop CC 2015 버전의 기능은 기존 버전보다 더욱 업그레이드되었습니다. 이렇게 강화된 새로운 기능들은 사용자들이 포토샵 작업을 할 때 당연히 알아두어야 할 기능이라고 할 수 있습니다.

이번 버전에서 눈여겨보아야 할 기능은 모바일 디바이스용 이미지 작업을 위한 Artboard의 추가, 향상된 레이어 스타일(Layer Styles), 스마트 오브젝트(Smart Object), Creative Cloud Libraries 등입니다. 지금부터 Photoshop CC 2015의 업데이트된 주요 기능들을 살펴보겠습니다.

핵심기능 Artboard 기능 추가하기

Artboard는 일정한 규격의 모바일 디바이스용 이미지나 아이콘을 제작하기 위한 특수한 형태의 캔버스 집합입니다. 이 기능을 활용하면 규격에 맞춘 이미지뿐만 아니라 다양한 형태나 배치를 가진 다수의 디자인 시안을 손쉽게 제작할 수 있습니다.

∷ 새 문서 만들기를 통해 Artboard를 생성하고자 할 때

01 새 문서 만들기를 통해 Artboard를 생성하려면 메뉴의 [File-New]를 클릭하거나 단축키 Ctrl+N 을 누르면 나타나는 [New] 대화상자에서 [Document Type] 항목의 [Artboard]를 선택합니다. 이 메뉴의 [Artboard] 항목을 선택하면 'Web App Design', 'Iconography'에서 해당하는 모든 규격의 Artboard 종류를 선택할 수 있습니다.

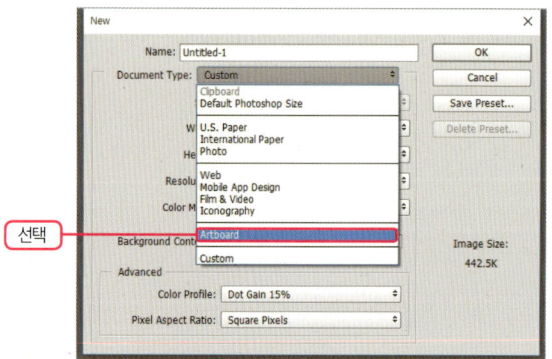
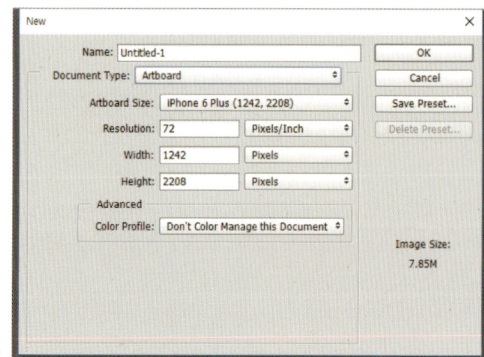

02 메뉴의 [Artboard Size]를 클릭하여 디바이스의 크기에 맞는 Artboard의 종류를 선택합니다. [New] 대화상자의 [OK] 버튼을 클릭하면 그림과 같이 선택한 규격의 Artboard가 생성됩니다.

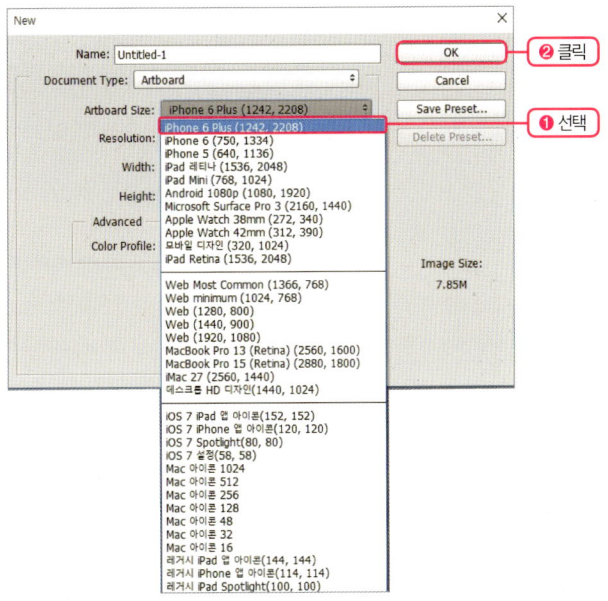

03 [Layers] 패널의 'Artboard 1'을 더블클릭하면, 생성된 Artboard의 이름을 'iPhone6'로 수정할 수 있습니다.

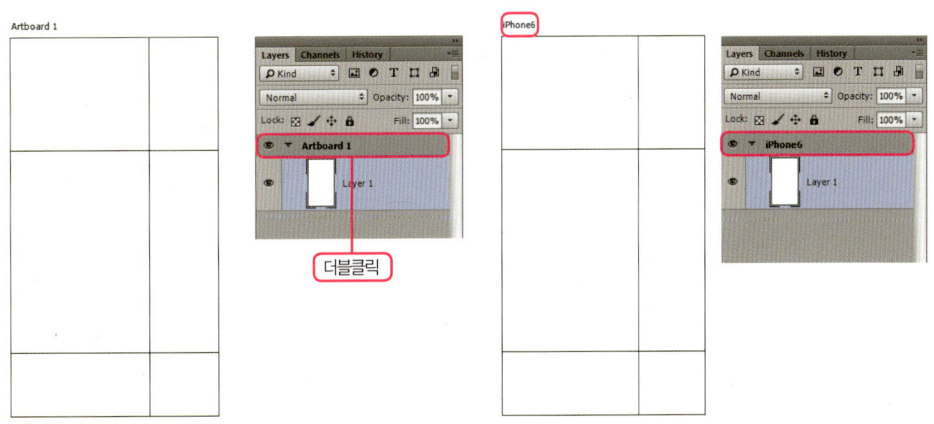

04 도구 상자에서 [Artboard] 툴(   )을 선택하면 Artboard의 규격을 새롭게 설정할 수 있는 상태가 됩니다. 이때 옵션 막대 메뉴의 [Size]를 클릭하여 규격을 설정하거나 작업 화면에 표시된 흰색 박스를 드래그하여 임의의 크기로 설정할 수 있습니다.

05 새로운 Artboard를 생성하려면 옵션 바에서 [Add New Artboard] 툴( )을 클릭한 후 그림처럼 작업 화면에 표시된 흰색 박스를 드래그하여 임의의 크기를 가진 Artboard를 생성할 수 있습니다. 다음은 새로운 Artboard가 생성된 모습입니다.

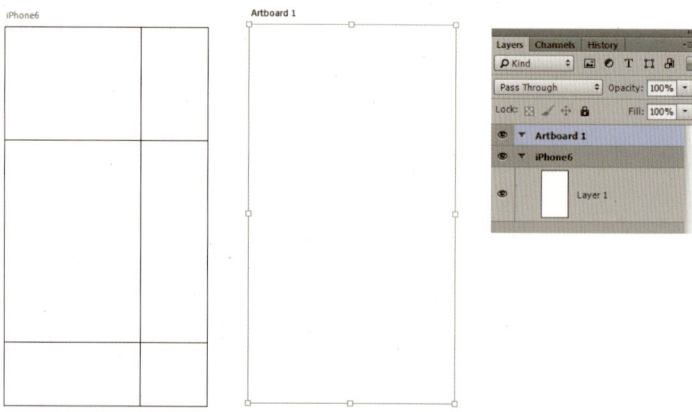

06 [Layers] 패널의 'Artboard 1'을 클릭한 후 새롭게 생성된 Artboard의 규격을 그림처럼 옵션 바에서 [Size] 옵션을 통해 변경하는 모습입니다.

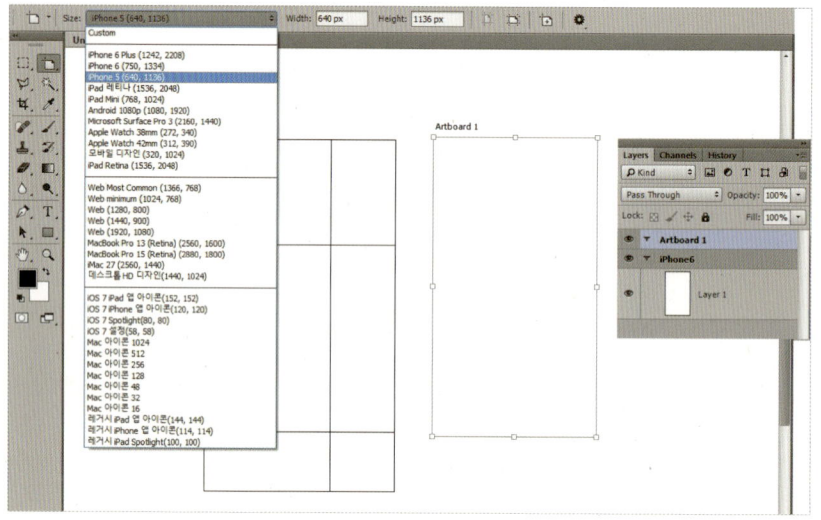

07 [Layers] 패널에서 Ctrl을 누른 후 여러 개의 Artboard 목록을 선택합니다.

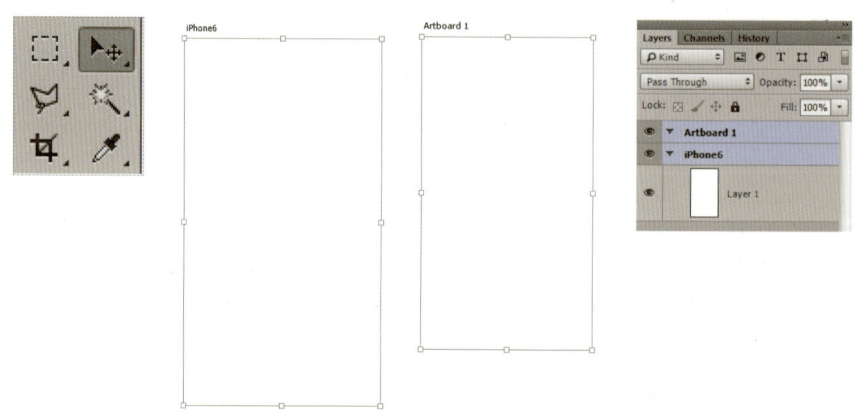

08 이동 툴(▶♦)의 옵션 바에서 그림처럼 정렬 도구를 클릭하여 사용할 수도 있습니다. Artboard의 위치는 이동 툴을 사용하여 자유롭게 수정할 수 있습니다.

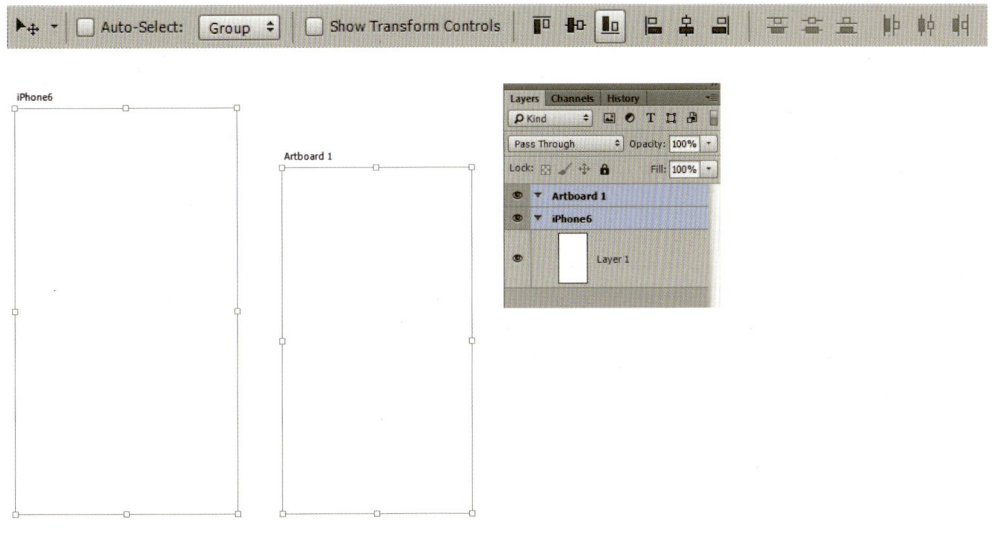

:: 기존 이미지에서 Artboard로 변환하기

◎ 예제 파일
Sample\Theme00\아트보드.psd

01 [Layers] 패널에서 포함시킬 이미지 요소의 'icon-1'과 'icon-2' 레이어를 선택합니다.

02 01 레이어들을 선택한 후 Artboard에 곧바로 포함시킬 수 있습니다. 메뉴의 [Layer-New-Artboard from Layers]를 클릭하면 나타나는 02 [New Artboard from Layers] 대화상자에서 생성할 Artboard의 이름, 규격을 설정하고 [OK] 버튼을 클릭합니다.

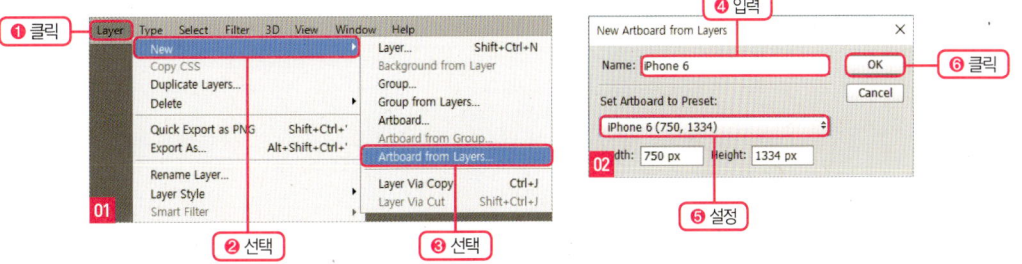

Lesson 05 _ Photoshop CC 2015의 달라진 기능들 037

03 선택한 레이어가 Artboard에 포함되어 생성된 모습입니다.

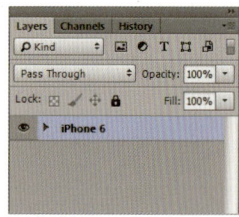 

04 [Layers] 패널에서 Artboard 목록의 화살표 버튼을 클릭하면 해당 Artboard에 포함된 이미지 요소를 펼쳐볼 수 있습니다. 이 이미지 요소를 선택한 후 이동 툴(▶⊕)을 이용하여 원하는 위치로 이동시킵니다.

TIP

[Artboard Tool] 옵션 활성화하기
[Artboard Tool] 옵션 막대의 가장 오른쪽에 위치한 아이콘을 클릭하면 Artboard에 관련된 세부 옵션을 변경할 수 있습니다.

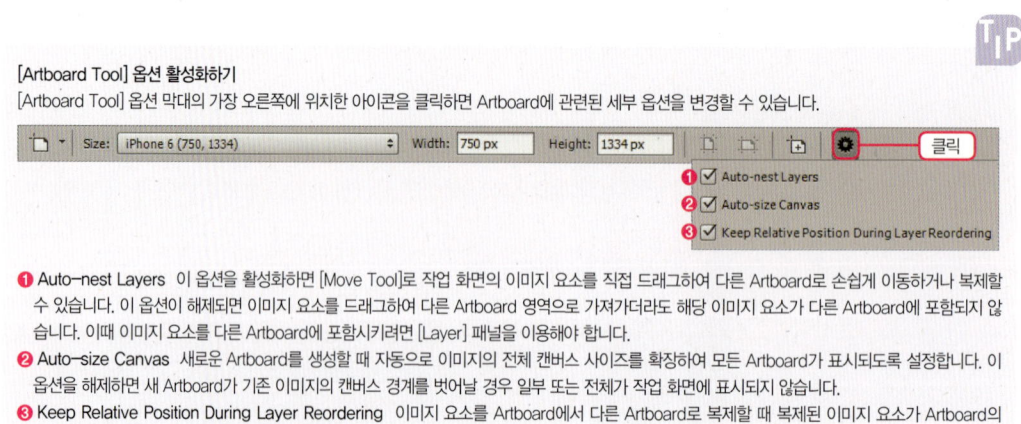

❶ **Auto-nest Layers** 이 옵션을 활성화하면 [Move Tool]로 작업 화면의 이미지 요소를 직접 드래그하여 다른 Artboard로 손쉽게 이동하거나 복제할 수 있습니다. 이 옵션이 해제되면 이미지 요소를 드래그하여 다른 Artboard 영역으로 가져가더라도 해당 이미지 요소가 다른 Artboard에 포함되지 않습니다. 이때 이미지 요소를 다른 Artboard에 포함시키려면 [Layer] 패널을 이용해야 합니다.

❷ **Auto-size Canvas** 새로운 Artboard를 생성할 때 자동으로 이미지의 전체 캔버스 사이즈를 확장하여 모든 Artboard가 표시되도록 설정합니다. 이 옵션을 해제하면 새 Artboard가 기존 이미지의 캔버스 경계를 벗어날 경우 일부 또는 전체가 작업 화면에 표시되지 않습니다.

❸ **Keep Relative Position During Layer Reordering** 이미지 요소를 Artboard에서 다른 Artboard로 복제할 때 복제된 이미지 요소가 Artboard의 좌측 상단을 기준으로 동일한 위치에 복제되도록 설정합니다. 이 기능은 [Layers] 패널을 이용하여 이미지 요소를 복제할 때만 유효합니다.

 ## 다중 레이어 스타일 확장하기

Photoshop CC 2015는 하나의 레이어에 다중 레이어 스타일 효과를 적용할 수 있습니다. 다중 레이어 스타일을 적용할 수 있는 효과에는 Stroke, Inner Shadow, Color Overlay, Gradient Overlay, Drop Shadow가 있습니다. 이 효과들은 [Layer Style] 대화상자 목록의 오른쪽에 ⊕ 아이콘으로 표시됩니다. ⊕ 아이콘을 클릭하면 같은 종류의 효과를 하나 더 추가할 수 있습니다.

∷ Stroke 레이어 스타일을 두 개 적용했을 때

◉ 예제 파일
Sample\Theme00\스타일.psd

01 [Layer Style] 대화상자의 효과 목록에 [Stroke] 항목이 표시되는 것을 확인할 수 있습니다. 그리고 선택한 레이어에 [Stroke] 레이어 스타일이 적용된 것을 확인할 수 있습니다.

 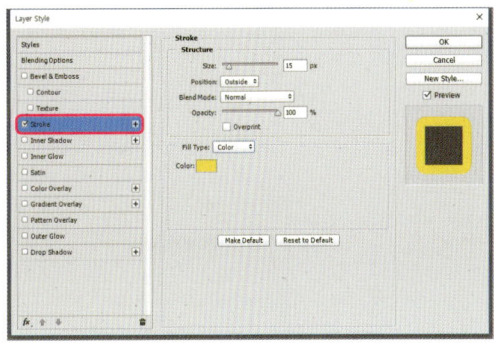

02 [Layer Style] 대화상자의 [Stroke] 효과에서 ⊕ 버튼을 클릭하여 또 다른 [Stroke] 효과를 추가합니다. 이 버튼이 있는 경우에는 해당 메뉴를 반복하여 추가로 사용할 수 있습니다. [Layer Style] 대화상자의 효과 목록에 두 개의 [Stroke] 항목이 표시되는 것을 확인할 수 있습니다. 새로 추가된 효과는 기존의 것과 같은 세부 설정을 가진 채로 생성되지만, 각 효과의 목록을 클릭하면 기존 효과와는 별개로 세부 사항을 설정할 수 있습니다.

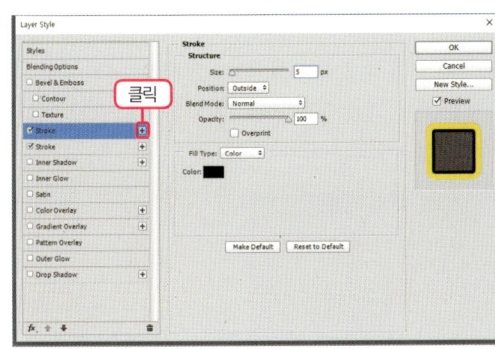 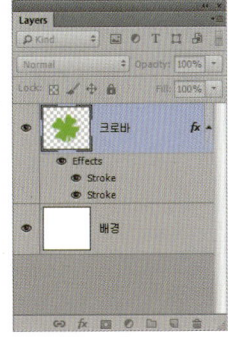 

[Layer Style] 표시 활용
목록 아래의 화살표 아이콘(▼)을 이용하면 새롭게 추가된 효과와 기존 효과의 표시 순서를 변경할 수 있습니다. 목록의 상위에 위치한 효과가 이미지에서도 상위에 표시됩니다. 표시 순서 변경은 동일한 종류의 레이어 스타일 효과 내에서만 가능합니다. 추가된 효과 중 필요 없는 것은 오른쪽의 휴지통 아이콘(🗑)을 클릭하여 삭제할 수 있습니다. [Layer Style] 대화상자를 닫은 후 [Layers] 패널의 목록을 드래그하여 효과의 순서를 변경할 수 있습니다.

03 [Layer Style] 좌측 하단의 아이콘(fx.)을 클릭하면 팝업 메뉴가 나타납니다. 이 목록에서 [Delete Hidden Effects] 항목을 클릭하면 현재 사용하지 않는 효과의 목록을 [Layer Style] 대화상자에서 숨길 수 있습니다. 필요 없는 효과의 목록을 배제한 채 간소화된 목록을 이용하여 작업을 진행할 수 있습니다.

○ [Curves] 포인트
직접 그래프에 마우스 버튼을 클릭하거나 Ctrl +클릭하면 포인트를 추가할 수 있습니다. 총 14개의 포인트를 추가할 수 있습니다. 그래프 영역 밖으로 드래그하여 제거할 수도 있습니다.

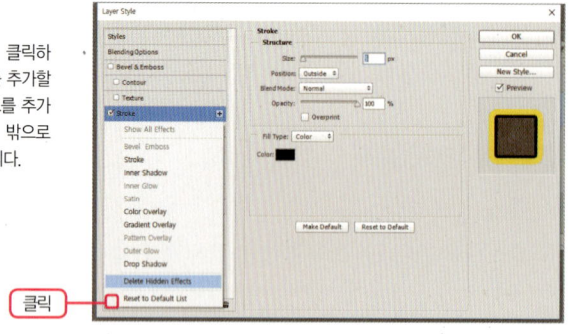
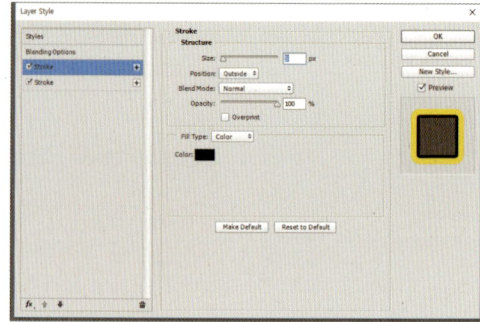

04 두 개의 [Stroke] 효과를 제외한 나머지 효과의 목록이 숨김 상태로 적용된 모습입니다. 목록을 다시 원래대로 되돌리려면 [Show All Effects] 항목을 선택합니다.

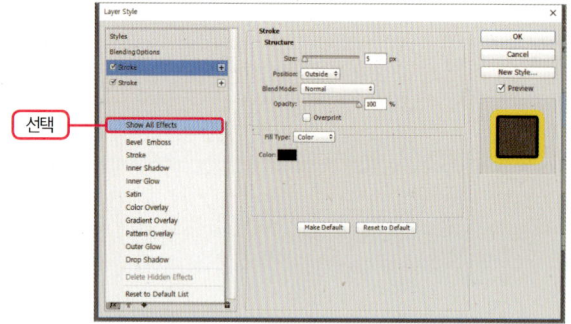
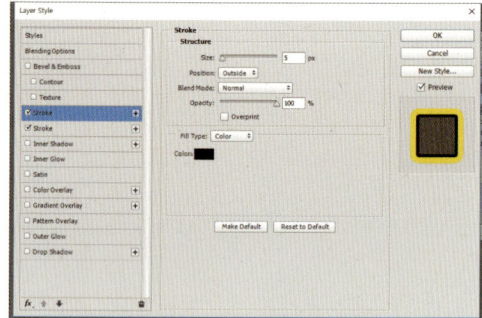

:: Drop Shadow 레이어 스타일을 세 개 적용했을 때

하나의 레이어에 여러 개의 그림자 효과를 추가한 모습입니다. 이처럼 다중 레이어 스타일 기능을 활용하면 여러 개의 광원으로 인해 그림자가 드리워진 모습을 형상화하거나 더욱 입체감 있는 한 개의 그림자 효과를 추가하는 등의 작업을 손쉽게 완성할 수 있습니다.

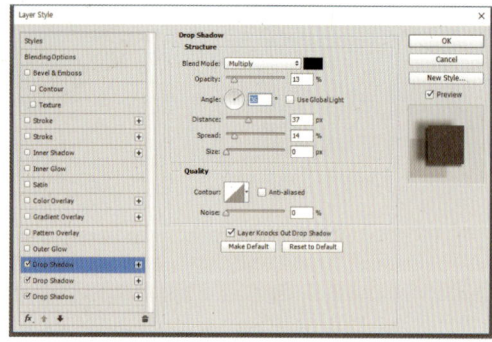
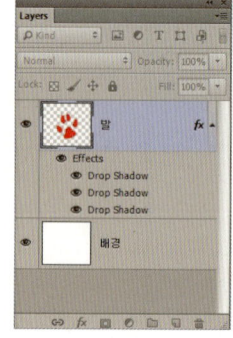

:: Smart Objects에 보정 기능 직접 사용하기

Photoshop CC 2015는 스마트 오브젝트에 직접적인 보정 기능을 사용할 수 있도록 변경되었습니다. 이전 버전의 포토샵에서 스마트 오브젝트에 보정 기능을 적용하려면 조정 레이어(Adjustment Layer)를 이용하거나 스마트 오브젝트의 원본 이미지를 다른 이미지 탭에서 수정하는 방법 등을 사용해야 했습니다.

● 예제 파일
Sample\Theme00\테마11.jpg

01 예제 이미지를 포토샵으로 불러온 후 메뉴의 [Layer-Smart Objects-Convert to Smart Object]를 클릭하면 'layer 0' 레이어가 스마트 오브젝트로 변환됩니다.

02 위의 그림처럼 [Layers] 패널을 통해 변환된 스마트 오브젝트를 확인할 수 있습니다. [Image-Adjustments-Curves]를 선택합니다(단축키: Ctrl+M).

03 위에서 선택한 [Curves]를 스마트 오브젝트에 직접 적용한 모습입니다. [Layers] 패널을 살펴보면 [Curves] 기능이 사용되었다는 것을 알 수 있도록 목록에 표시됩니다.

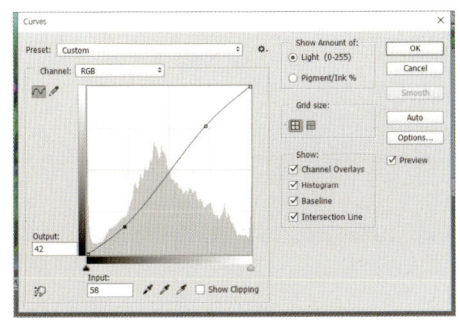 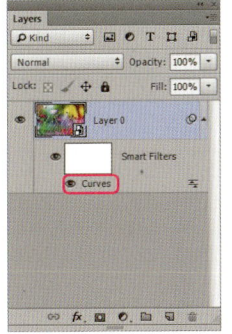 

04 또 다른 보정 기능인 메뉴의 [Image-Adjustments-Color Balance]를 클릭하여 추가로 적용한 모습입니다. [Layers] 패널에서 표시되는 목록은 적용한 기능의 순서에 따라 아래에서부터 위로 정렬됩니다. 적용된 기능의 목록을 드래그하면 순서를 변경할 수 있습니다.

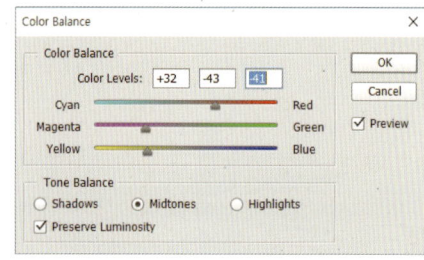
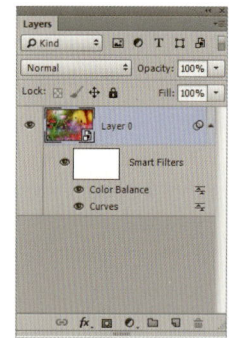

05 [Smart Filters] 사용에 익숙한 사용자는 눈치챘겠지만, 이렇게 적용된 보정 기능은 기존 [Smart Filters] 작동 방식과 원리가 동일합니다. [Layer] 패널에서 'Smart Filters'라는 이름을 가진 마스크를 편집하면 적용된 기능의 영역을 마음대로 편집할 수 있습니다. [Color Balance]의 [Blending Options] 아이콘(≛)을 더블클릭하면 보정 작업의 혼합 방법도 별도로 설정할 수 있습니다.

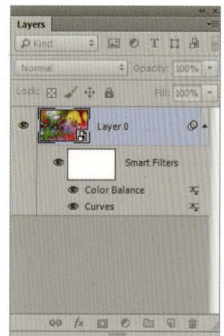

06 [Blending Options] 대화상자에서 'Overlay' 블렌딩 모드로 설정합니다. 스마트 오브젝트에 직접 보정 기능이 적용된 것을 확인할 수 있습니다.

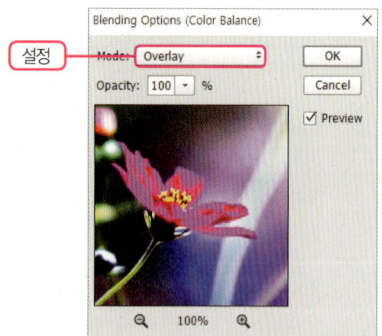

07 [Layers] 패널에서 그림에 표시한 버튼을 클릭하면 스마트 오브젝트에 적용된 모든 기능의 목록을 접어둘 수 있습니다.

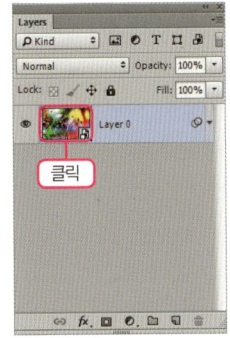

클릭

Smart Object 직접 보정 기능
스마트 오브젝트에 직접 보정 기능을 적용할 수 있도록 변경됨에 따라 원본 이미지를 보존하면서 작업할 수 있는 또 다른 방식을 사용할 수 있게 되었습니다. [Layers] 패널을 간결하게 정리할 수 있음은 물론, 여러 개의 레이어로 이루어진 이미지를 한층 유연한 방법으로 작업할 수 있는 길이 열린 셈입니다.

:: Camera Raw의 새로운 기능 디헤이즈(Dehaze)

Photoshop CC 2015의 [Camera Raw Filter]에 새롭게 추가된 '디헤이즈(Dehaze)'는 사진 속에 나타난 희뿌연 안개를 간단하게 제거하거나 좀 더 짙은 안개의 느낌을 만들 때 사용할 수 있습니다. 이는 Photoshop CC 2015와 Lightroom CC 2015에 추가된 기능으로, 이 효과는 [Dehaze] 슬라이더 옵션만으로 간단하게 만들 수 있습니다.

● 예제 파일
Sample\Theme00\디헤이즈.jpg

01 단축키 Ctrl+O로 안개나 연기가 있는 사진을 불러온 후 메뉴의 [Filter-Camera Raw Filter]를 선택합니다(단축키: Shift+Ctrl+A).

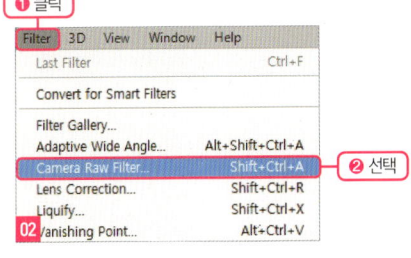

❶ 클릭
❷ 선택

02 [Camera Raw] 패널의 [Effects] 아이콘(fx.)을 선택합니다.

선택

03 Photoshop CC 2015에서 새롭게 추가된 Dehaze가 가장 먼저 눈에 띕니다. 슬라이더를 오른쪽으로 이동한 후 '+80'을 입력합니다. 사진 속의 안개가 사라지는 것을 확인할 수 있습니다.

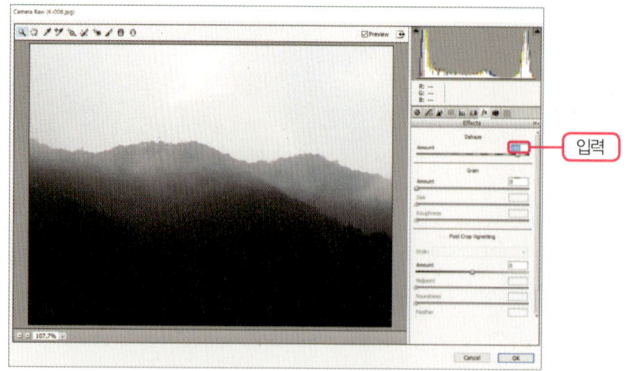

04 반대로 '-60'을 입력합니다. 원본보다 안개가 자욱해진 것을 확인할 수 있습니다.

'Camera Raw' 이미지 데이터

'Camera Raw' 이미지 데이터는 디지털 카메라에서 사용하는 이미지 파일 포맷으로, 디지털 네거티브 필름이라고 볼 수 있습니다. 보통 디지털 카메라에서는 촬영한 이미지를 'JPEG'이나 'TIFF'로 저장하지만, 'RAW' 포맷을 사용하는 경우도 있습니다.

디지털 카메라에서 사용하는 CCD(Charged Coupled Device)나 CMOS는 빛의 강약만을 기록할 뿐, 색상을 판단하지 못하기 때문에 보정 필터를 사용해 빛의 강약을 색상으로 판단하는 것입니다. 이렇게 필터를 통과해 색상으로 인식된 값들을 주변 픽셀의 색상을 참고하여 24비트의 'JPEG'나 'TIFF' 이미지로 바꾸게 됩니다. 'JPEG'는 압축률이 높아질수록 화질이 떨어지고, 'TIFF'의 화질에는 손상이 가지 않지만 용량이 엄청나게 커진다는 단점이 있습니다. 반면, 보정 필터를 거치지 않은 상태의 Raw 데이터는 원본 화질을 손상시키지 않으면서도 파일 크기가 작다는 장점이 있습니다. RAW 데이터는 24비트의 'JPEG'나 'TIFF' 이미지로 변환되기 전 'CCD'나 'CMOS'에 기록된 12비트 이미지 데이터입니다.

메모
MEMO

048 사진의 노출 보정 및 색상 편집하기

062 사진 자동 보정 기능 알아보기

073 색상 편집 도구 활용하기

085 그라데이션을 이용하여 색채 구성하기

098 다양한 그래픽 효과를 위한 사진 응용하기

THEME 01
사진 보정 기법

사진의 구도와 방향 역시 이미지의 분위기를 좌우하는 또 다른 요소로, 사진이 어떤 방향인지에 따라 시각적으로 두드러져 보이기도 합니다. 이번 테마에서는 가장 기본적이면서도 중요한 개념인 이미지를 색상과 사진의 구도 및 방향 변경 마법사를 이용하여 다뤄보겠습니다.

01 사진의 노출 보정 및 색상 편집하기

일반적으로 노출을 보정할 때는 Levels나 Curves를 주로 사용하지만, 경우에 따라서는 레이어 블렌딩 모드를 이용하여 노출을 보정하기도 합니다. 레이어 블렌딩 모드를 이용하면 단순히 어두운 사진을 밝게, 밝은 사진을 어둡게 만들 뿐만 아니라 하이라이트와 섀도에 서로 다른 효과를 적용하여 사진을 입체적으로 보정할 수도 있습니다.

 사진의 톤과 색조 수정하기

Color Balance 이해하기

Color Balance는 이미지의 섀도 영역(Shadows), 중간 영역(Midtones), 하이라이트 영역(Highlights)을 선택하여 서로 보색이 되는 컬러 값을 증가시키거나 감소시켜 색상을 조정하는 방식입니다. 보통 이미지의 전체적인 분위기를 좌우하는 중간 영역(Midtones)을 조정하여 사용합니다. 참고로 순수한 검은색과 순수한 흰색은 영향을 받지 않습니다.

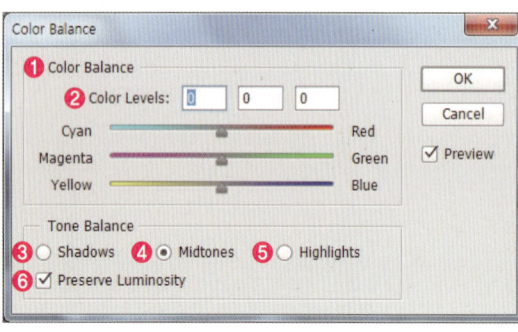

[Color Balance] 대화상자

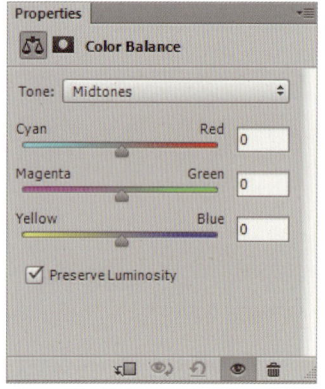

[Color Balance] 보정 레이어 패널

❶ Color Balance 보색의 컬러 슬라이드 바를 이동하여 색상을 조정합니다.
❷ Color Levels 아래의 컬러 변경에 따른 값을 출력합니다.
❸ Shadows 어두운 톤 컬러를 조정합니다.
❹ Midtones 중간 톤 컬러를 조정합니다.
❺ Highlights 밝은 톤 컬러를 조정합니다.
❻ Preserve Luminosity 체크를 하면, 이미지의 명암과 콘트라스트가 유지된 상태에서 색상만 조정됩니다.

:: Curves 이해하기

[Curves] 명령은 Input, Output을 두 축으로 하는 대각선 그래프의 곡선을 조정하여 사진의 톤과 색조를 수정합니다. 그래프의 가로축은 이미지 내 픽셀의 밀도 분포(Input)에 해당하고, 세로축은 색상의 변화(Output)에 해당합니다. Curve 곡선의 변화 정도를 크게 적용하여 명암이 반전되는 효과나 색조의 왜곡 효과를 만들 수 있습니다.

○ [Curves] 대화상자 메뉴의 [Channel]에서 전체 또는 개별 Channel의 편집을 선택할 수 있습니다. 그래프에 포인트를 추가, 이동시켜 곡선을 형성합니다. 포인트는 직접 그래프에 마우스 버튼을 클릭하거나 사진에 마우스 포인터를 올려 놓고 Ctrl+클릭으로 추가할 수 있습니다. 총 14개의 포인트를 추가할 수 있으며, 추가된 포인트는 그래프 영역 밖으로 드래그하여 제거할 수도 있습니다.

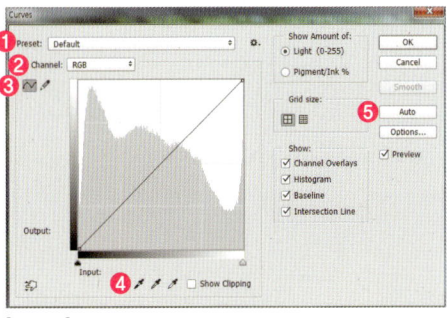 

[Curves] 대화상자

❶ **Preset** 미리 설정된 값을 통해 이미지를 보정할 수 있습니다.
❷ **Channel** 보정하고자 하는 채널만 선택하여 색상을 조정할 수 있습니다.
❸ **패스 버튼(∿)와 연필 버튼(✎)** 연필 버튼(✎)을 클릭하면 사용자가 직접 그래프를 그려 넣을 수 있습니다. 그래프의 패스가 부드럽지 못할 경우, 패스 버튼(∿)을 클릭하면 적당한 영역 안에 포인트가 생겨 패스가 부드러워집니다.
❹ **색상 스포이트** 스포이트로 선택한 픽셀을 기준으로 명암 단계가 재조절됩니다.
  • [Set Black Point]: 선택한 픽셀이 이미지의 가장 어두운 단계가 됩니다.
  • [Set Gray Point]: 선택한 픽셀이 이미지의 중간 단계가 됩니다.
  • [Set White Point]: 선택한 픽셀이 이미지의 가장 밝은 단계가 됩니다.
❺ **Auto** 이미지의 색상 대비를 자동으로 설정합니다.

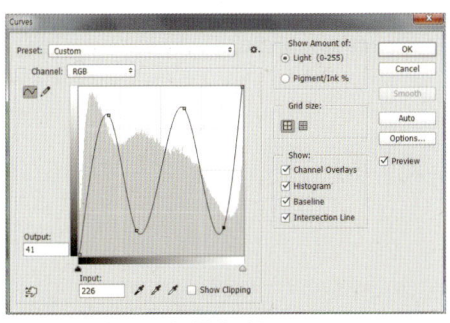 

곡선의 변형 정도를 크게 적용한 경우

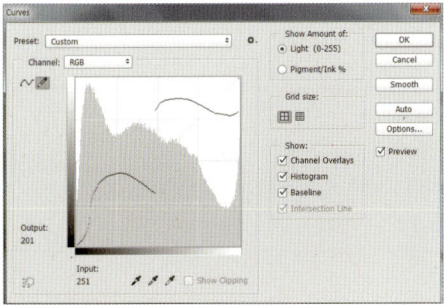

연필 툴(✎)을 이용한 곡선 생성

기능 실습

색감이 풍부한 배경 사진으로 보정하기

01

예제 파일 Sample\Theme01\Lesson01\color-1.jpg
완성 파일 Sample\Theme01\Lesson01\color-1-완성.jpg

키 워 드 [Color Range], [Color Balance] 대화상자를 이용한 하늘과 바다의 색상 보정
길라잡이 사진처럼 파랗고 깊은 하늘색과 바다색을 원한다면 지금부터 차근차근 따라해보기 바랍니다. 후보정을 할 때 많이 하는 실수 중 하나는 사진 전체에 색보정을 하는 것입니다.

STEP 01 하늘과 바다에 선명한 색상 보정하기

01 사진에서 보정하고자 하는 주체는 하늘과 바다입니다. 다른 부분을 보정하지 않아도 된다면, 하늘과 바다를 배경에서 분리해 따로 색보정을 하는 것이 효율적입니다. 먼저 메뉴의 [Select-Color Range]를 클릭합니다. 그리고 샘플 컬러에서 하늘색과 가장 가까운 톤인 Cyans나 Blues를 선택하면 되는데, 이번 예제에서는 Cyans를 선택합니다.

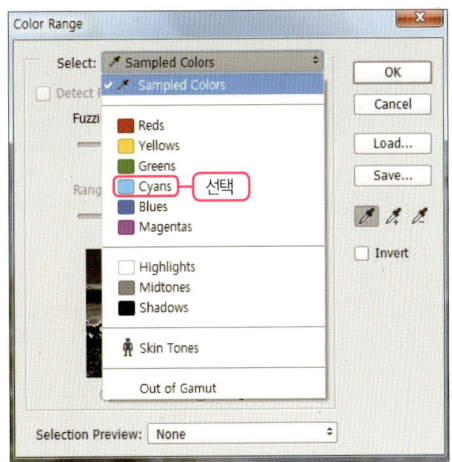

Fuzziness 기능
프리뷰 이미지를 보는 방법 중 검은색 부분은 비선택 영역이며, 흰색에 가까울수록 선택한 톤과 일치하기 때문에 그 부분이 선택 영역입니다. 선택된 부분의 농도가 진하면 디스플레이 상 선택 영역이 표시되고, 농도가 흐리면 표시되지 않습니다.

02 01 보통 색보정을 할 때 가장 많이 사용하는 [Color Balance]를 선택하기 위해 [Layer] 패널에서 [Background]를 선택한 후 [Create New Fill Or Adjustment Layer(⊙)] 버튼을 클릭하여 [Color Balance]를 선택합니다. 그런 다음 02 [Color Balance] 대화상자에서 Shadows 톤을 클릭한 후 Blue 슬라이더를 그림처럼 설정합니다.

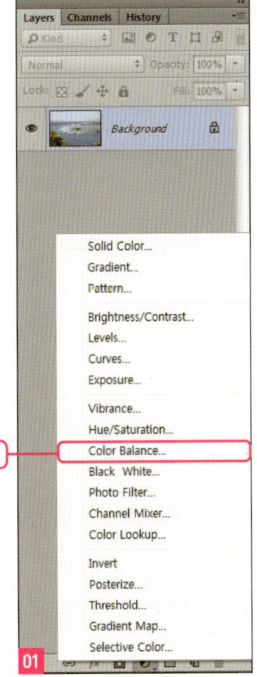

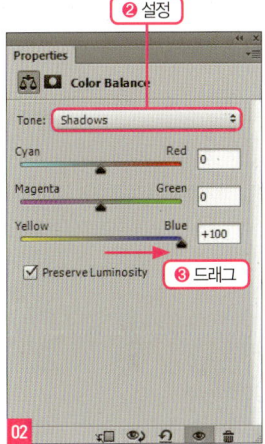

03 다시 한 번 [Color Balance]를 선택하기 위해 [Layer] 패널에서 [Color Balance 1]을 선택한 후 [Create New Fill Or Adjustment Layer( )] 버튼을 클릭하여 [C-olor Balance]를 선택합니다. 그런 다음 03 [Color Balance] 대화상자에서 Highlights 톤으로 설정한 후 각 슬라이더를 그림처럼 설정합니다.

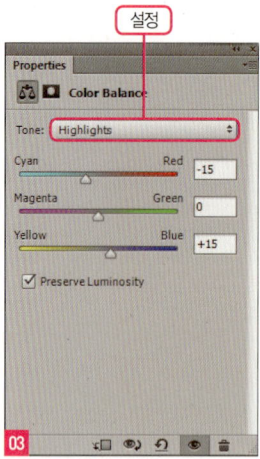

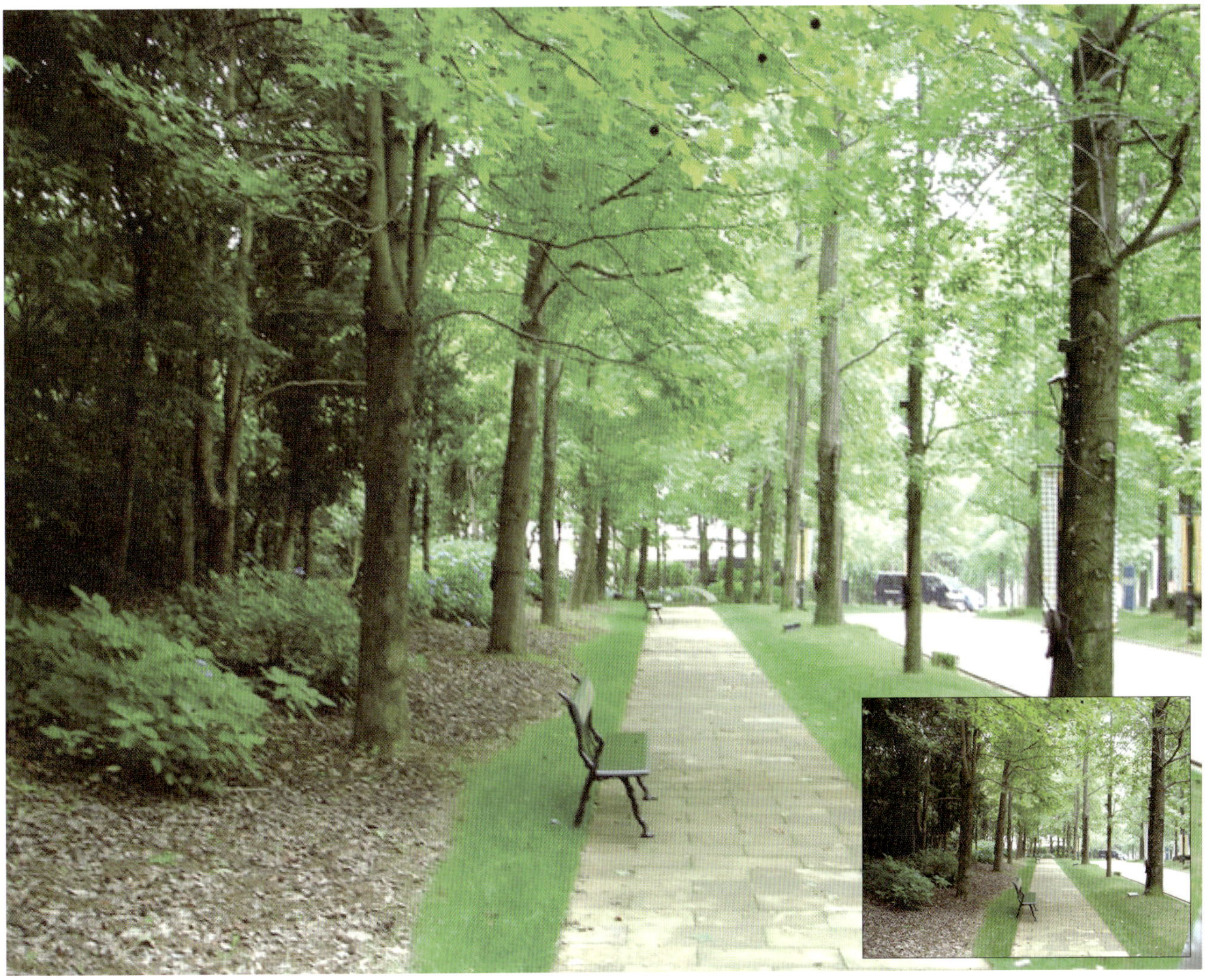

평범한 사진에서 탈출하기

02

예제 파일 Sample\Theme01\Lesson01\color-2.jpg
완성 파일 Sample\Theme01\Lesson01\color-2-완성.jpg

키 워 드   [Color Range], [Color Balance] 대화상자를 이용하여 숲의 느낌을 살리는 색상 보정
길라잡이   평범해 보이는 숲의 색감이 좀 더 광범위하게 표현되도록 색감을 보정합니다.

STEP 01 풀숲을 녹색 톤으로 색보정하기

01 메뉴의 [Select-Color Range]를 클릭합니다. 그런 다음 스포이트(🖋) 툴로 배경의 녹색 톤을 클릭합니다. 이렇게 하면 비슷한 톤만 전부 선택됩니다. 그림처럼 슬라이더 바를 조절하면 선택 범위를 조절할 수 있습니다. 그림에서 녹색 톤이 들어간 부분이 모두 흰색으로 바뀌었는데, 바로 이 부분이 선택된다는 의미입니다.

02 ① [Layer] 패널에서 [Background]를 선택한 후 [Create New Fill Or Adjustment Layer (◐)] 버튼을 클릭하여 [Color Balance]를 선택합니다.
② [Color Balance] 대화상자에서 Green 슬라이더 바를 움직여서 숲의 느낌을 더 줍니다. 다소 과장되게 보정했지만 실제로 보정할 때는 Green 슬라이더를 아주 살짝만 올려 평범한 느낌이 나지 않을 정도로만 보정하는 것이 좋습니다.

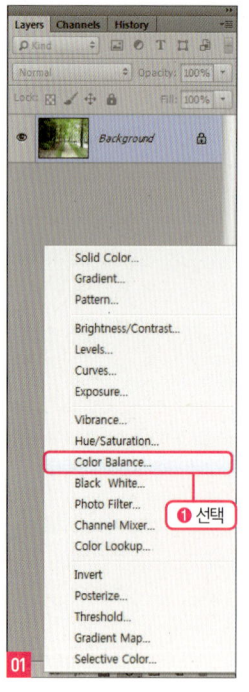

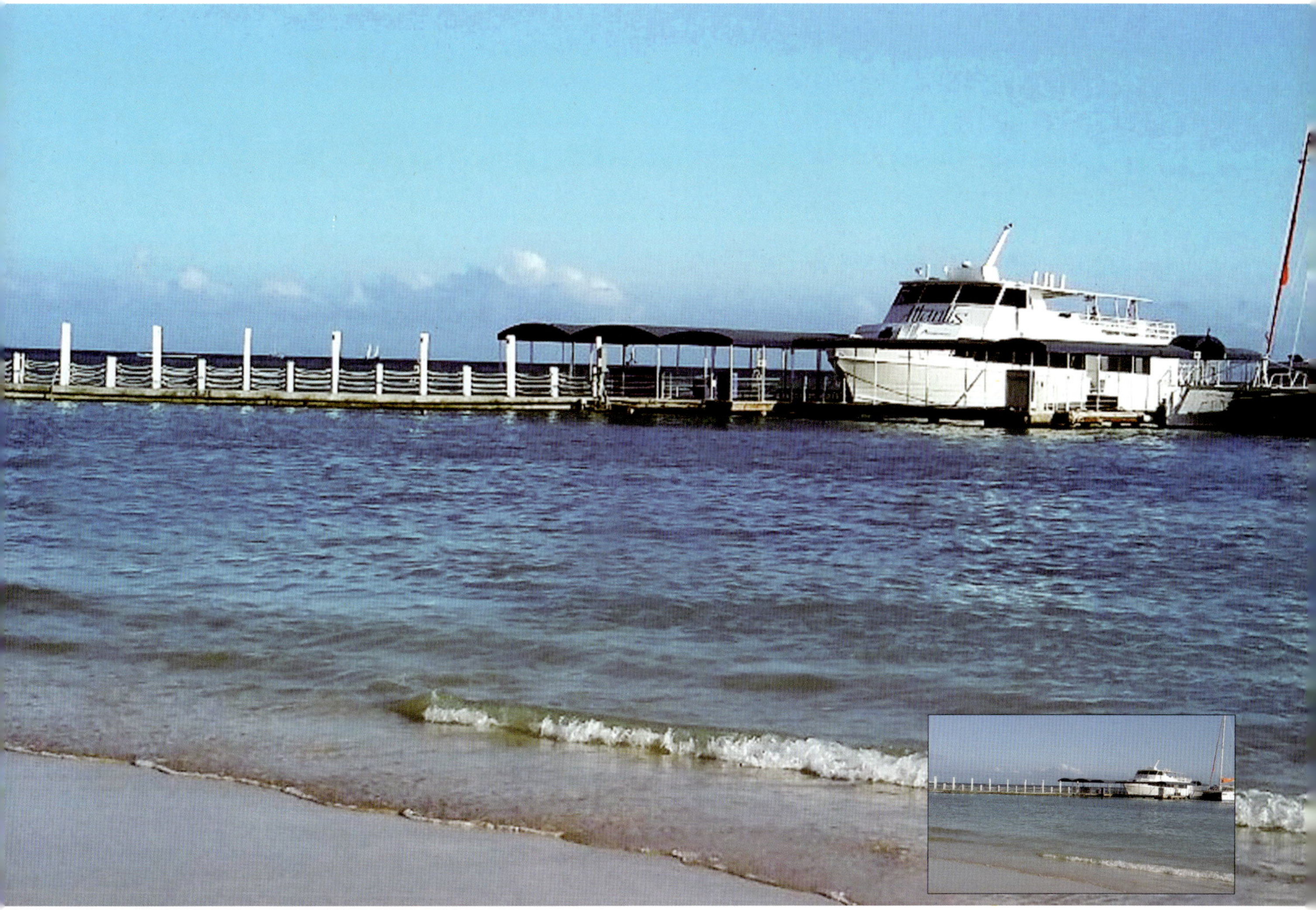

흐릿한 사진 밝게 보정하기

03

예제 파일 Sample\Theme01\Lesson01\하와이.jpg
완성 파일 Sample\Theme01\Lesson01\하와이-완성.jpg

키 워 드 [Color Range], [Curves], [Color Balance] 대화상자를 이용한 노출 값과 채도를 조절
길라잡이 노출이 과하면 사진이 전체적으로 밝게 나와 흐릿해 보입니다. 보정 후(After)의 사진 역시 빛이 많이 들어오면서 전체적으로 흐릿한 이미지로 보입니다.

STEP 01 [Color Range] 대화상자 적용하기

01 새로운 이미지를 불러오기 위해 단축키 Ctrl+O를 누르거나 메뉴의 [File-Open]을 클릭합니다. [Open] 대화상자에서 이미지를 불러옵니다.

TIP 메뉴의 [File-Open]을 클릭하여 이미지를 작업 공간으로 불러와도 되지만, 단축키 Ctrl+O를 이용하면 이미지를 더 빨리 불러올 수 있습니다.

02 사진을 불러온 후 하이라이트를 선택하기 위해 01 메뉴의 [Select-Color Range]를 선택합니다. 02 [Color Range] 대화상자가 나타나면 [Select] 항목에서 'Highlights'를 선택한 후 [OK] 버튼을 클릭합니다. 사진 이미지에 자동으로 밝은색 영역인 하이라이트만 선택 영역으로 만들어집니다.

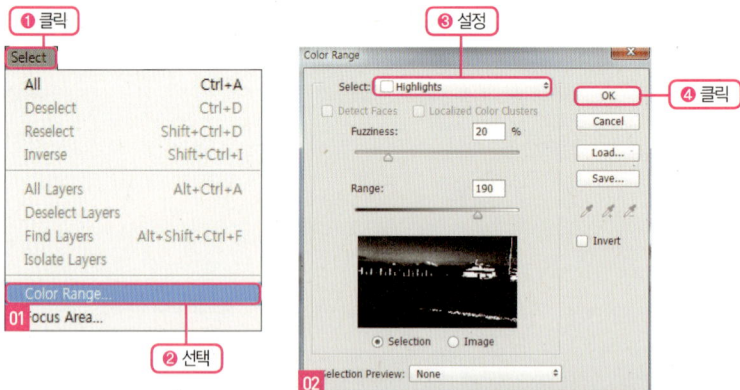

STEP 02 블렌딩 모드 적용하기

01 단축키 Ctrl+J를 누르면 'Background' 레이어에서 선택 영역만 새 레이어로 복사됩니다. [Layers] 패널에서 복사된 'Layer 1' 레이어의 [블렌딩 모드]를 'Soft Light', [Opacity]를 '100%'로 설정하면 하이라이트가 좀 더 밝게 표현됩니다.

02 섀도 레이어를 만들기 위해 하이라이트 레이어에서 01 Ctrl을 누른 채 'Layer 1' 레이어를 클릭하여 선택 영역으로 만든 후 02 단축키 Shift+Ctrl+I를 눌러 선택 영역을 반전합니다.

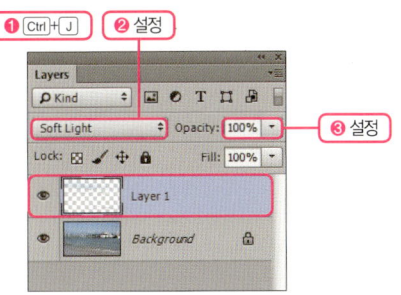

STEP 03 [Color Balance] 대화상자 적용하기

01 01 'Background' 레이어를 선택한 후 단축키 Ctrl+J를 눌러 선택 영역을 새 레이어로 만듭니다. [블렌딩 모드]를 'Overlay', [Opacity]를 '70%'로 설정하면 섀도가 아래쪽 이미지와 혼합되어 좀 더 선명해집니다. 그리고 02 [Layer] 패널에서 'Layer 2'를 선택한 후 [Create New Fill or Adjustment Layer] 버튼(◑.)을 클릭하여 [Color Balance]를 선택합니다.

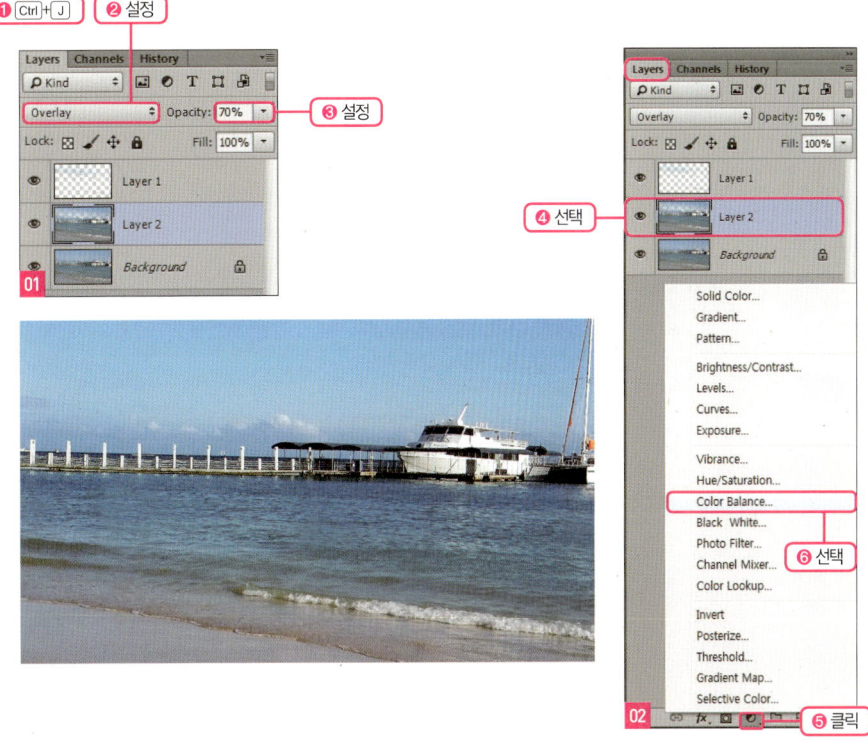

02 [Layer] 패널에 새롭게 추가된 'Color Balance 1' 레이어를 확인할 수 있습니다. 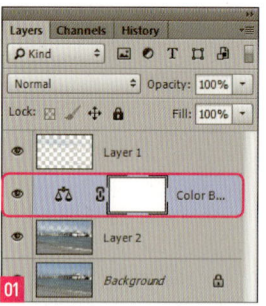 'Color Balance 1' 보정 레이어를 추가한 후 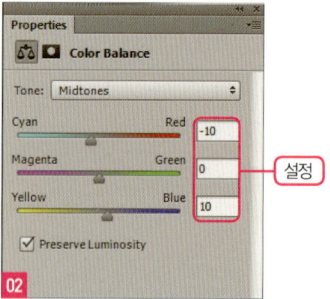 전체적으로 파란색을 보정하기 위해 [Midtones] 값을 그림과 같이 설정합니다(Cyan: -10, Magenta: 0, Yellow: 10).

STEP 04 또 다른 [Color Balance] 대화상자 적용하기

01 ① 'Color Balance 1' 보정 레이어를 추가한 후 ② 전체적으로 파란색을 보정하기 위해 Highlights 값을 그림과 같이 설정합니다.

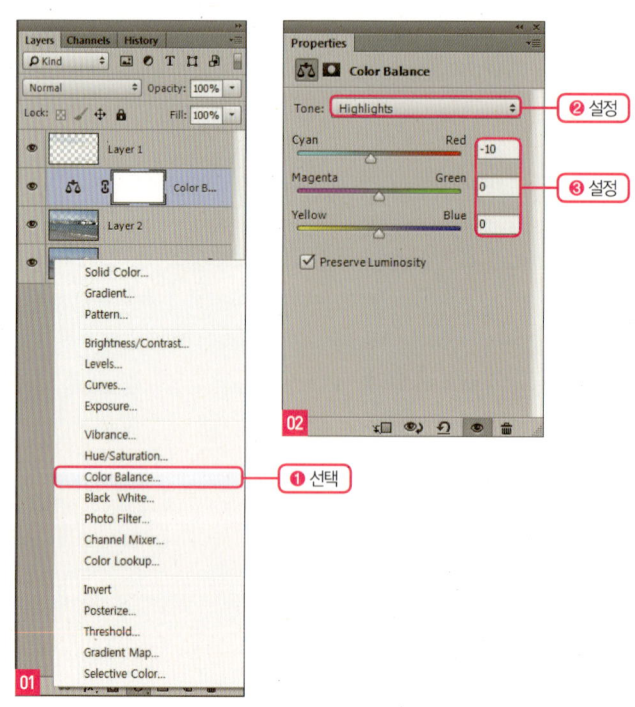

02 **03** 다시 한 번 'Color Balance 1' 보정 레이어를 추가한 후 전체적으로 노란색을 보정하기 위해 **04** [Shadows] 값을 그림과 같이 설정합니다. 원본 이미지와 비교해 보면 선명하고 깊이가 살아 있는 색상을 가진 사진으로 보정된 것을 알 수 있습니다.

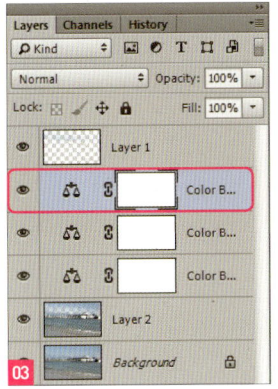
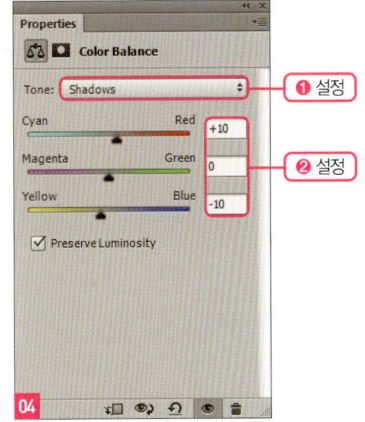

[Curves] 대화상자 알아보기

자유롭게 변하는 색상의 감마 곡선을 통해 이미지의 명도와 대비를 보정합니다. [Levels] 기능과 함께 색상 보정 기능으로 많이 사용됩니다.

만약 한 번의 보정으로 원하는 색감이 나지 않을 경우 [Color Balance]를 한 번 더 설정하면 좀 더 진하게 보정되며, 투명도도 알맞게 조절할 수 있습니다. 하지만 잘못하면 질리는 사진으로 변할 수 있으므로, 필요 이상의 색보정은 하지 않는 것이 좋습니다.

■ [Curves] 대화상자

- Preset: 미리 설정된 값을 통해 이미지를 보정할 수 있습니다.   예제 파일 Sample\Theme01\Lesson01\luxury.jpg

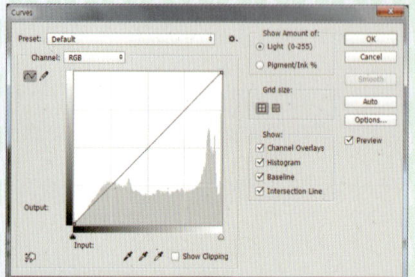

▲ [Curves] 대화상자

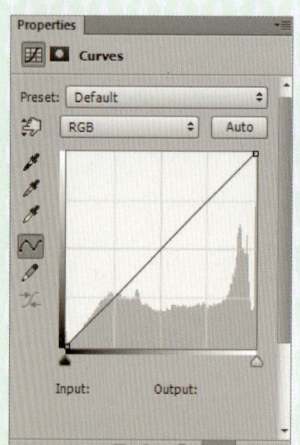

▲ [Curves] 보정 레이어 패널

▲ 원본

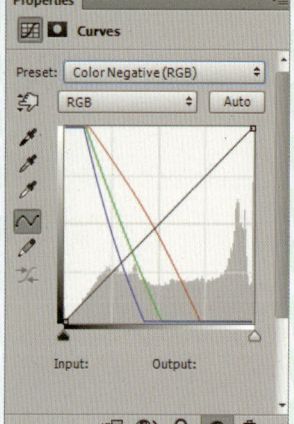

▲ [Color Negative(RGB)]의 경우

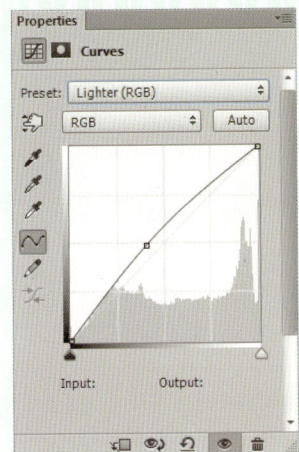 

▲ [Lighter(RGB)]의 경우

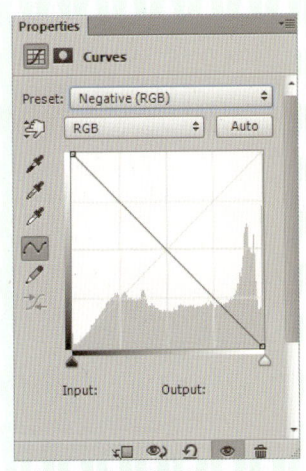 

▲ [Negative(RGB)]의 경우

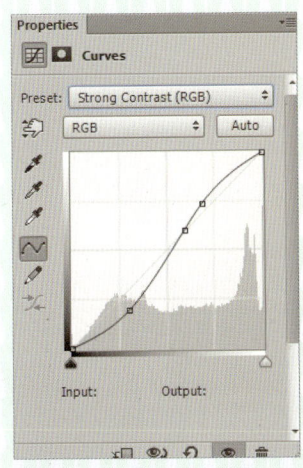

▲ [Strong Contrast(RGB)]의 경우

Lesson 01 _ 사진의 노출 보정 및 색상 편집하기 061

LESSON 02 사진 자동 보정 기능 알아보기

전체적으로 어두운 사진에 적당한 햇빛으로 밝게 노출하는 효과를 주기 위해 이미지 자동 보정 기능과 보정 명령어를 이용하면 보다 깔끔하게 사진 보정을 할 수 있습니다.

Levels 이해하기

▪▪ Levels란?

[Levels] 명령은 이미지의 톤과 색조 정보를 히스토그램(Histogram)으로 보여주거나 전체 또는 채널(Channel)별로 레벨(Level)의 범위를 조절하여 톤과 색조에 변화를 줄 수 있습니다. [Input Levels]의 Shadow, Midtone, Highlight의 위치를 그래프 하단 슬라이더를 움직여 조절할 수 있고, 하단 그레이던트 막대의 슬라이더를 이용해 명암의 분포를 수정할 수도 있습니다.

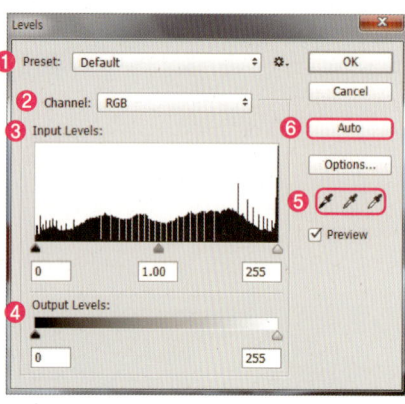 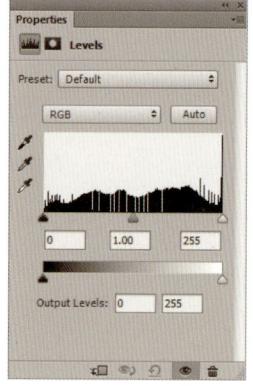

❶ **Preset** 미리 설정된 값을 통해 이미지를 보정할 수 있습니다.

◉ 예제 파일
Sample\Theme01\Lesson02
\별장.png

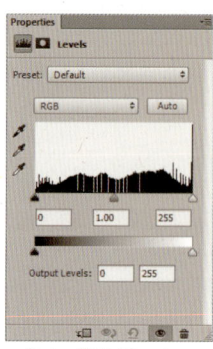 

▲ [Default]의 경우

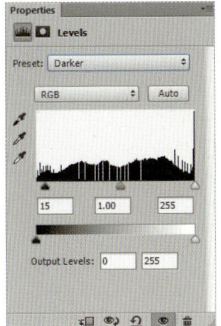 

▲ [Darker]의 경우

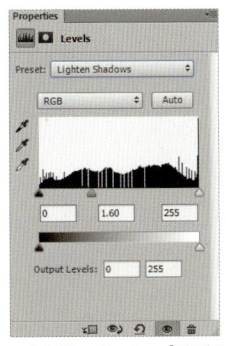 

▲ [Lighten Shadows]의 경우

❷ **Channel** 보정할 이미지의 채널을 선택합니다.

❸ **Input Levels** 명도 대비를 슬라이더로 조정할 수 있습니다. 왼쪽의 검은색 삼각형은 '섀도 영역'을, 가운데의 어두운 회색 삼각형은 '중간 영역'을, 오른쪽의 회색 삼각형은 '하이라이트 영역'을 조정할 수 있습니다.

❹ **Output Levels** 이미지 전체의 명도를 조정합니다. 이미지의 채도를 낮추기 때문에 자주 사용하지 않는 것이 좋습니다.

❺ **색상 스포이트** 스포이트로 선택한 픽셀을 기준으로 명암 단계가 재조정됩니다.
- Set Black Point: 선택한 픽셀이 이미지의 가장 어두운 단계가 됩니다.
- Set Gray Point: 선택한 픽셀이 이미지의 중간 단계가 됩니다.
- Set White Point: 선택한 픽셀이 이미지의 가장 밝은 단계가 됩니다.

❻ **Auto** 이미지의 명도 대비를 자동으로 설정합니다.

사진에
햇빛 노출 효과 표현하기

01

예제 파일 Sample\Theme01\Lesson02\노출.jpg
완성 파일 Sample\Theme01\Lesson02\노출-완성.png

키 워 드 [Levels] 이미지 보정을 이용하여 노출과 콘트라스트를 설정
길라잡이 원본 사진을 밝은 햇빛에 노출된 듯한 느낌으로 만드는 효과를 알아봅니다.

STEP 01 자동 보정 기능 이해하기

01 새로운 이미지를 불러오기 위해 Ctrl+O를 누르거나 메뉴의 [File-Open]을 클릭합니다. 그런 다음 [Open] 대화상자에서 이미지 하나를 불러옵니다.

02 메뉴의 01 [Image-Auto Tone]을 선택한 후 자동으로 우리 눈에 자연스러워 보이도록 보정합니다. 자동으로 보정한 사진과 02 [Histogram] 그래프입니다.

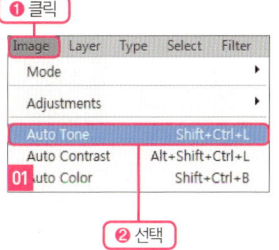

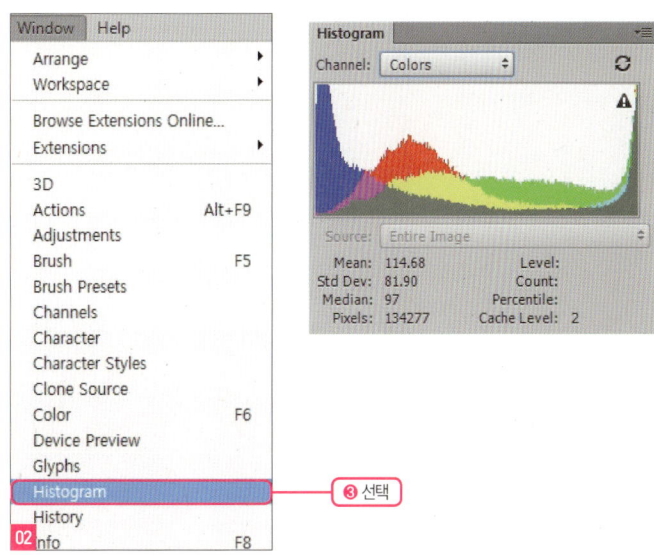

03 메뉴의 [Image-Auto Contrast]를 선택한 후 전체 사진을 강조하는 보정을 하여 좀 더 선명한 사진을 표현합니다.

04 메뉴의 [Image-Auto Color]를 선택한 후 [Histogram] 그래프에서 색상 값을 변화시켜 붉은빛을 띠는 사진을 보정합니다.

STEP 02 [Levels]를 이용해 보정하기

01 [Levels] 패널에서 [Levels] 보정 레이어를 사용하여 보정해보겠습니다.
[Layers] 패널 하단의 [Create New Fill Or Adjustment Layer] 버튼(　)을 클릭한 후 [Levels]를 선택합니다.

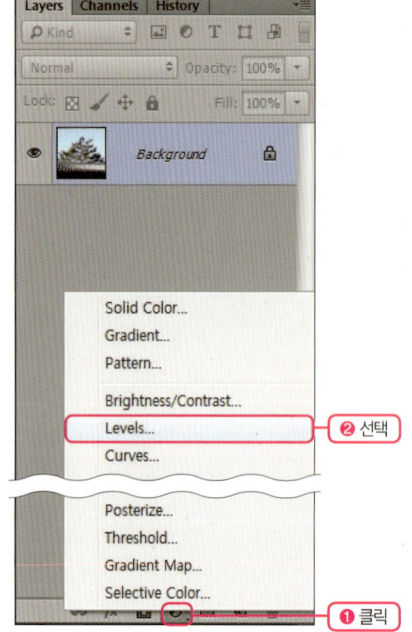

02 [Properties-Levels] 보정 레이어 패널로 변경되면 중간 슬라이더를 왼쪽 섀도 방향으로 드래그합니다. 하이라이트 슬라이더가 위치한 부분의 색이 현재 이미지에서 밝게 바뀝니다.

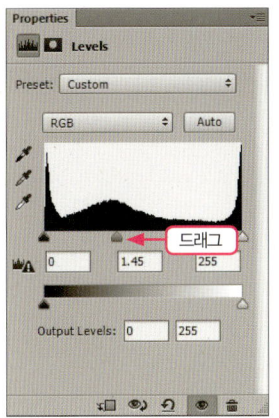 

03 왼쪽의 섀도 슬라이더를 오른쪽으로 드래그하여 어두운 색상을 조정합니다.

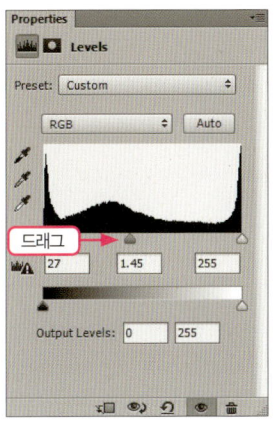 

04 오른쪽의 섀도 슬라이더를 왼쪽으로 드래그하여 밝은 색상으로 조정합니다.

02 듀오톤 사진 만들기

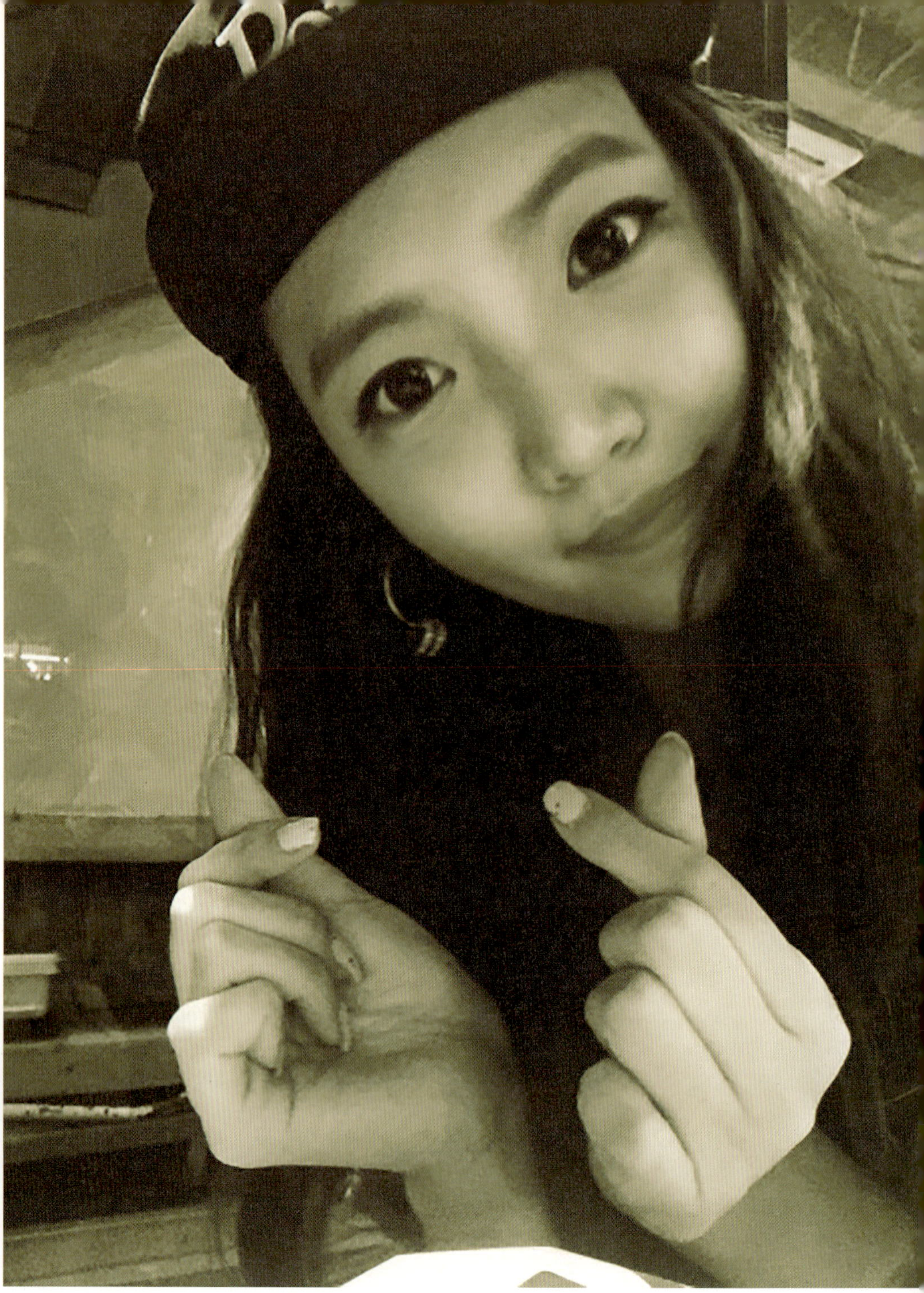

예제 파일 Sample\Theme01\Lesson02\기쁨-53.jpg
완성 파일 Sample\Theme01\Lesson02\기쁨-53-완성.jpg

키 워 드 [Desaturate] 명령으로 흑백 사진 변환, [Curves] 명령으로 채널 설정
길라잡이 듀오톤 사진을 만들기 위해 Duotone, Color Balance, Black & White, Curves 등 여러 가지 메뉴를 사용합니다.

STEP 01 흑백 사진으로 변환하고 듀오톤 사진으로 설정하기

01 기본적인 방법을 이용하여 듀오톤 이미지를 만들어 보겠습니다. 듀오톤 이미지로 만들기 위해 가장 먼저 **01** 메뉴의 [Image-Mode-Grayscale]을 선택하면 나타나는 **02** [메시지] 창에서 [Discard] 버튼을 클릭합니다.

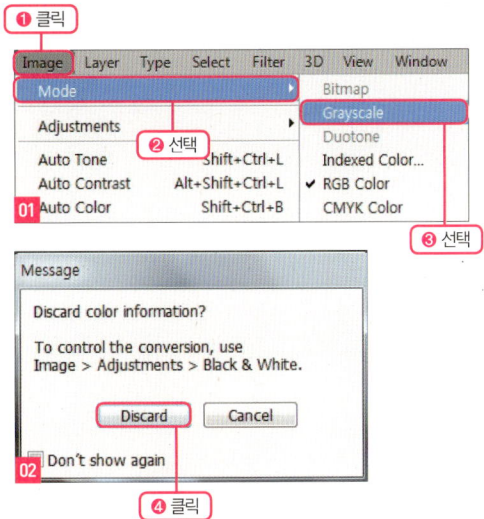

02 본격적으로 듀오톤 사진을 만들기 위해 메뉴의 [Image-Mode-Duotone]을 선택합니다.

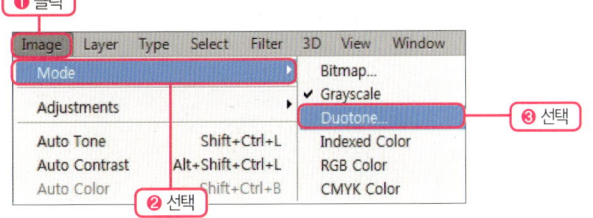

03 [Duotone Options] 대화상자가 나타나면 [Type] 항목의 드롭다운 버튼을 클릭하여 [Tritone]을 선택합니다.

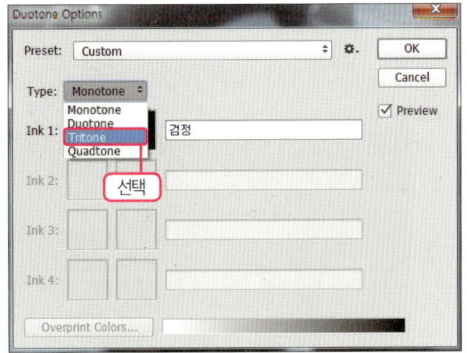

STEP 02 듀오톤 사진에 색상 추가하기

01 [Ink2]의 색상 상자를 클릭하여 [Color Libraries] 대화상자가 나타나면 [Picker] 버튼을 클릭합니다. [Select Ink Color] 대화상자가 나타나면 원하는 색상을 선택한 후 [OK] 버튼을 클릭합니다.

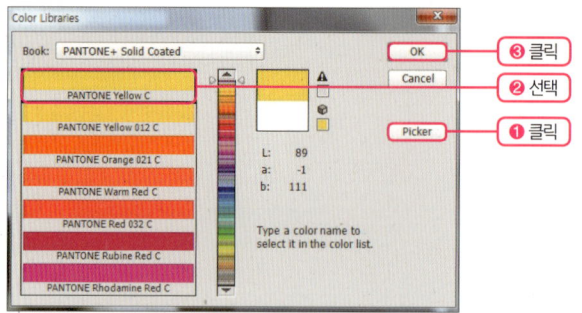

02 [Ink2]의 색상 상자에 색상이 추가되고 이미지 전체 색상도 변경된 것을 확인할 수 있습니다. [Ink 2]의 색상 이름을 입력합니다.

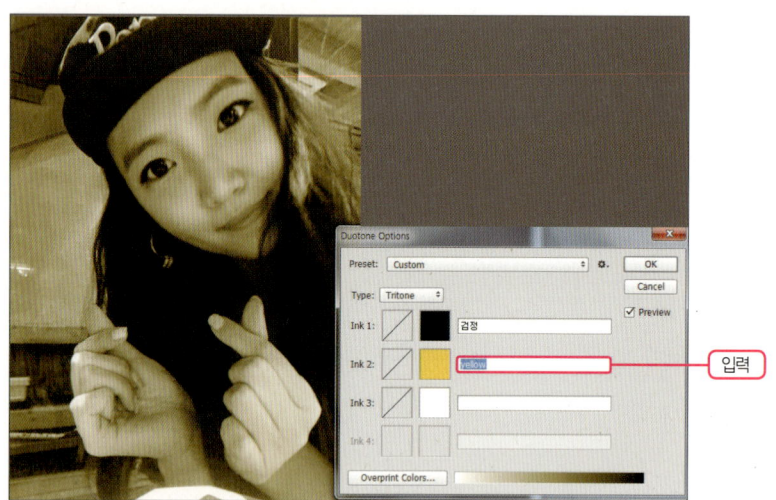

03 [Duotone Options] 대화상자가 나타나면 [Ink 3]의 색상 상자를 클릭합니다. [Select Ink Color] 대화상자가 나타나면 원하는 색상을 선택한 후 [OK] 버튼을 클릭합니다. 그런 다음 [Duotone Options] 대화상자가 나타나면 [Ink 3]의 색상 이름을 입력합니다.

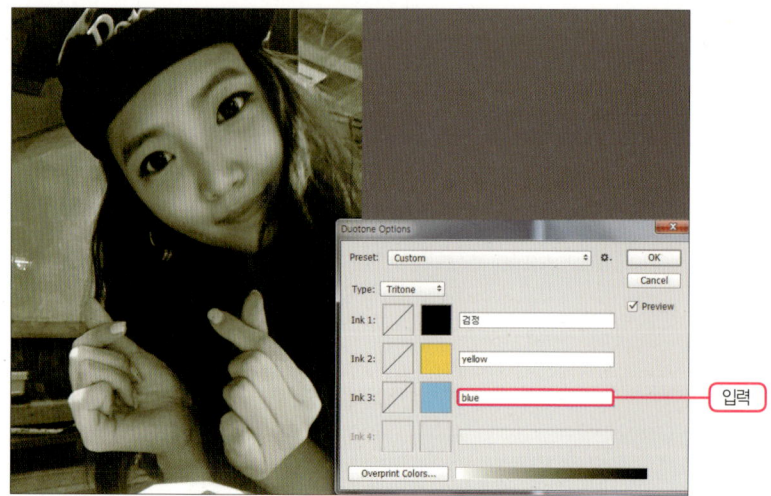

STEP 03 듀오톤 사진에 그래프로 표현하기

01 [Duotone Options] 대화상자가 나타나면 [Ink 2]의 그래프 사각형을 클릭합니다. [Duotone Curve] 대화상자가 나타나면 그래프의 대각선 중간 부분을 약간 위로 드래그하여 전체적으로 노란색이 더 많이 적용되도록 설정하고 [OK] 버튼을 클릭합니다.

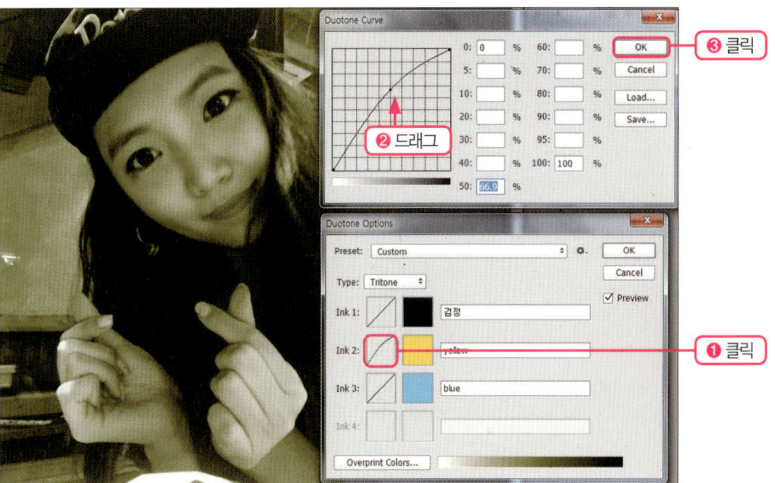

02 위와 같은 방법으로 [Ink 3]의 [Duotone Curve] 값을 그림과 같이 설정합니다. 은은한 색상이 가미된 듀오톤 이미지가 완성되었습니다.

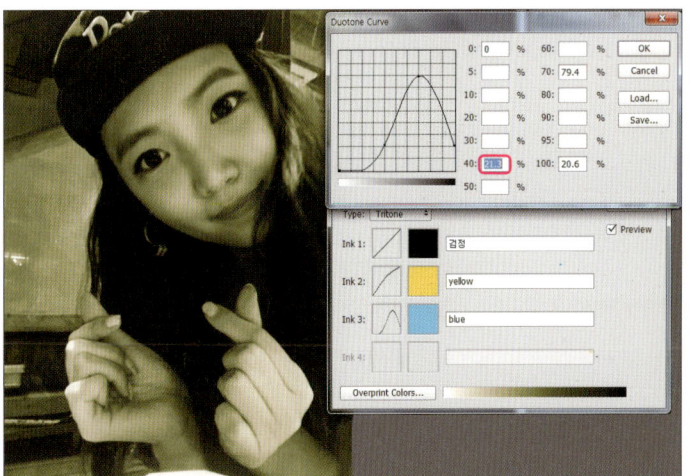

Duotone Mode

이미지의 색상은 Grayscale에서만 변환할 수 있습니다. 은은한 분위기는 책표지나 바탕화면으로 많이 사용되고 있습니다.

■ [Duotone Options] 대화상자 이해하기

듀오톤 모드는 흑백 사진 느낌을 좀 더 살리기 위해 다른 색상을 추가하여 덧씌운 것을 말합니다.

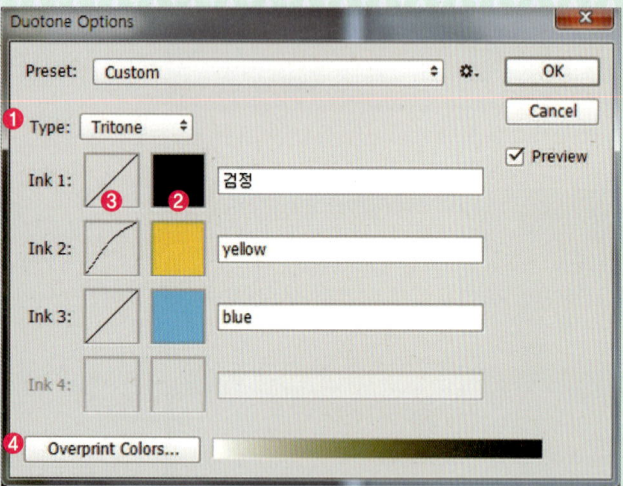

❶ **Type** 총 네 가지의 잉크 색상을 지정할 수 있습니다. 선택한 색상 수에 따라 아래의 색상 선택 사각형이 활성화됩니다.
❷ **색상 선택** [Cube] 대화상자에서 색상의 분포도를 조정합니다. 사용자가 원하는 색상을 선택합니다.
❸ **Duotone Curve** 선택한 색상이 이미지에 적용될 때 명도와 콘트라스트를 세밀하게 조정합니다.
❹ **Overprint Colors** 혼합된 색상의 배합을 재조정할 수 있습니다.

■ Adjustment Layer의 활용

- 원본 사진을 손상하지 않은 상태에서 작업을 진행하여 결과물을 만들기 위해 [Adjustment Layer]를 활용합니다.
- 메뉴의 [Layer-New Adjustment Layer]에 포함된 명령들로 [Image-Adjustments] 메뉴에 포함된 명령들과 동일합니다.
- 이미지 레이어 자체에 명령이 적용되지 않고 새로운 톤과 색조 보정을 위한 레이어가 추가된다는 점이 다릅니다.
- 이미지에 포함된 [Adjustment Layer]에는 톤과 색조 보정을 위해 사용한 옵션 설정도 포함되어 있기 때문에 작업 과정과 차후의 수정 과정이 편리합니다.
- PSD 포맷으로 파일을 저장해야 하기 때문에 작업용 파일과 최종 파일 두 개가 생성된다는 불편을 초래할 수 있습니다.
- [Adjustment Layer]는 [Layers] 팔레트 하단의 [Create New Fill or Adjustment Layer] 버튼( )으로 추가할 수 있습니다.

03 색상 편집 도구 활용하기

가끔 사진 전체의 분위기에 변화를 주어 이미지를 보완해야 할 경우가 있습니다. 이미지의 배경 색상을 바꿔 전혀 다른 분위기의 사진을 만들어 보겠습니다.

 Hue/Saturation 이해하기(Ctrl+U)

[Hue/Saturation] 명령은 사진의 전체 혹은 특정 색상 범위를 기준으로 색조, 채도, 명도를 제어할 수 있습니다. [Hue/Saturation] 대화상자 메뉴의 [Edit]를 통해 Master(전체), Red, Yellow, Green, Cyan, Magenta의 색상 범위를 선택하여 제어 범위를 결정합니다.

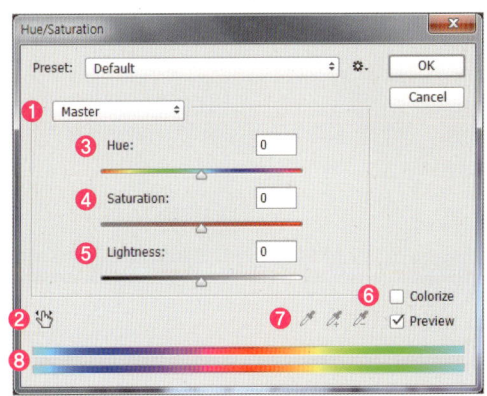 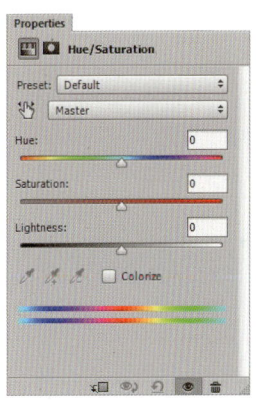

❶ **Edit** 보정하고자 하는 색상을 선택합니다. 'Master'를 선택하면 이미지 전체의 컬러를 보정합니다.
❷ **Target Adjustment Tool** 클릭한 후 이미지의 색상을 직접 클릭하면, [Edit] 항목에 해당하는 색상이 선택되면서 Saturation(채도)이 조정됩니다.
❸ **Hue** 색상값을 보정합니다. 슬라이더 바를 조절하여 범위를 재조정할 수 있습니다.
❹ **Saturation** 채도를 조정합니다. 값이 '-100'이 되면 흑백 이미지가 됩니다.
❺ **Lightness** 명도를 조정합니다.
❻ **Colorize** 모노톤으로 바꿀 수 있습니다. 'Hue'를 이동시키면 다양한 컬러의 모노톤 이미지를 얻을 수 있습니다.
❼ **스포이트** 보정할 색상 영역을 스포이트를 이용하여 확장하거나 축소할 수 있습니다.
❽ **색상 영역** 보정할 색상 영역을 드래그하여 확장하거나 축소할 수 있습니다.

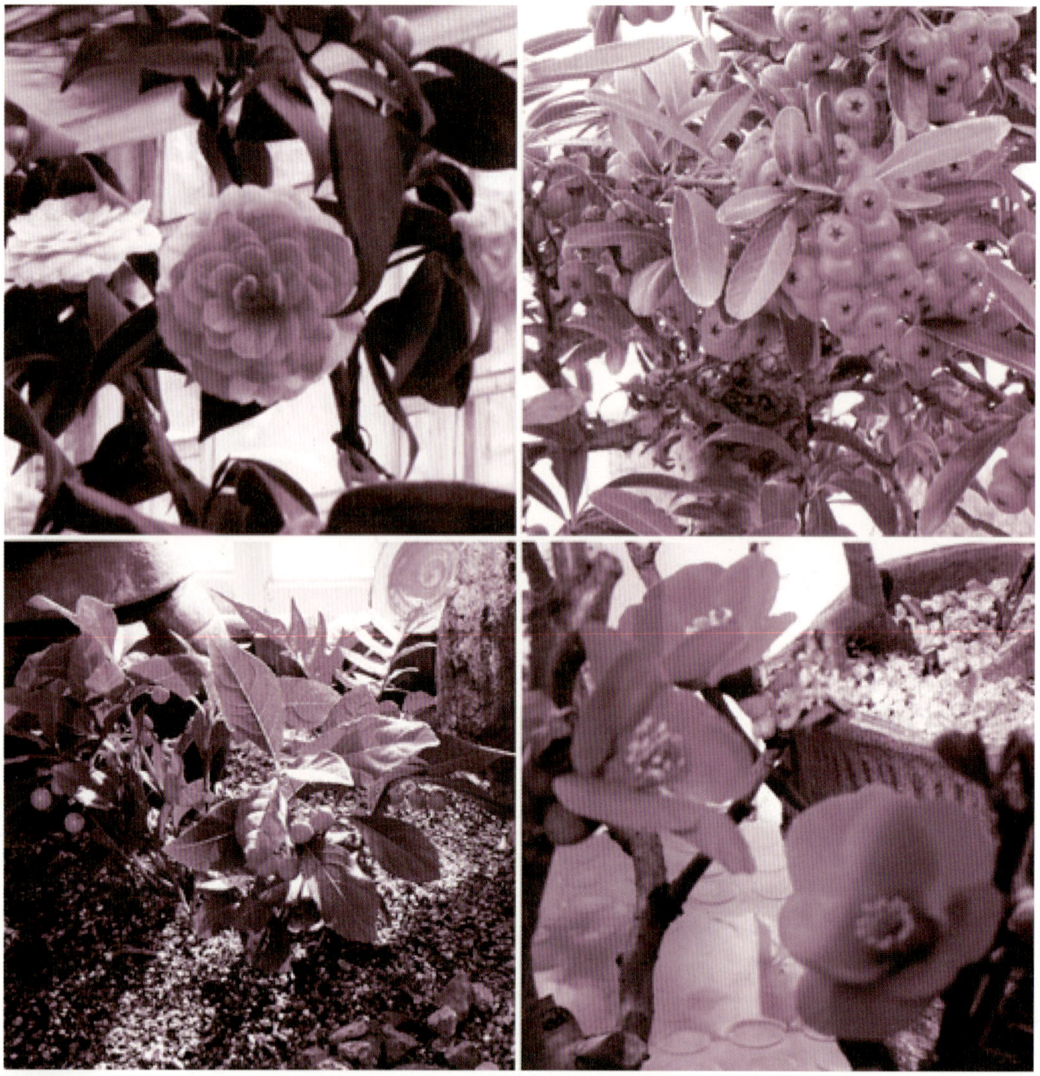

기능 실습

단색 이미지 만들기

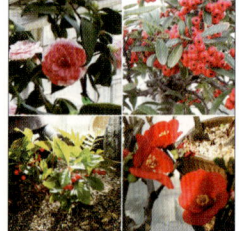

01

예제 파일 Sample\Theme01\Lesson03\단색.jpg
완성 파일 Sample\Theme01\Lesson03\단색-완성.png

키 워 드 단색 색상을 위한 [Hue/Saturation] 대화상자의 [Colorize] 항목 적용
길라잡이 사진을 분위기 있는 단색 이미지로 변환하여 전혀 다른 분위기를 연출합니다.

STEP 01 단색 이미지 만들기

01 메뉴의 [Image-Adjustments-Replace Color]를 클릭하여 (단축키: Ctrl+U) [Hue/Saturation] 대화상자를 작업 공간으로 불러옵니다.

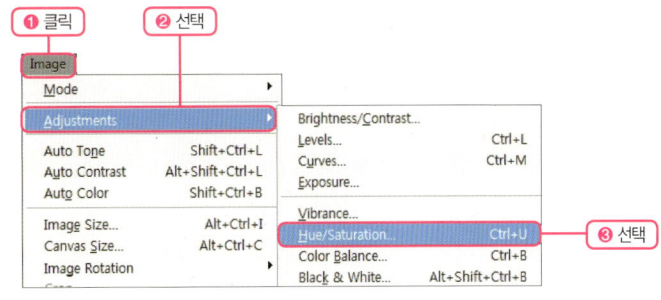

● 예제 파일
Sample\Theme01\Lesson03\단색.jpg

02 [Hue/Saturation] 대화상자에서 [Colorize] 항목에 체크하고 색상이 마음에 들 때까지 [Hue] 슬라이드를 조절합니다.

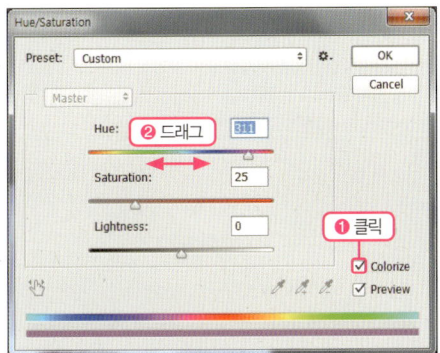

● Hue
Hue 값은 -180~+180으로 이루어져 있습니다. 이는 원형 색상환의 각도를 기준으로 합니다. [Hue] 슬라이드의 + 방향은 색상환의 시계 방향 회전이고, - 방향으로 옮기는 것은 반시계 방향 회전에 해당합니다.

03 [Hue] 슬라이드 바를 움직인 것만으로도 전혀 다른 분위기가 연출됩니다. 단색 이미지는 색상을 많이 분산시키지 않고 잘 섞이므로 이미지가 별로 복잡해지지 않기 때문입니다.

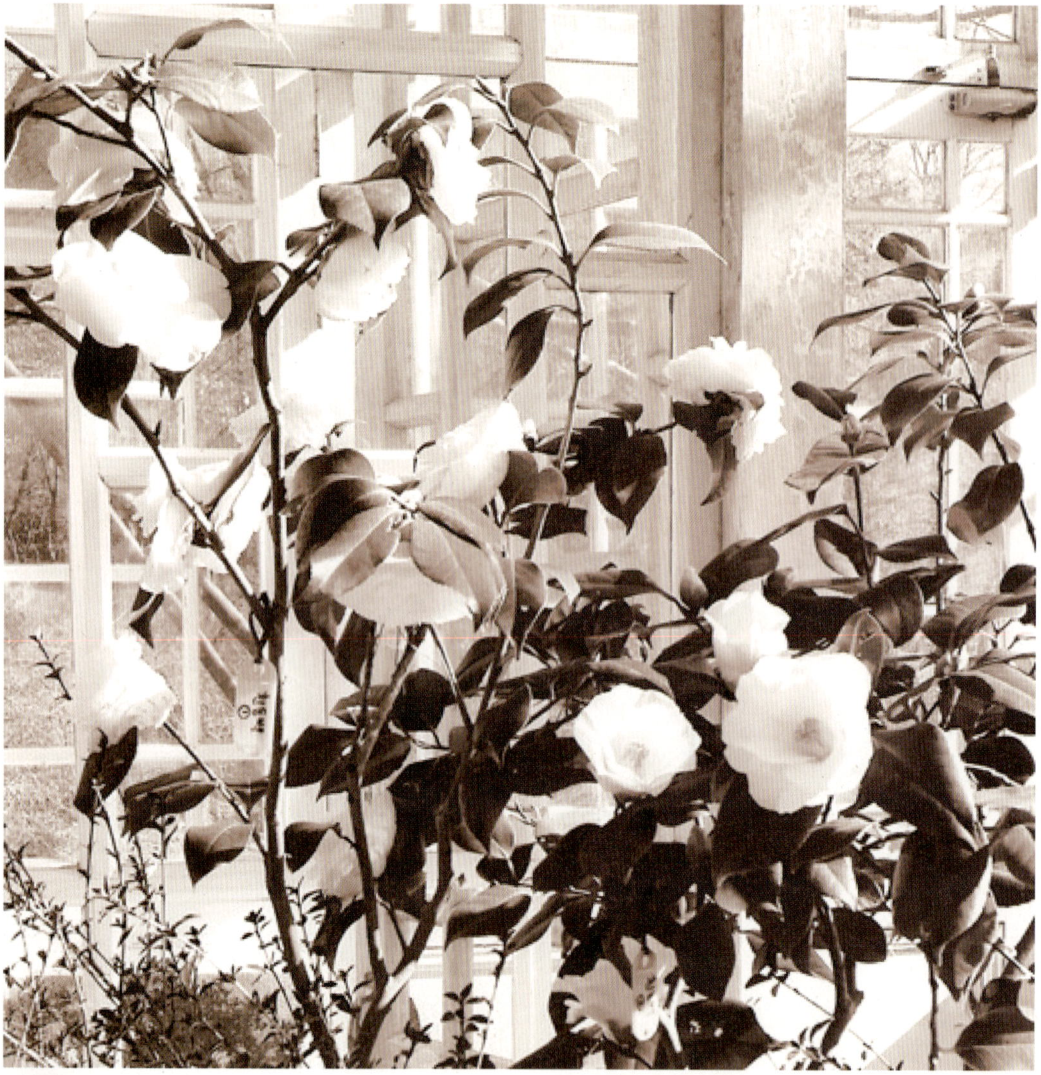

기능 실습

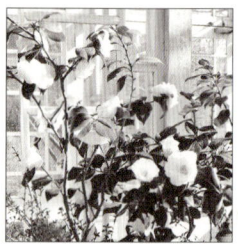

흑백 이미지를 단색 이미지로 변경하기

02

예제 파일 Sample\Theme01\Lesson03\단색[1].jpg
완성 파일 Sample\Theme01\Lesson03\단색[1]-완성.png

키 워 드 흑백 사진에 [Hue/Saturation] 대화상자와 RGB Color 모드를 적용
길라잡이 단순한 흑백 이미지가 한층 더 분위기 있는 단색 이미지로 바뀝니다.

STEP 01 흑백 이미지를 단색 이미지로 변경하기

01 흑백 이미지를 불러옵니다. 이 이미지에 색상을 추가하려면, 먼저 메뉴의 [Image-Mode-RGB Color]를 선택하여 이미지를 RGB 모드로 변환해야 합니다.

◎ 예제 파일
Sample\Theme01\Lesson03\단색[1].jpg

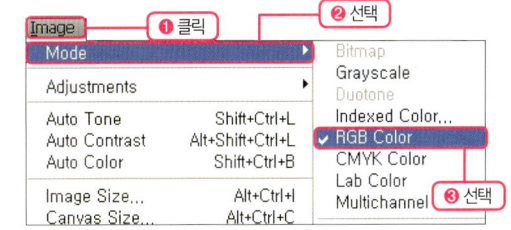

02 Ctrl+U를 누르면 [Hue/Saturation] 대화상자가 나타납니다. [Colorize] 항목에 체크한 후 [Hue] 슬라이드를 조절하고, [Saturation] 값을 올려 색상의 강도를 높입니다.

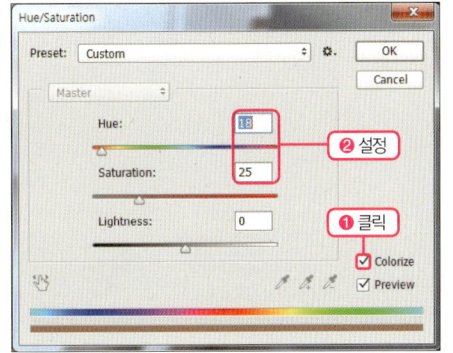

03 [Hue/Saturation] 대화상자에서 [Hue]와 [Saturation] 값을 조절하는 것만으로도 분위기 있는 단색 이미지로 바뀝니다.

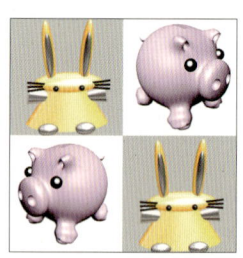

**기능
실습**

이미지
색상 바꾸기

03

예제 파일 Sample\Theme01\Lesson03\색상변경.jpg
완성 파일 Sample\Theme01\Lesson03\색상변경-완성.png

키 워 드 색상을 변경하기 위해 [Hue/Saturation] 대화상자에서 스포이드 툴()을 이용해 이미지 색상 선택

길라잡이 스타일은 좋은데 색상이 마음에 들지 않아 안타까운 사진 하나를 골라 원하는 색상으로 변경해봅니다.

STEP 01 이미지 색상 바꾸기

01 3D 캐릭터가 가득한 사진입니다. 이미지의 다른 부분에는 전혀 영향을 주지 않으면서 돼지 저금통의 색상을 그린색으로 변경합니다.

○ 예제 파일
Sample\Theme01\Lesson03\색상변경.jpg

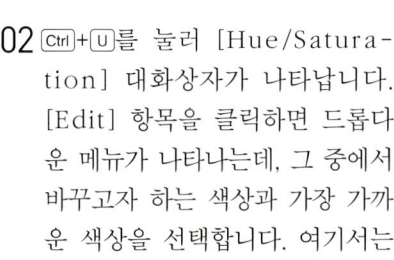
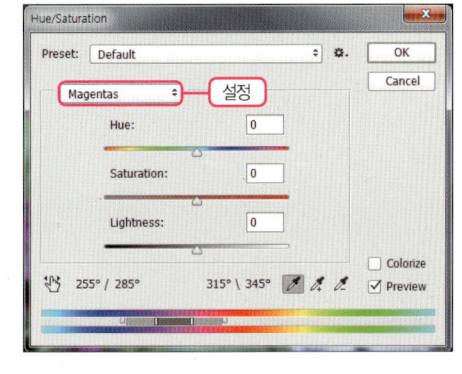

02 Ctrl+U를 눌러 [Hue/Saturation] 대화상자가 나타납니다. [Edit] 항목을 클릭하면 드롭다운 메뉴가 나타나는데, 그 중에서 바꾸고자 하는 색상과 가장 가까운 색상을 선택합니다. 여기서는 'Magentas'를 선택합니다.

03 스포이트 툴( )을 클릭한 후 돼지 저금통 이미지를 클릭하여 색상을 추출합니다. 이때 팔레트 아래쪽의 색상 슬라이더가 바뀌는 것을 볼 수 있습니다.

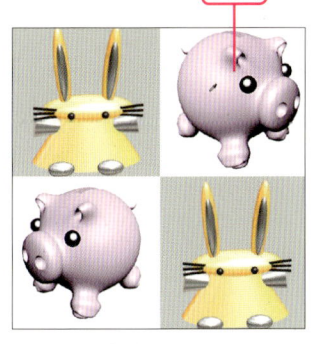
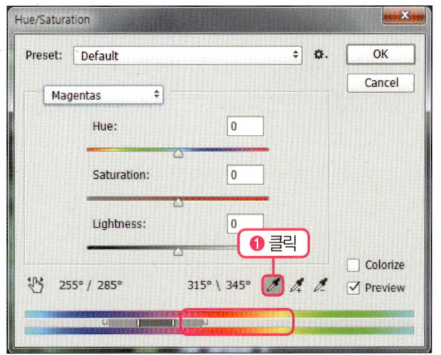

04 이것을 수동으로 움직여서 적용할 색상 범위를 조작할 수 있습니다. 안쪽 부분은 색상을 추출한 영역의 민감도를 결정하고, 바깥쪽 부분은 얼마나 부드럽게 할 것인지를 결정합니다. 또한 색상을 변경한 뒤에 부드러운 효과를 얻기 위해서 선택 영역을 변경하는 데도 사용할 수 있습니다.

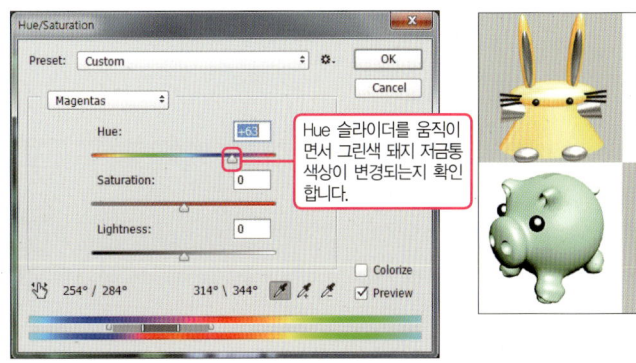

Lesson 03 _ 색상 편집 도구 활용하기 **079**

배경 색상에
변화주기

04

예제 파일 Sample\Theme01\Lesson03\변화.jpg
완성 파일 Sample\Theme01\Lesson03\변화-완성.png

키 워 드 색상 변경을 위한 [Hue/Saturation] 명령 활용법
길라잡이 사진의 전체 또는 특정 색상 범위를 기준으로 색조, 채도, 명도를 제어할 수 있습니다.

STEP 01 초록색 나뭇잎을 선택하고 색상 변경하기

01 **01** 작업할 사진을 불러온 후 색상을 바꾸기 위해 **02** [Layer] 패널에서 [Create New Fill or Adjustment Layer] 버튼( )을 클릭한 후 [Hue/Saturation]을 선택합니다. [New Layer] 창이 나타나면 [OK] 버튼을 클릭하여 [Layer] 패널에 새롭게 추가된 레이어를 확인할 수 있습니다.

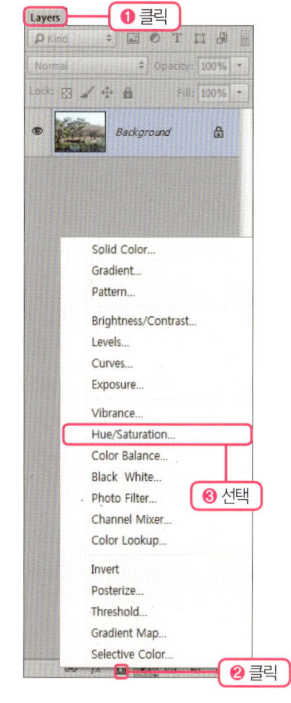

02 [Properties-Hue/Saturation] 패널로 바뀌면 [Target Adjustment] 툴( )을 클릭한 후 사진에서 색상 변경을 원하는 영역을 클릭합니다. 여기에서는 연한 나뭇잎 영역을 선택합니다.

03 [Properties-Hue/Saturation] 패널에서 [Hue]를 왼쪽으로 드래그하여 붉은 갈색으로 변경하고, [Saturation]을 오른쪽으로 살짝 드래그하여 채도를 높입니다. 앞에서 선택한 나뭇잎과 유사한 색상이 한꺼번에 변경됩니다.

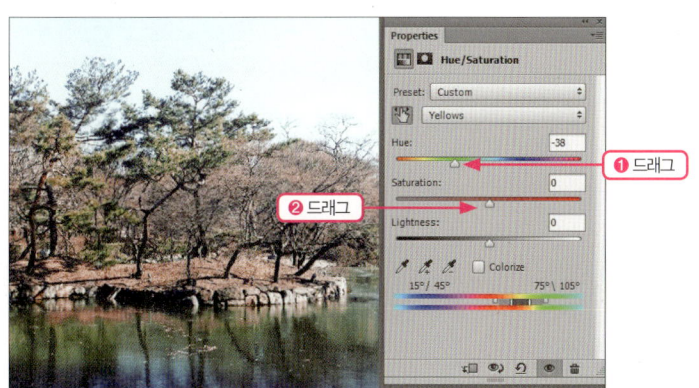

STEP 02 다른 초록색 나뭇잎 선택하기/선택한 나뭇잎 색상 변경하기

01 [Properties-Hue/Saturation] 패널에서 [Target Adjustment] 버튼(🖐)을 선택하여 아직 변경되지 않은 나뭇잎을 클릭한 후 [Hue]와 [Saturation]을 좌우로 드래그하여 값을 변경합니다. 선택한 색상을 중심으로 나뭇잎의 색상이 모두 변경됩니다.

02 초록색 영역이 남아 있다면 위와 같은 방법을 사용하여 나뭇잎의 색상을 모두 변경해보세요.

STEP 03 [Curves] 명령을 S자 곡선으로 만들기

01 작업할 사진을 불러온 후 색상을 바꾸기 위해 메뉴의 [Layer-New Adjustments Layer-Curves]를 선택합니다.

02 콘트라스트를 조금 올리기 위해 [Properties-Curves] 패널을 연 후 S자 곡선을 만들어주면 멋진 가을 사진이 완성됩니다.

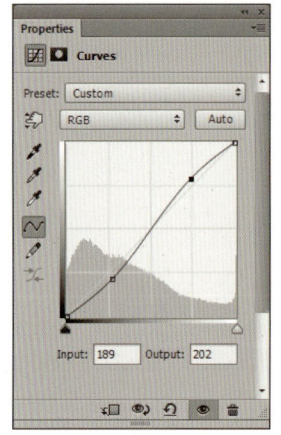 

○ S자 곡선
Curves 그래프에 추가한 포인트를 좌측 상단 방향으로 이동시키면 톤이 밝아지고, 우측 하단 방향으로 이동시키면 어두워집니다. 두 포인트를 추가하여 만든 S자 곡선은 사진의 Contrast를 증가시키는 데 사용되는 대표적인 곡선 형태입니다.

Replace Color

말 그대로 이미지 중의 일부 색상을 다른 색으로 바꿔주는 기능입니다. 바꿀 이미지의 색상 경계선이 뚜렷할수록 사용하기가 편합니다.

■ **단순한 색감을 교체하는 또 다른 방법! Replace Color**

[Replace Color]는 변경하고자 하는 컬러 영역을 직접 선택하여 색상과 채도, 밝기 등을 변경하는 메뉴입니다. 메뉴의 [Image-Adjustments-Replace Color]를 클릭하면 [Replace Color] 대화상자가 나타나는데, 변경할 색상을 스포이트로 클릭하여 선택한 후 색상 값을 조정합니다. 그런 다음 추가 스포이트로 추가하고 싶은 영역을 클릭하면 색상 변경 영역이 확장됩니다.

❶ **스포이트 툴** ( ) 선택된 컬러 영역을 추가하거나 삭제할 수 있습니다.
❷ **Color** 스포이트 툴( )로 선택한 컬러를 보여줍니다.
❸ **Fuzziness** 슬라이더를 드래그하여 설정한 영역의 범위를 확장시킵니다.
❹ **Selection** 이미지 창에 그레이스케일 음영으로 선택 영역을 보여줍니다.
❺ **Image** 이미지 창에 실제 이미지가 나타납니다.
❻ **Replacement** 선택한 영역의 색상, 채도, 명도를 조정합니다.
❼ **Result** 선택한 색상을 보여줍니다.

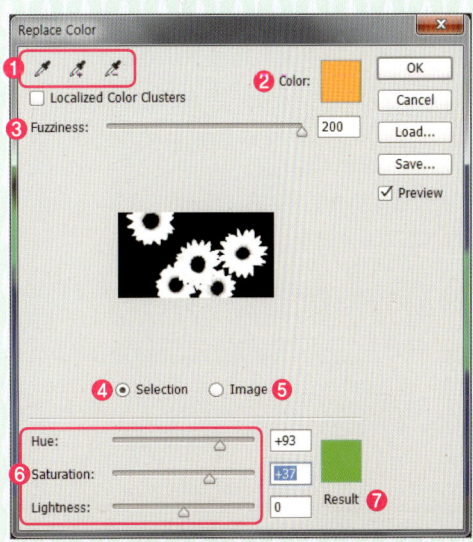

Lesson 03 _ 색상 편집 도구 활용하기 **083**

■ [Color Picker] 대화상자에 대해 알아보기

[Color Picker] 대화상자에서는 도구 상자에 있는 전경색(Foreground Color)과 배경색(Background Color)을 클릭하여 이미지에 사용되는 색상을 지정할 수 있습니다.

- 전경색(Foreground): 화면에 페인팅 작업을 했을 때 나타나는 색상
- 배경색(Background): 지우개 툴 또는 Delete 로 지웠을 때 나타나는 색상

> NOTE
>
> 색상 채우기 → 메뉴의 [Edit-Fill]
> 전경색(Foreground) 단축키: Alt + Delete
> 배경색(Background) 단축키: Ctrl + Delete

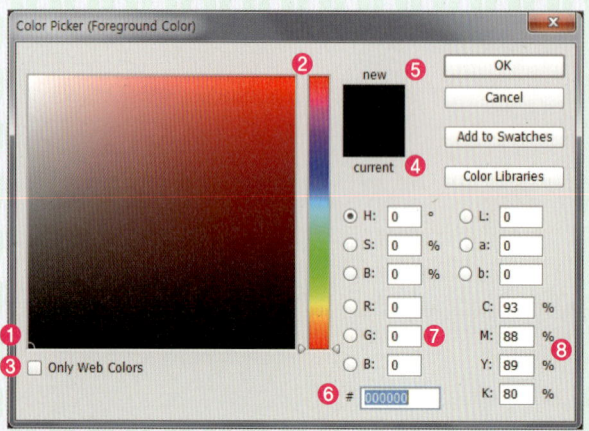

[Color Picker] 대화상자

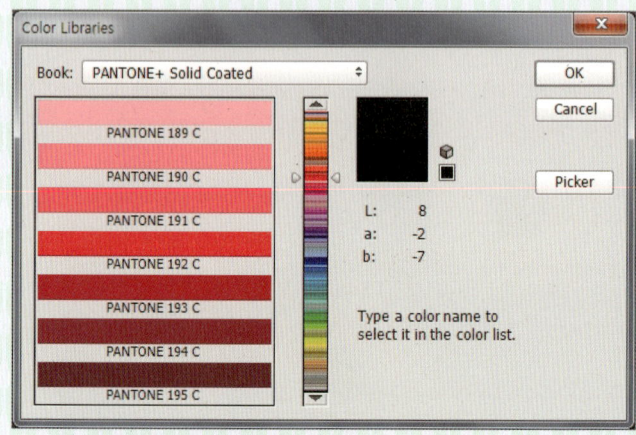

❶ 현재 선택한 색상의 위치를 표시합니다.
❷ 선택한 색상 모드에 따른 색상들을 표시합니다.
❸ 이 옵션에 체크하면 웹에서 사용되는 216컬러로 나타납니다.
❹ 변경된 색상입니다.
❺ 현재 선택되어 있는 색상입니다.
❻ 웹에서 표현되는 색상의 명칭입니다.
❼ 현재의 색상을 RGB 모드의 색상 형태로 표시합니다.
❽ 현재의 색상을 CMYK 모드의 색상 형태로 표시합니다.

LESSON 04 그라데이션을 이용하여 색채 구성하기

이번에는 [Gradient Map] 명령을 활용하여 이미지의 색채 재구성 과정을 살펴보겠습니다. 이 명령을 활용하면 듀오톤(Duotone) 이미지나 화려한 색채 구성 이미지를 표현할 수 있습니다. 또 이미지를 강조하기 위한 [Lens Blur] 필터를 활용하면 촬영 시 심도 변화를 크게 나타내는 아웃포커싱 효과를 만들 수도 있습니다.

색상 그라데이션으로 사진의 명암 재구성하기

▪▪ [Gradient Map] 명령 이해하기

[Gradient Map] 명령은 사진의 그레이스케일(Grayscale) 정보를 바탕으로 색채를 재구성합니다. 예를 들어 청색과 적색의 두 End Point를 지닌 Gradient Map을 적용하면 두 색상은 Shadow, Highlight로 지정되고, Midtone은 두 색상 사이의 그라데이션으로 채워집니다.

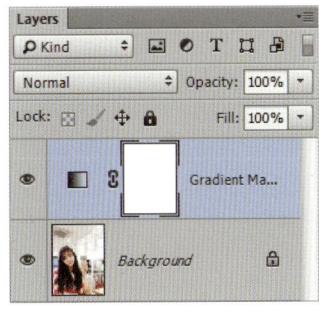
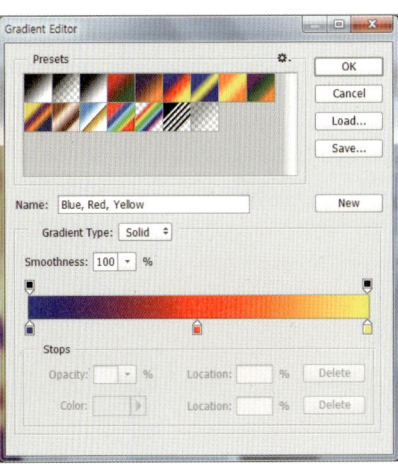

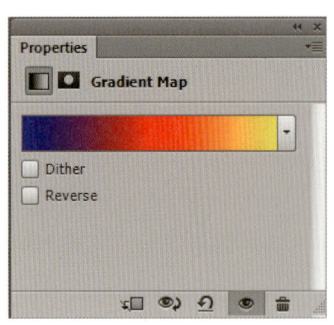

[Lens Blur] 명령 이해하기

[Lens Blur] 명령은 기본적인 Blur 형태인 Gaussian Blur와 달리 선택 영역 주변으로부터의 번짐 효과가 없기 때문에 정확한 영역 내에서의 Blur 적용 특성을 지닙니다.

[Lens Blur] 대화상자

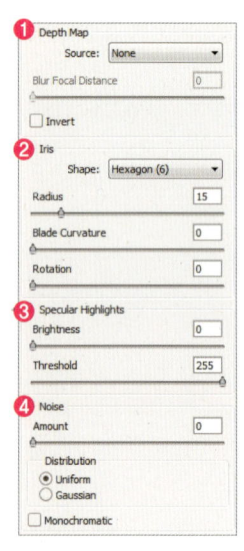

❶ [Depth Map] 옵션 메뉴의 [Source]에서 Transparency, Layer Mask, Alpha Channel을 아웃포커싱 효과의 척도로 삼을 수 있기 때문에 다양한 형태의 Gradient Blur를 제작할 수 있습니다.

❷ [Iris] 옵션 메뉴의 [Shape]에서 [Triangle(삼각형)~Octagon(팔각형)]을 클릭하여 번지는 모양을 선택합니다.
  • Radius 슬라이더: 번지는 정도를 지정합니다.
  • Blade Curvatue, Rotation 슬라이더: 회전율을 지정하여 보다 부드럽고 둥근 형태의 Blur를 적용합니다.

❸ [Specular Highlights] 옵션 Brightness, Threshold 슬라이더를 조절하여 Blur 영역의 Highlight를 조절합니다.

❹ [Noise] 옵션 Blur 영역에 노이즈 효과를 적용합니다.

○ 예제 파일
Sample\Theme01\Lesson04\기쁨-98.jpg

▲ 원본

▲ [Lens Blur] 명령을 사용할 영역 선택

▲ [Lens Blur] 효과를 적용한 경우

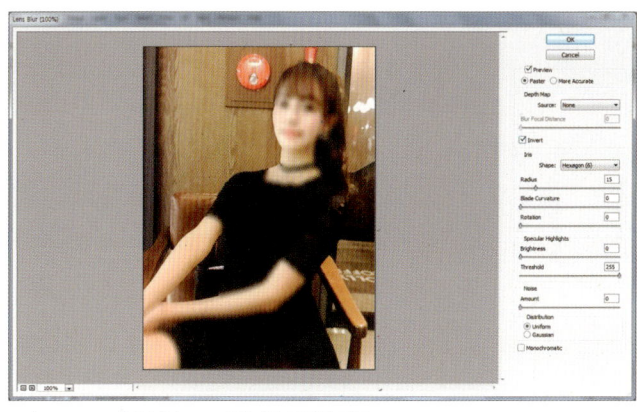
▲ [Depth Map] 옵션의 Invert '체크'를 적용한 경우

▲ [Specular Highlights] 옵션의 Brightness '20', Threshold '180'을 적용한 경우

▲ [Noise] 옵션의 Amount '50', Gaussian '체크', Monochromatic '체크'를 적용한 경우

01
색채 재구성과 배경 흐리기

예제 파일 Sample\Theme01\Lesson04\재구성.psd
완성 파일 Sample\Theme01\Lesson04\재구성-완성.jpg

키 워 드 [Gradient Map] 명령, [Lens Blur] 명령의 활용법
길라잡이 [Gradient Map] 명령의 사용 과정과 [Lens Blur] 필터로 배경을 흐리게 표현하는 과정을 살펴봅니다.

STEP 01 [Gradient Map] 명령으로 색채 재설정하기

01 새로운 이미지를 불러오기 위해 단축키 Ctrl+O를 누르거나 메뉴의 [File-Open]을 클릭하면 나타나는 [Open] 대화상자에서 이미지를 불러옵니다. [Gradient Map] 명령을 실행하여 특정 색상 그라데이션으로 사진의 명암을 재구성합니다.

02 01 [Layer] 패널에서 [Create New Fill or Adjustment Layer] 버튼(　)을 클릭한 후 [Gradient Map]을 선택합니다. 02 [Layer] 패널에서 새롭게 추가된 레이어를 확인할 수 있습니다.

03 [Gradient Map] 대화상자에서 Gradient 막대를 클릭한 후 03 [Gradient Editor] 대화상자를 열고 색상을 적용합니다. 그런 다음 [OK] 버튼을 눌러 Gradient 설정을 적용하고, 04 [Gradient Map] 대화상자에서 [OK] 버튼을 눌러 명령을 적용합니다.

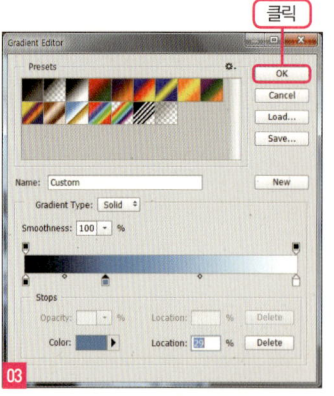

STEP 02 'Alpha 1' 채널 불러오기

01 01 메뉴의 [Select-Load Selection]를 선택합니다.
02 [Load Selection] 대화상자의 [Channel] 항목에서 원본 이미지에 포함된 'Alpha 1'을 선택하고, [OK] 버튼을 눌러 명령을 적용합니다.

02 03 위에서 'Alpha 1'을 클릭한 영역이 선택된 것을 확인할 수 있습니다. [Layer] 팔레트에서 'Background' 레이어를 선택합니다.

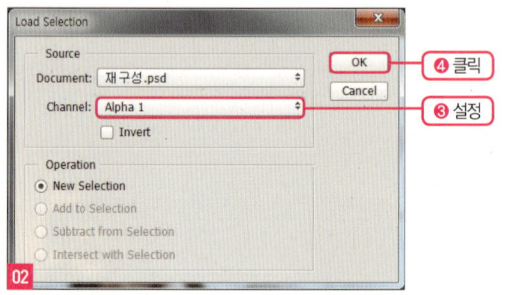
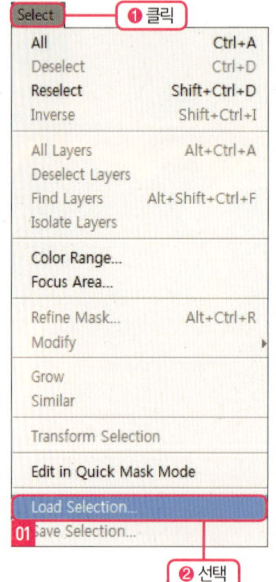

090 Theme 01 _ 사진 보정 기법

STEP 03 Lens Blur 필터 적용하기

01 **01** 메뉴의 [Filter-Blur-Lens Blur]를 선택합니다. **02** [Lens Blur] 대화상자 기본 옵션 설정을 유지하고, [OK] 버튼을 눌러 명령을 적용합니다. 명령 적용 이후 메뉴의 [Select-Deselect]를 클릭하거나 단축키 Ctrl+D를 눌러 선택 영역을 해제합니다.

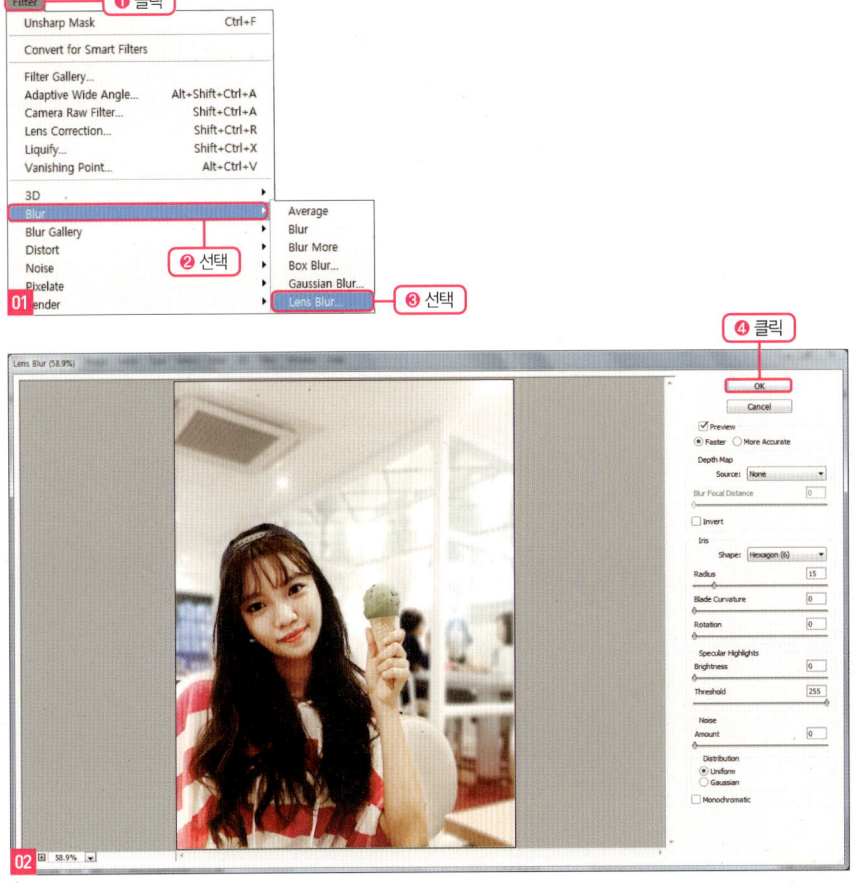

02 지금까지 작업한 결과물을 확인할 수 있습니다.

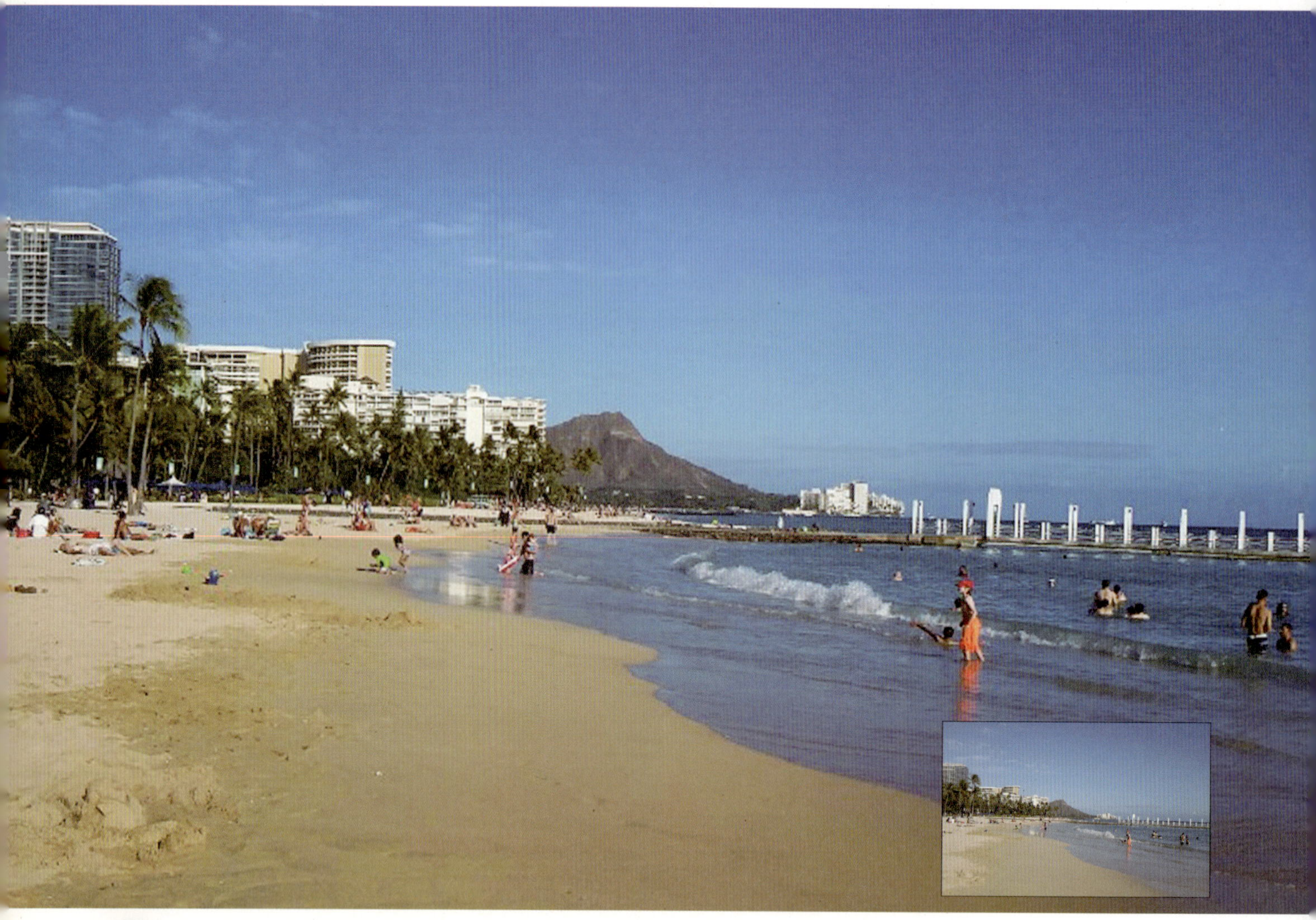

그라데이션 필터를 이용하여 선명한 사진으로 보정하기

02

예제 파일 Sample\Theme01\Lesson04\하와이[1].jpg
완성 파일 Sample\Theme01\Lesson04\하와이[1]-완성.jpg

키 워 드 [Vibrance] 명령과 [Gradient Fill] 명령의 활용법
길라잡이 스마트폰으로 촬영한 사진을 보면 사진이 뿌옇게 보일 때가 있습니다. 그런 사진을 좀 더 선명하게 보이도록 하는 방법을 알아봅니다.

STEP 01 [Vibrance] 명령으로 사진 보정하기

01 01 [Open] 대화상자에서 촬영했던 사진들 중에 적절한 풍경 사진을 한 장 불러옵니다. 02 그런 다음 [Layer] 패널에서 [Create New Fill or Adjustment Layer] 버튼( )을 클릭한 후 [Vibrance]를 선택합니다.

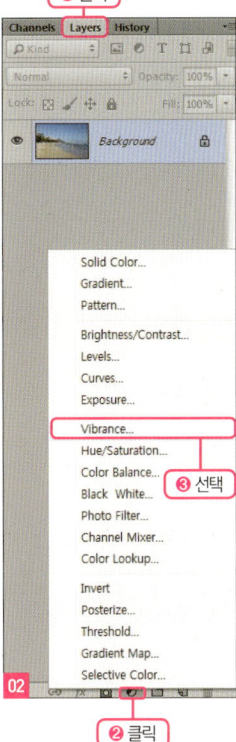

[Vibrance] 대화상자
뿌연 이미지를 보정하는 효과를 주어야 하므로 [Vibrance]를 선택하여 색의 선명도를 높입니다.
• Vibrance: 색의 선명도를 높이는 기능
• Saturation: 전체적인 채도를 높이는 기능

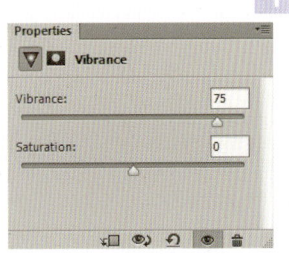

02 그림과 같이 [Adjustment] 창에서 01 [Vibrance] 항목의 값을 적절히 조절하면, 02 사진의 전체적인 색이 선명해지는 것을 볼 수 있습니다.

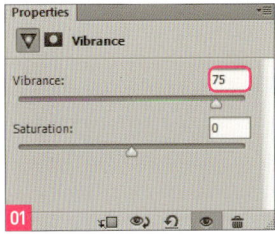 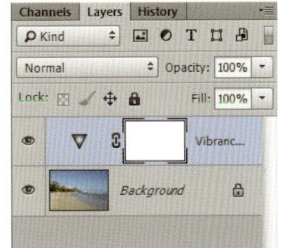

STEP 02 [Gradient] 명령으로 사진 보정하기

01 [Layer] 패널에서 [Create New Fill or Adjustment Layer] 버튼(⬛)을 클릭한 후 [Gradient]를 선택합니다.

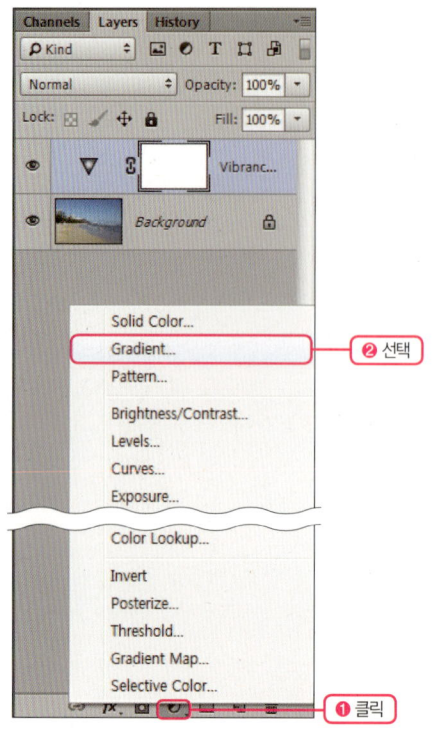

02 [Gradient Fill] 창에서 Gradient 바를 클릭하여 [Gradient Editor] 대화상자를 열고 그림처럼 색상을 적용합니다. 그런 다음 01 [Style]에서 [Reflected]를 선택하고 [Scale] 값은 '250%'로 설정하며, [Reverse]에 체크합니다. 그러면 02 사진에 검은색 그라데이션이 적용되는 것을 볼 수 있습니다.

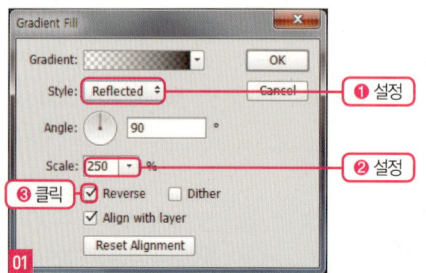

STEP 03 블렌드 모드 적용하기

01 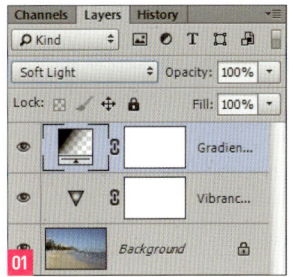그림처럼 'Gradient Fill 1' 레이어가 선택된 상태에서 블렌드 모드는 'Soft Light'를 선택합니다. 뿌연 느낌의 사진이 화사하고 선명한 느낌을 가진 사진으로 변경되었습니다.

02 작업할 사진을 불러온 후 색상을 바꾸기 위해 [Layers] 패널에서 [Create New Fill or Adjustment Layer] 버튼( )을 클릭한 후 [Curves]를 선택합니다. 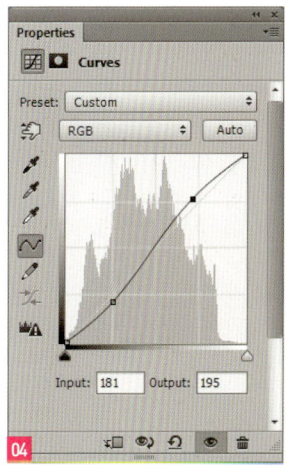콘트라스트를 조금 올리기 위해 [Properties-Curves] 패널을 연 후 S자 곡선을 만들어주면 멋진 가을 사진이 완성됩니다.

그래이던트 툴의 [Gradient Editor] 대화상자

기존에 있는 그래이던트만으로도 충분히 색상을 넣을 수 있지만, 필요에 따라 사용자가 만들어 사용해야 하는 경우도 있습니다. 또는 기존에 있는 그래이던트에서도 약간의 색상을 바꾸고 싶을 때 [Gradient Editor]를 사용하지 못한다면 그래이던트 툴은 무용지물이 됩니다.

■ 그래이던트(Gradient)의 컨트롤 패널

그래이던트는 어떤 색에서 다른 색으로 변화되는 과정을 나타내는 현상으로, 두 가지 이상의 색상을 자연스럽게 변화시키는 기능을 말합니다. 포토샵의 도구 상자에 있는 그라데이션 툴(■)을 사용하면 두 가지 이상의 색상을 자연스럽게 변화시킬 수 있습니다. 처음 클릭한 지점에서 드래그하여 마우스에서 손을 떼는 지점까지 적용됩니다.

❶ **Click To Edit Gradient(Gradient 편집 창)** 클릭하면 편집 창이 실행됩니다. 어떤 색상의 그라데이션을 적용할 것인지를 지정합니다. 직접 그라데이션 색상을 만들어 이 목록에 저장할 수도 있습니다.

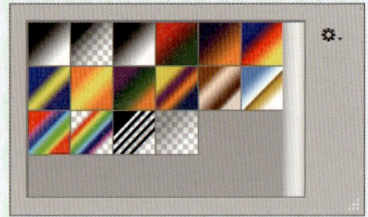

❷ **그래이던트(Gradient) 모드** 포토샵에서 지원하는 그래이던트 스타일에는 다섯 가지가 있습니다. 마우스를 드래그하는 방향과 길이에 따라 그래이던트 효과가 다르게 나타납니다.

▲ 직선 그레이던트 　▲ 원형 그레이던트 　▲ 회전 그레이던트 　▲ 반사 그레이던트 　▲ 다이아몬드 그레이던트

❸ **Mode** 그래이던트에 블렌딩 모드를 적용합니다.
❹ **Opacity** 그래이던트 전체에 투명도를 적용합니다.
❺ **Reverse** 전경색과 배경색을 바꿔 색상을 적용합니다.
❻ **Dither** 이어진 부분의 색상이 뭉쳐 보이는 현상이 줄어들면서 그래이던트가 더 부드러워집니다.
❼ **Transparency** 그래이던트에 투명도를 적용할 수 있습니다. 단일 색상일 때 체크를 해제하면 한 가지 색으로만 나타납니다.

■ [Gradient Editor] 대화상자

1. **Presets** 그레이던트의 목록을 보여줍니다.
2. **Name** 그레이던트의 이름을 보여줍니다.
3. **Gradient Type** 그레이던트의 타입을 설정합니다.
4. **Smoothness** 부드러운 단계 정도를 설정합니다.
5. **Opacity Stops** 그레이던트의 투명도를 조절합니다.
6. **Color Stops** 그레이던트에 적용된 색상을 조절합니다.
7. **Load** 저장된 그레이던트를 불러옵니다.
8. **New** 새로운 그레이던트를 만듭니다.

Gradient 색상 아이콘

마우스로 슬라이드 라인 부분을 클릭하면 그레이던트에 적용된 색상을 추가할 수 있는 아이콘(🔲)이 생성됩니다. 이 아이콘(🔲)을 더블클릭한 후 색상을 선택하면 여러 가지 그레이던트를 만들 수 있고 클릭하여 드래그하면서 아래로 이동하면 아이콘(🔲)이 삭제됩니다.

■ [Radial Blur] 명령 이해하기

이미지가 빠르게 회전하거나 줌 아웃시킨 것 같은 효과를 줍니다.
[Radial Blur 명령의 Blur Center 설정 변화에 따른 결과 비교]

◉ 예제 파일
Sample\Theme01\Lesson04\패턴.jpg

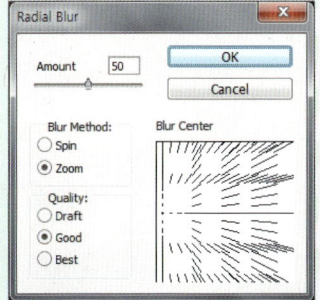
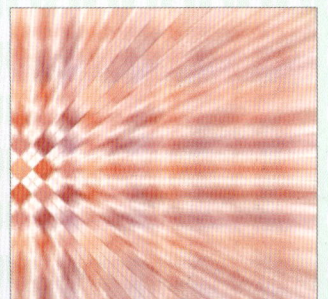

▲ 중앙 좌측을 기준으로 한 Blur 효과

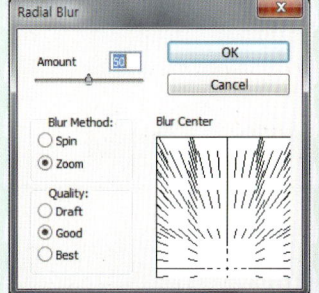

▲ 중앙 하단을 기준으로 한 Blur 효과

LESSON 05 다양한 그래픽 효과를 위한 사진 응용하기

사진의 인쇄 이미지 효과와 단순한 흑백 구성으로 표현되는 과정을 Gradient Map, Threshold, 필터 조합으로 작업합니다. 필터 기능을 사용해 낡은 종이 질감처럼 불규칙적으로 표현되는 특징을 작업합니다.

[Threshold] 명령 및 패턴(Pattern) 이해하기

∷ [Threshold] 명령

[Threshold] 명령은 컬러 또는 그레이스케일(Grayscale) 이미지를 흑과 백으로만 구성된 이미지로 교체합니다. 슬라이더를 [Threshold] 대화상자에 표시된 원본 이미지의 히스토그램(Histogram)을 기준으로 움직이거나 [Threshold Level]을 직접 입력하여 흑백의 영역을 결정합니다.

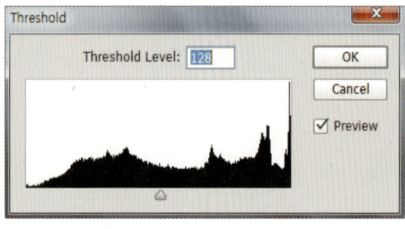

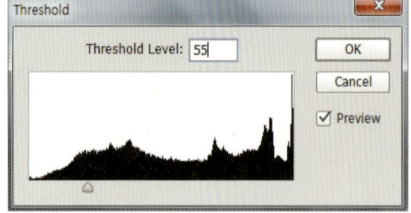
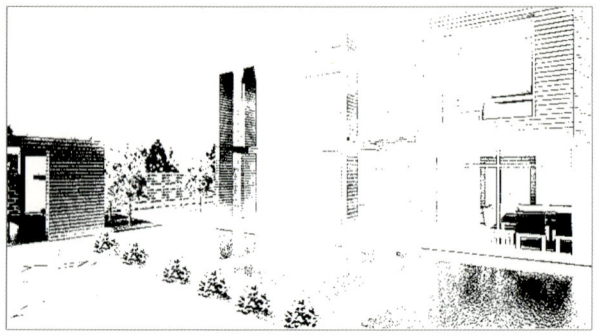

:: Pattern 사용 방법

패턴(Pattern)은 같은 무늬나 모양이 반복되는 것으로, 포토샵에서 제공하는 기본적인 패턴들과 함께 사용합니다.

- 메뉴의 [Edit-Define Pattern]: 패턴을 등록합니다.
- 메뉴의 [Edit-Fill]: 패턴을 채웁니다.
- 이미지 전체를 패턴으로 적용할 때는 선택 영역을 지정하지 않고 패턴으로 등록하면 됩니다.
- 일부 영역을 패턴으로 등록할 때는 반드시 사각 선택 툴(▢)로 이미지를 선택해야 합니다. 단, Feather 값이 들어 있으면 안 됩니다.
- 패턴 무늬를 축소하고 싶을 때는 메뉴의 [Image-Image Size]를 클릭하여 이미지 크기를 줄인 후 메뉴의 [Edit-Define Pattern]을 클릭하여 패턴을 등록해야 합니다.

:: Image Size

이미지의 크기나 해상도의 정보를 알 수 있고, 수정도 가능합니다.

❶ **Dimensions** 현재 이미지의 가로와 세로의 픽셀 수를 나타냅니다.

❷ **Document Size** 출력되는 이미지의 가로와 세로의 길이 및 해상도를 나타냅니다.

❸ **Fit To** 다양한 이미지 크기와 해상도를 선택할 수 있습니다.

❹ **Constrain 버튼(⊛)** 선택을 해제하면 Document Size의 옆에 있는 모양이 사라지면서 가로와 세로를 원하는 대로 바꿀 수 있는 상태가 됩니다. 체크 표시를 한 상태 대로 Document Size의 Width 값을 바꾸면 Height가 비율에 맞게 자동으로 바뀌는 것을 알 수 있습니다.

❺ **Resolution** 현재 보이는 이미지의 해상도를 수정할 수 있습니다.

❻ **Resample** 현재 보이는 이미지에는 영향을 끼치지 않는 상태에서 출력될 이미지의 해상도와 크기를 지정할 수 있습니다. 체크 표시를 해제한 상태에서 Document Size의 Resolution을 바꾸면 가로와 세로의 크기도 같은 비율로 바뀝니다.

기능 실습

01

배경에 등록한 패턴 채우기

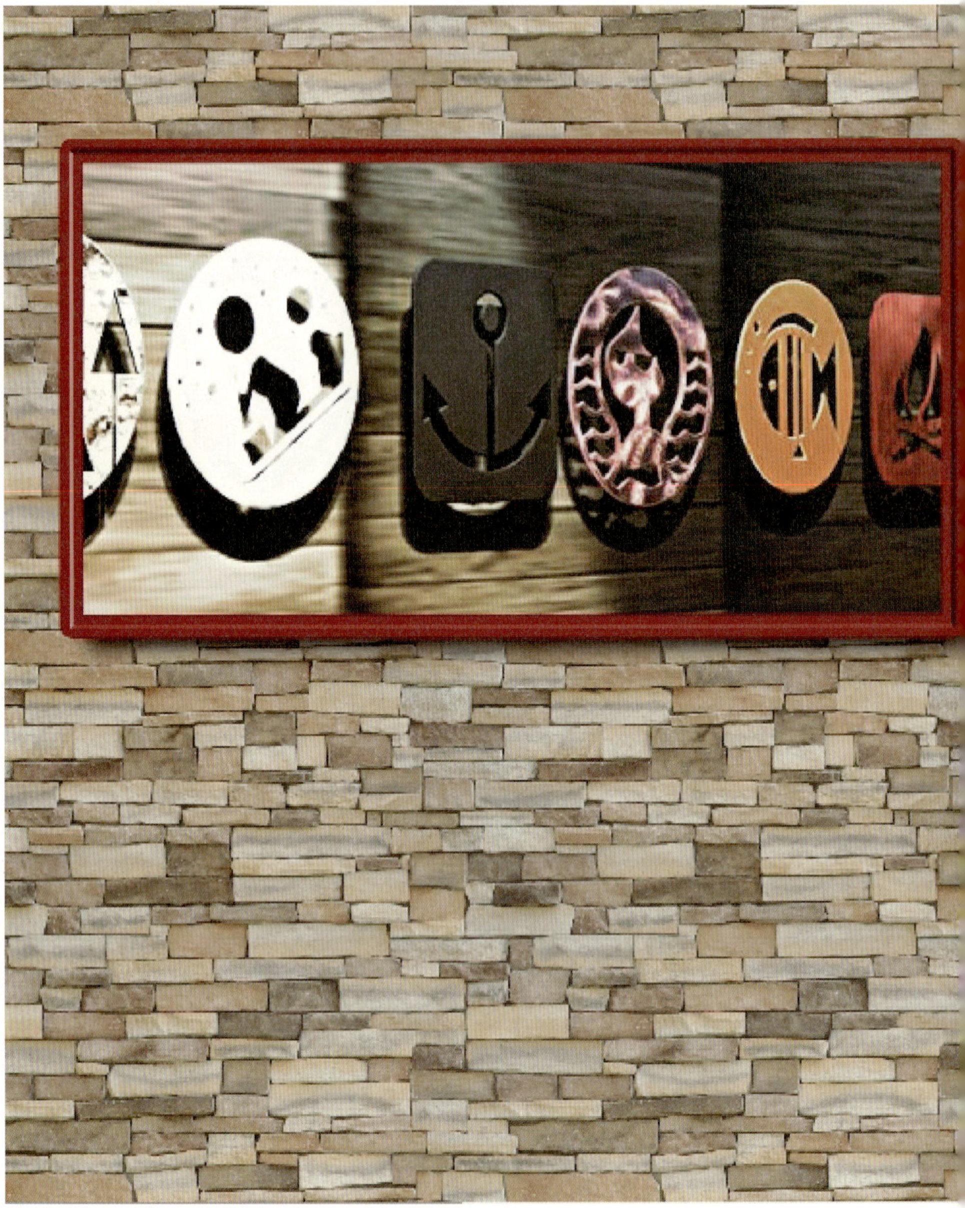

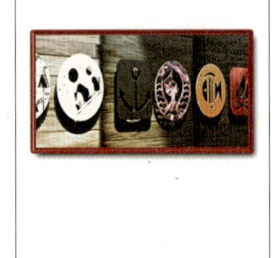

예제 파일 Sample\Theme01\Lesson05\패턴.psd, 벽돌.jpg
완성 파일 Sample\Theme01\Lesson05\패턴-완성.png

키 워 드 패턴을 삽입하기 위해 [Define Pattern] 명령과 [Fill] 명령 활용하기
길라잡이 벽돌 무늬를 패턴으로 등록한 후 배경에 등록한 패턴을 채웁니다.

STEP 01 배경에 등록한 패턴 채우기

01 **01** 단축키 Ctrl+O를 누르면 나타나는 [Open] 대화상자에서 패턴으로 등록할 벽돌 이미지 파일을 불러옵니다. 그런 다음 패턴으로 등록하기 위해 **02** 메뉴의 [Edit-Define Pattern]을 선택하면 나타나는 **03** [Pattern Name] 대화상자에서 이름을 입력하고 [OK] 버튼을 클릭합니다.

○ 예제 파일
Sample\Theme01\Lesson05\벽돌.jpg

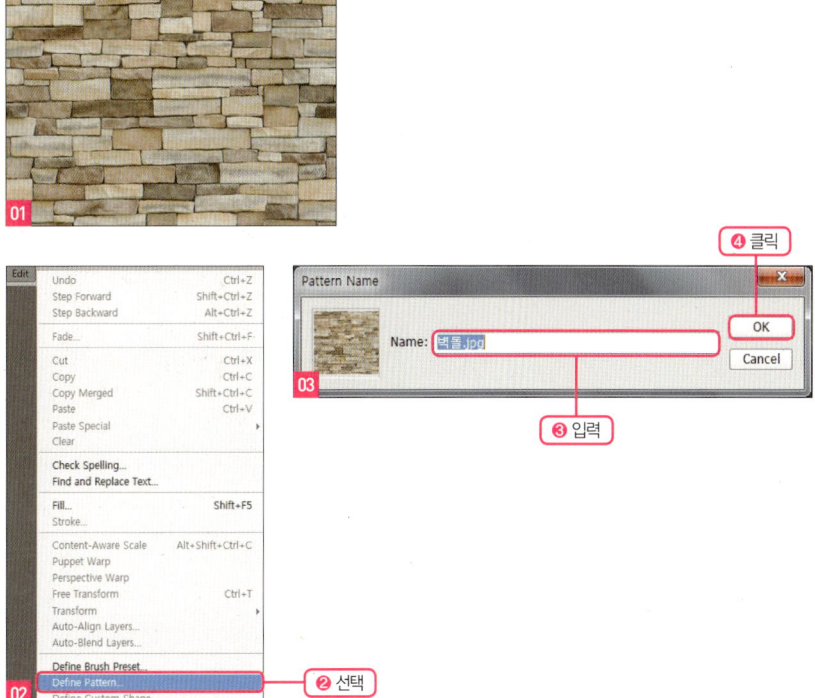

02 **04** 단축키 Ctrl+O를 누르면 나타나는 [Open] 대화상자에서 새로운 이미지를 불러옵니다.
05 [Layer] 패널에서 '바탕' 레이어를 선택한 후 **06** [Edit-Fill]을 선택합니다.

○ 예제 파일
Sample\Theme01\Lesson05\패턴.psd

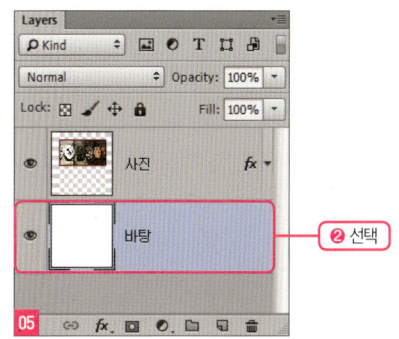
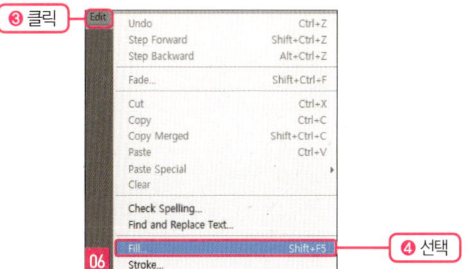

03 07 [Fill] 대화상자가 나타나면 [Contents] 항목의 'Pattern', [Custom Pattern] 항목의 01에서 등록한 벽돌 패턴을 선택한 후 [Ok] 버튼을 클릭합니다. 08 '바탕' 레이어에 벽돌 패턴이 채워진 것을 확인할 수 있습니다.

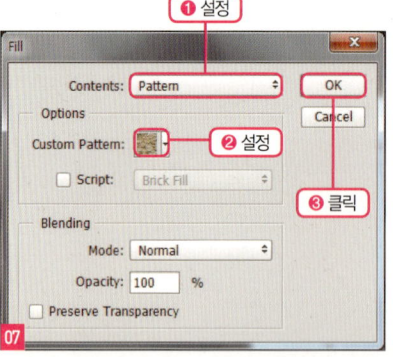
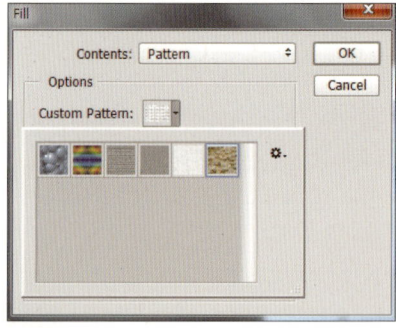

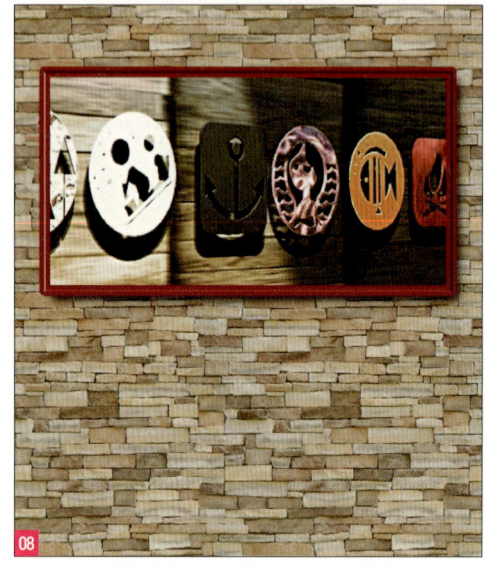

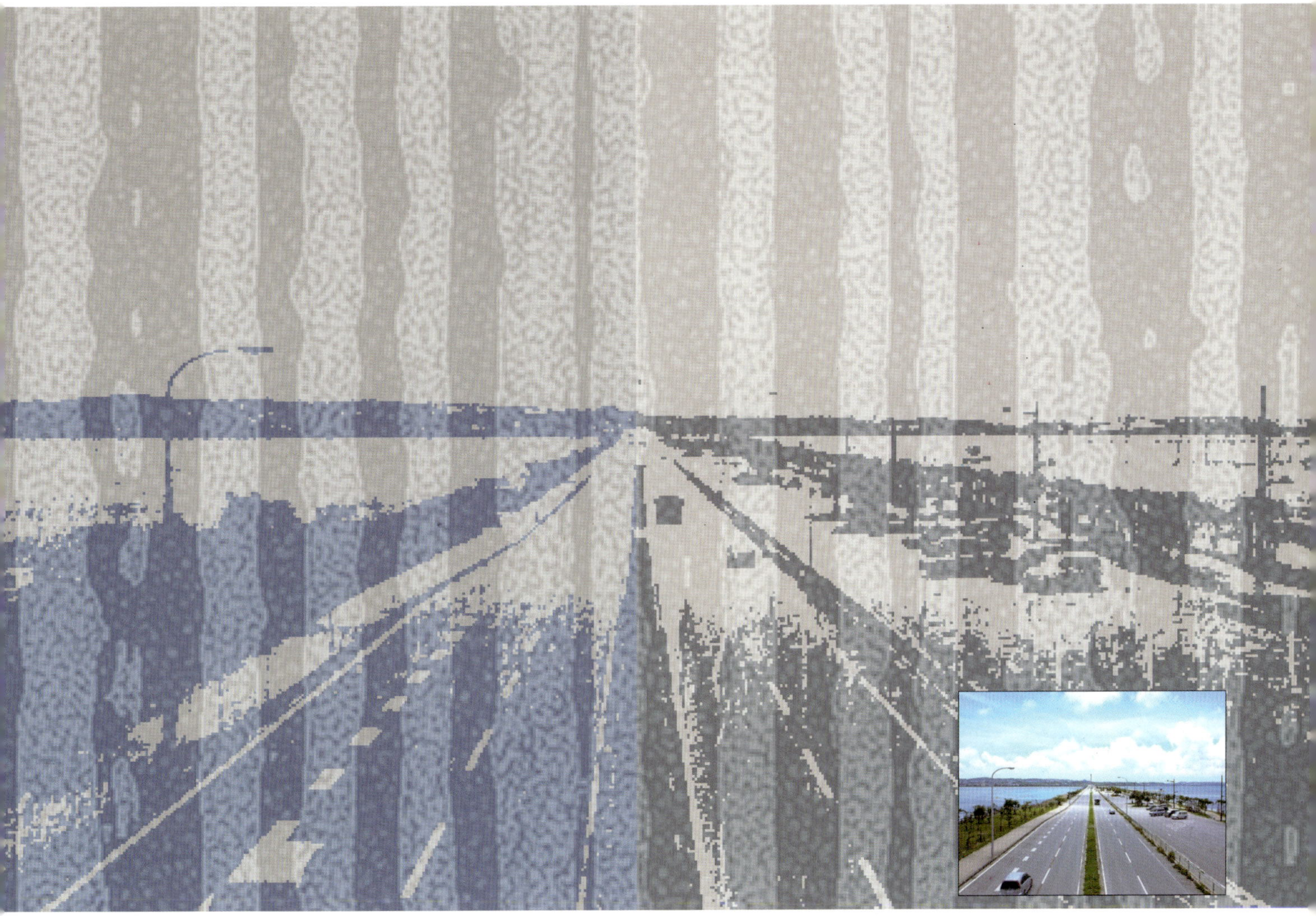

낡은 인쇄 이미지 효과를 이용하여 사진 응용하기

02

예제 파일 Sample\Theme01\Lesson05\도로.jpg
완성 파일 Sample\Theme01\Lesson05\도로-완성.jpg

키 워 드 [Threshold] 명령, [Gradient Map] 명령, [Filter Gallery] 및 레이어 스타일 효과 적용하기
길라잡이 필터 조합으로 낡은 인쇄 이미지 효과를 주기 위한 본격적인 작업 과정에 대해 살펴봅니다.

STEP 01 [Threshold] 적용하여 흑백 구성으로 표현하기

01 단축키 Ctrl+O를 누르면 나타나는 [Open] 대화상자에서 새로운 이미지를 불러옵니다. 도구 상자에서 사각 선택 툴( )을 이용해 그림과 같이 사진의 절반 정도를 선택합니다.

02  [Layers] 팔레트 하단의 [Create New Fill or Adjustment Layer] 버튼( )으로 [Threshold]를 선택합니다. 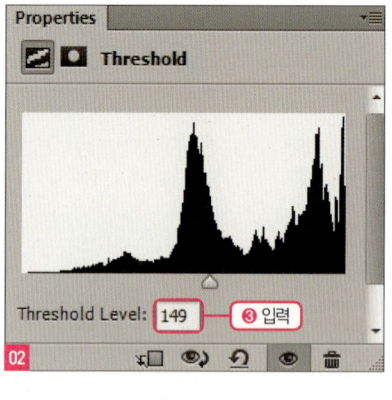 [Threshold] 대화상자의 [Threshold Level]에 '149'를 입력하고 [OK] 버튼을 눌러 적용합니다. 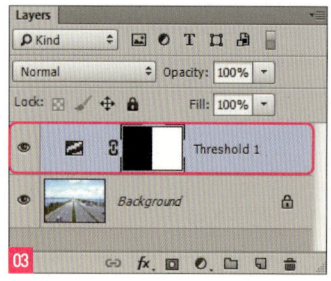 [Layers] 팔레트에 'Threshold 1' 레이어가 생성된 것을 확인합니다.

03 **04** 다시 Ctrl을 누른 상태에서 'Th-reshold 1' 레이어를 선택하여 선택 영역을 만듭니다. 그런 다음 메뉴의 [Select-Inverse]를 클릭하여 선택 영역을 반전시킵니다. **05** [Layers] 팔레트 하단의 [Create New Fill or Adjustment Layer] 버튼( )을 클릭한 후 [Threshold]를 선택합니다.

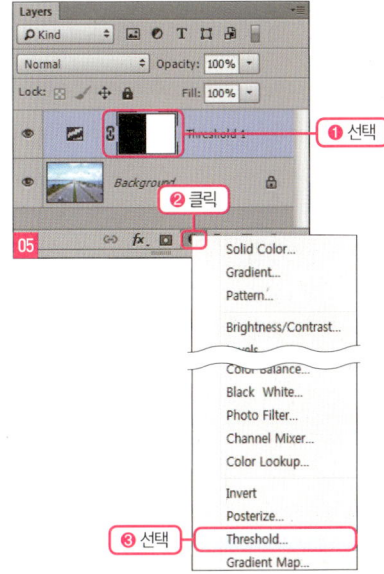

04 **06** [Threshold] 대화상자에서 [Threshold Level]에 '156'을 입력하고 [OK] 버튼을 눌러 적용합니다. **07** [Layers] 팔레트에서 'Threshold 2' 레이어가 생성된 것을 확인합니다.

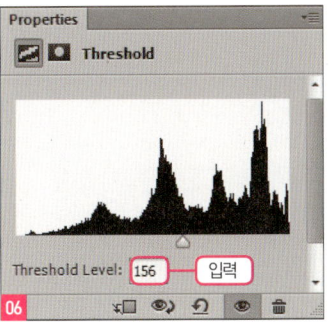
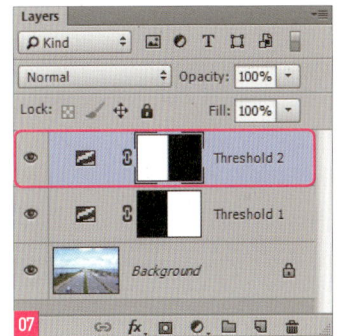

STEP 02 [Gradient Map]을 적용하여 색상 변경하기

01 **01** 'Threshold 1' 레이어를 Ctrl+클릭하여 선택 영역을 만듭니다.
02 [Layers] 팔레트 하단 [Create New Fill or Adjustment Layer] 버튼( )을 클릭한 후 [Gradient Map]을 선택합니다.

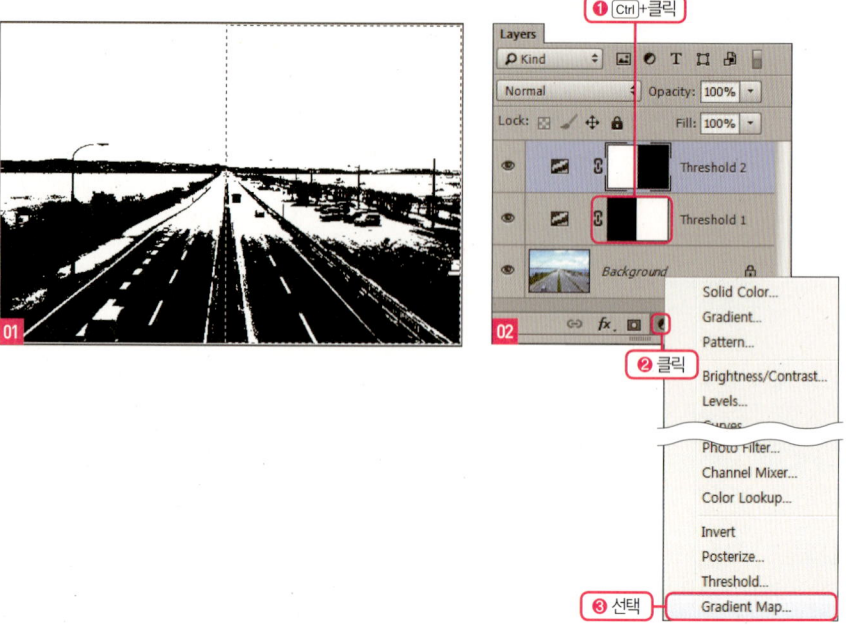

02 **03** [Gradient Map] 대화상자에서 [Gradient] 막대를 클릭하여 **04** [Gradient Editor] 대화상자를 열고 색상을 적용합니다. [OK] 버튼을 눌러 [Gradient] 설정을 적용합니다. [Gradient Map] 대화상자에서 [OK] 버튼을 눌러 명령을 적용합니다.

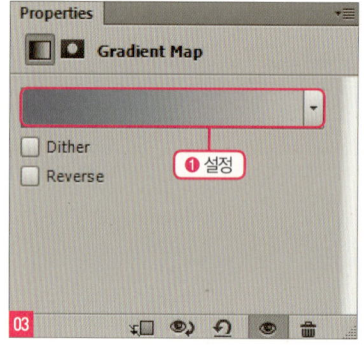 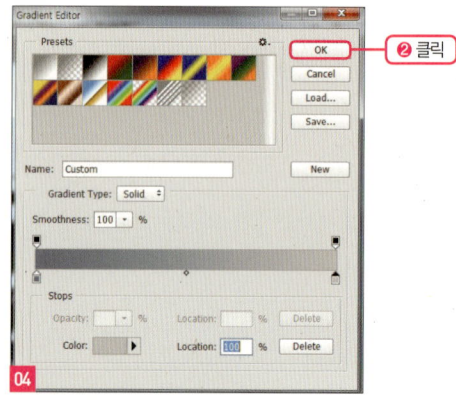

03 'Threshold 1' 레이어를 Ctrl+클릭하여 선택 영역을 만든 후 메뉴의 [Select-Inverse]를 클릭하여 선택 영역을 반전합니다.
[Layers] 패널 하단에 있는 [Create New Fill or Adjustment Layer] 버튼(●)을 클릭하여 [Gradient Map]을 선택합니다.

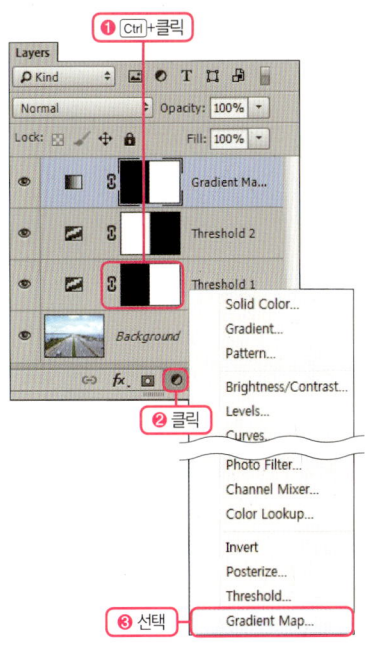

04 05 [Gradient Map] 대화상자에서 Gradient 막대를 클릭하여 06 [Gradient Editor] 대화상자를 열고 색상을 적용합니다. [OK] 버튼으로 Gradient 설정을 적용합니다. 그런 다음 [Gradient Map] 대화상자에서 [OK] 버튼으로 명령을 적용합니다.

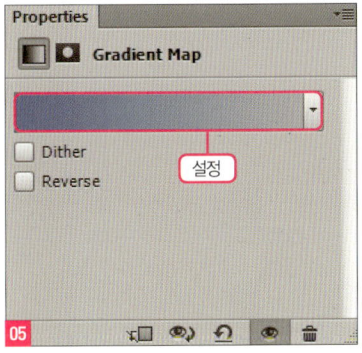
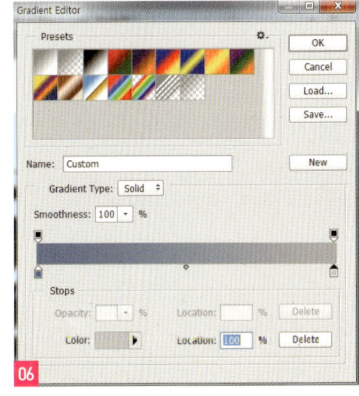

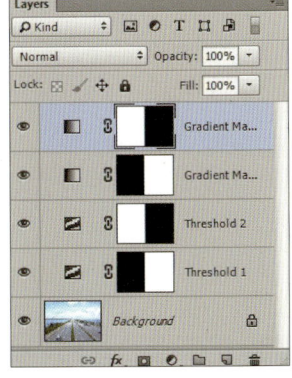

STEP 03 필터 조합으로 낡은 종이 질감 표현하기

01 **01** [Layers] 팔레트 하단의 [Create A Newlayer] 버튼( )으로 새 레이어를 추가합니다.
02 도구 상자의 [Default Foreground And Background Colors] 버튼( )을 클릭하여 전경색, 배경색을 기본색으로 전환합니다. 전경색 섬네일을 클릭하여 [Color Picker] 대화상자를 연 후 'H: 0', 'S: 0', 'B: 50'을 입력하여 50% 회색을 만들고 [OK] 버튼을 눌러 전경색을 변경합니다.

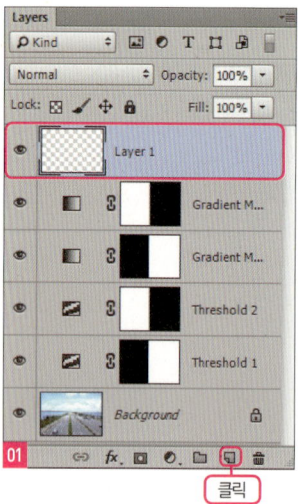
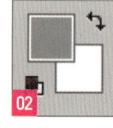

02 **03** 단축키 [Alt]+[Delete]를 눌러 전경색을 새 레이어에 적용한 후 메뉴에서 [Filter-Noise-Add Noise] 명령으로 **04** [Add Noise] 대화상자를 열어 옵션을 설정하고 [OK] 버튼을 눌러 적용합니다.

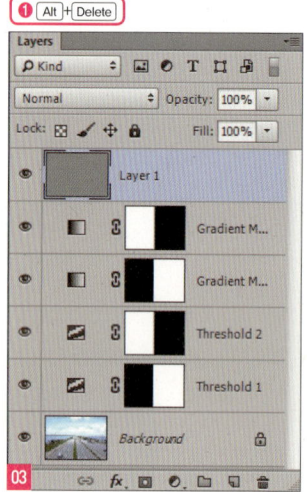
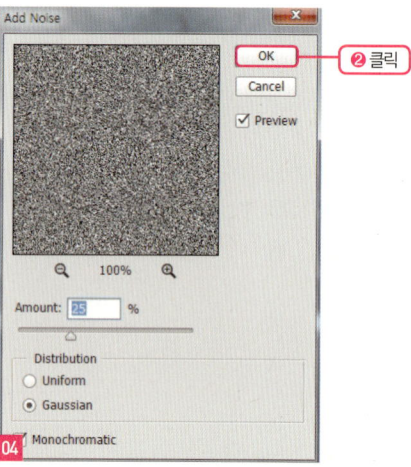

03 메뉴의 [Filter-Texture-Grain]을 선택한 후 그림과 같이 옵션 값을 설정합니다.

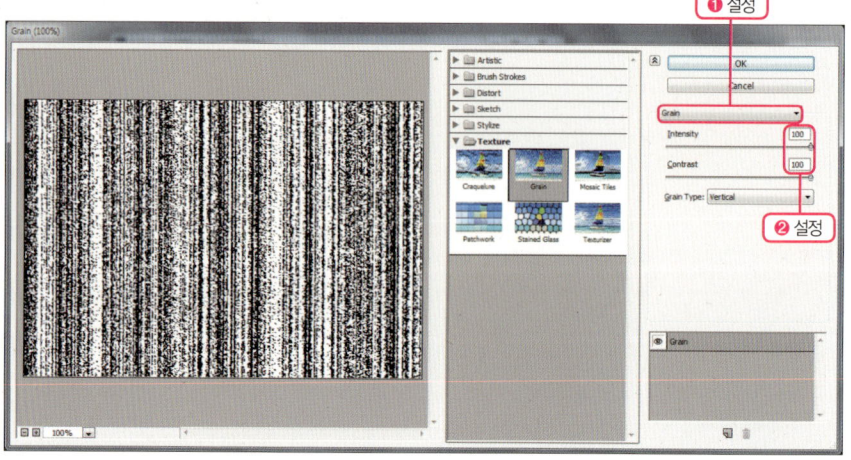

04 우측 하단의 [New Effect Layer] 버튼(□)으로 새 필터를 추가한 후 목록에서 [Bas Relief]를 적용합니다.

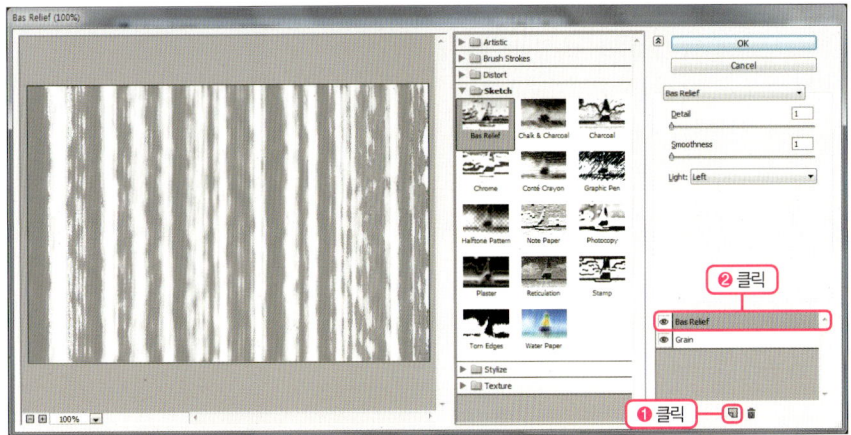

05 우측 하단의 [New Effect Layer] 버튼(□)으로 새 필터를 추가한 후 목록에서 [Reticulation]을 선택합니다. [OK] 버튼을 눌러 필터 조합을 마무리합니다.

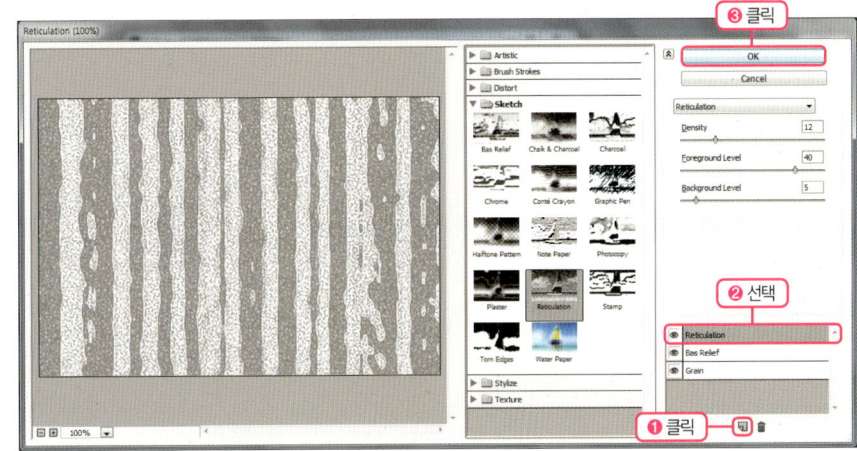

STEP 04 패턴 등록 및 레이어 스타일 적용하기

01 **01** 메뉴의 [Edit-Define Pattern]을 선택합니다.
02 [Pattern Name] 대화상자의 [Name]란에 '패턴'을 입력하고 [OK] 버튼을 눌러 [Filter Preset]에 저장합니다. **03** [Layers] 팔레트에서 'Layer 1' 레이어의 [Blend] 모드를 'Soft Light'로 전환합니다.

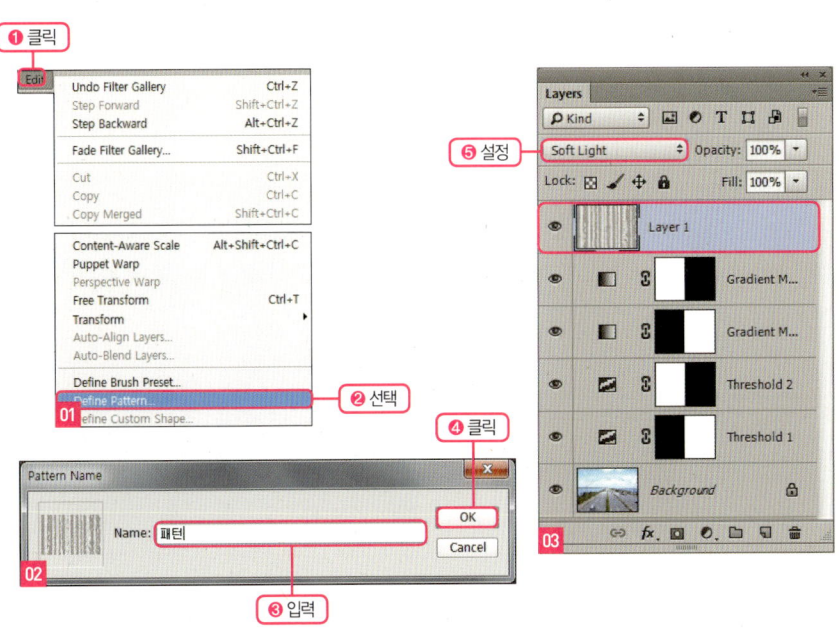

02 '도로' 레이어에 [Bevel & Emboss]를 적용하여 효과를 완성합니다.
④ [Layers] 패널에서 '도로' 레이어를 선택합니다. 하단의 [Add A Layer Style] 버튼(fx.)을 클릭하여 팝업 메뉴 리스트를 열고 [Bevel & Emboss]를 클릭합니다.
⑤ [Layer Style] 대화상자에서 [Bevel & Emboss] 옵션을 적용합니다.

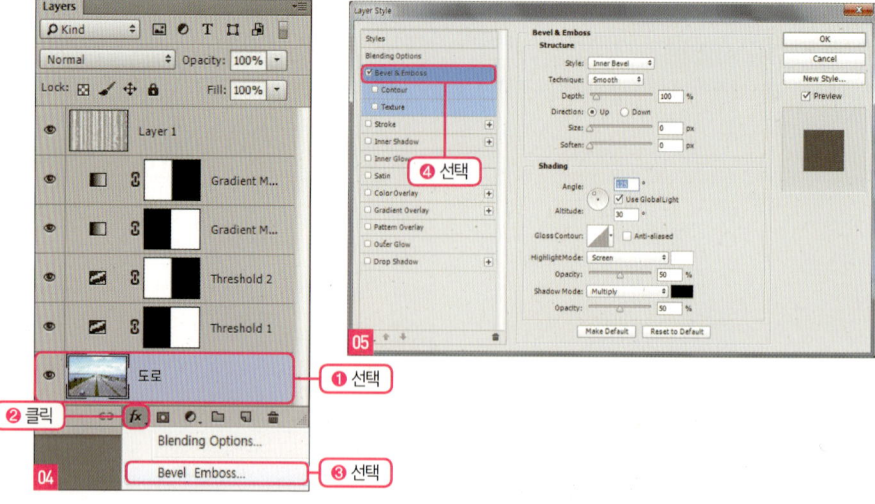

03 [Layer Style] 대화상자의 좌측 리스트에서 [Bevel & Emboss] 하단의 [Texture]를 선택합니다. 체크 버튼이 아닌 라벨 부분을 클릭하여 옵션 설정을 엽니다. [Texture] 옵션 설정에서 [Texture] 섬네일을 클릭하여 목록을 열고 패턴으로 저장해 놓은 '패턴'을 선택합니다. [Scale]을 '50%'로 설정하고 [OK] 버튼을 눌러 적용합니다.

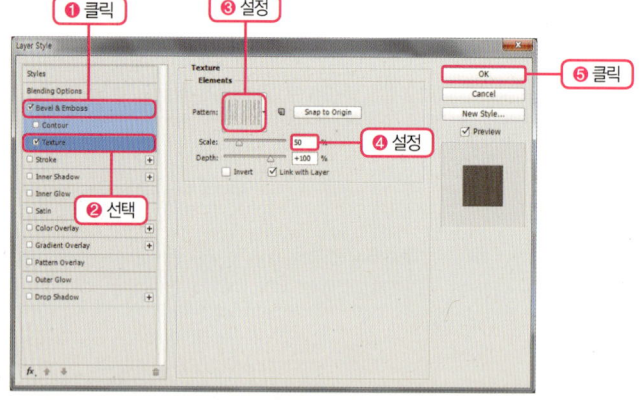

레이어

레이어는 그림을 그릴 수 있는 투명한 셀로판 종이와 비슷합니다. 레이어를 하나씩 추가할 때마다 눈에 보이지 않는 투명 종이가 깔린다고 생각하면 됩니다. 레이어 기능이 필요한 이유는 수정 작업을 용이하게 하기 위함입니다.

■ [Layers] 패널 살펴보기

●예제 파일
Sample\Theme01\Lesson05\layer.psd

❶ **Blend Mode** 레이어의 합성 상태를 여러 모드로 선택할 수 있습니다.
❷ **Opacity** 백그라운드 레이어를 제외한 레이어 이미지의 불투명도를 조절합니다. 수치가 작을수록 투명해집니다.
❸ **Lock(🔒)**
　ⓐ 투명 부분 잠그기(▧): 레이어 이미지의 투명 영역에는 모든 기능이 적용되지 않습니다.
　ⓑ 이미지 잠그기(✎): 레이어 이미지가 변형되지 않지만, 이동은 가능합니다.
　ⓒ 위치 잠그기(✥): 레이어 이미지가 이동되지 않습니다.
　ⓓ 모두 잠그기(🔒): 레이어 이미지의 모든 기능을 잠급니다.
❹ **Fill** [Opacity]와 마찬가지로 레이어 이미지 불투명도를 조절합니다. 그러나 [Opacity]와 달리 [Layer style]과 [lend Mode]에는 아무런 영향을 끼치지 않고 이미지의 투명도만 조절합니다.
❺ **눈 아이콘(👁)** 레이어 이미지를 보이지 않게 가려줍니다.
❻ **Add A Layer Style(fx.)** 레이어에 스타일을 적용하고 해당 레이어를 더블클릭하면 스타일 창이 열려 다시 적용할 수 있습니다.
❼ **Add A Mask(▢)** 레이어 마스크를 만듭니다.
❽ **Create A New Set(📁)** 레이어들을 하나의 폴더로 묶어 세트로 만들고, 관리 색상을 수정 가능한 보정 레이어로 만듭니다.
❾ **Create New Layer(🗋)** 새로운 레이어를 추가합니다.
❿ **Delete Layer(🗑)** 선택된 레이어를 지웁니다.

■ 레이어의 의미와 필요성 알아보기

1. 레이어는 '층'이라는 의미로, 포토샵에 사용하는 이미지에 따라 하나만 나타낼 수 있고, 여러 개로 나타낼 수도 있습니다.
2. 포토샵으로 작업하는 이미지가 여러 개로 구성되어 있을 때 레이어의 순서에 따라 이미지의 순서도 정해집니다.
3. 레이어 패널에서 확인할 수 있으며, 여러 개로 나타낼 경우 레이어를 이동하여 이미지를 이동, 복사, 삭제할 수 있습니다.

■ 레이어 숨기고 나타내기

1. 레이어를 선택한 후 눈 아이콘( )을 클릭하면 선택한 레이어가 사라집니다. 레이어가 많거나 작업이 필요 없을 때 레이어를 잠시 숨겨놓으면 편리합니다. 숨겨진 레이어를 다시 나타내려면 없어진 눈 아이콘( ) 부분을 다시 클릭하면 됩니다.

2. 하나의 레이어를 제외한 모든 레이어를 숨기려면 Alt 를 누른 채 해당 레이어의 눈 아이콘( )을 클릭하면 됩니다.

■ 여러 가지 방법으로 레이어 만들어 보기

포토샵에서 작업을 할 때 불러온 이미지의 레이어만 가지고 작업을 할 수 없을 때가 있습니다. 이 때에는 레이어를 추가하여 작업을 해야 합니다.

1. [Layers] 패널에서 [Create New Layer]( )를 클릭하여 새로운 레이어를 생성합니다.

2. [Layers] 패널의 오른쪽 윗부분에 있는   버튼을 클릭하여 [New Layer]를 선택합니다.

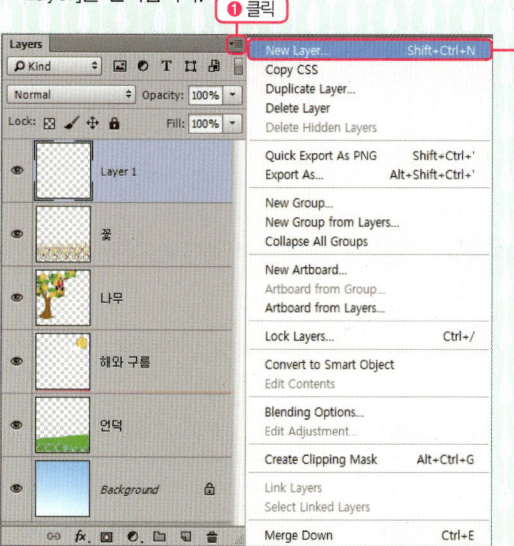
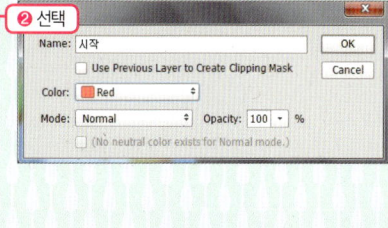

■ [New Layer] 대화상자

❶ Name 레이어의 이름을 입력합니다.
❷ Use Previous Layer to Create Clipping Mask 이 항목에 체크하면 아래 레이어에 새로운 레이어를 만듭니다. 새로 만들어지는 레이어는 마스크 역할을 하여 아래 레이어의 영역만큼만 보이게 됩니다.
❸ Color [Layers] 패널에 나타나는 레이어의 색상을 지정합니다.
❹ Mode 블렌딩 모드를 지정합니다.
❺ Opacity 레이어의 투명도를 조절합니다. 100%일 때는 투명도가 적용되지 않습니다.

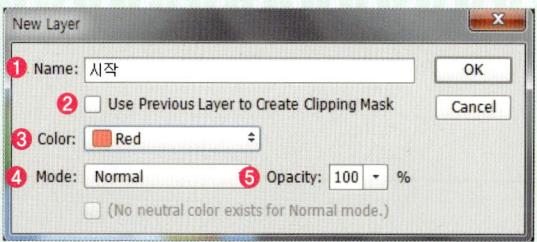

■ 레이어 복사하고 삭제하기

작업 중인 파일에 다른 이미지를 추가하거나 작업 화면에 있는 이미지를 복사하여 붙여 넣기를 해도 레이어가 추가됩니다.

1. 복사할 레이어를 [Create A Newlayer] 아이콘( )으로 드래그합니다. [Layers] 패널의 오른쪽 윗부분에 있는 버튼을 클릭하여 [Duplicate Layer]를 선택하거나 단축키 Ctrl+J를 눌러도 됩니다.

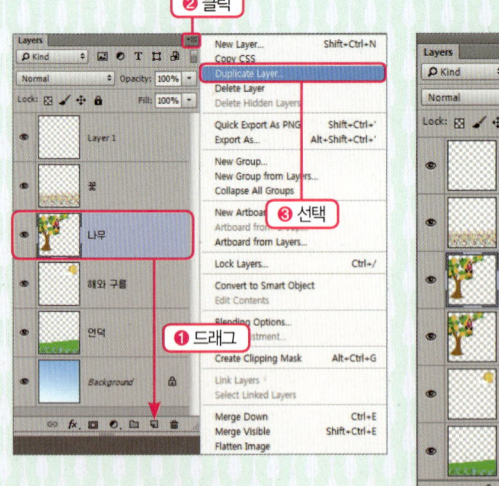

2. 삭제할 레이어를 선택한 후 [휴지통] 아이콘( )으로 드래그하거나 [Layers] 패널의 오른쪽 윗부분에 있는 버튼을 클릭하여 [Delete Layer]를 선택합니다.

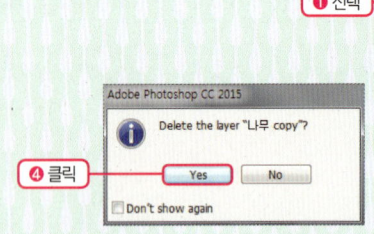
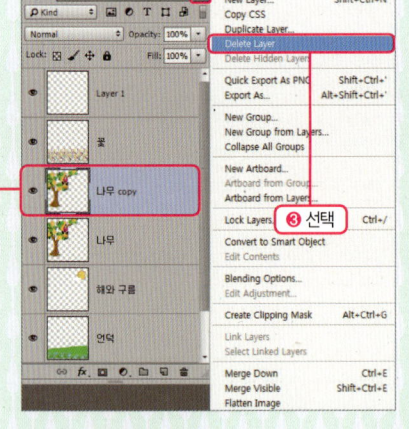

■ 레이어 이름 변경하기

[Layers] 패널에서 레이어 이름을 더블클릭한 후 원하는 이름을 입력합니다.

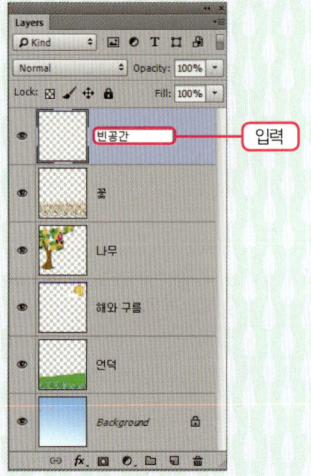

■ 레이어 순서 변경하기

1. 여러 개의 레이어로 이루어진 [Layers] 패널은 레이어 순서대로 정렬된 것이 하나로 합쳐져 이미지로 표현됩니다.

2. 다음 그림은 [Layers] 패널에서 '꽃' 레이어를 드래그하여 '나무' 레이어 위로 이동한 이미지입니다.

[Background] 레이어 이동하기

작업을 하다 보면 [Background] 레이어를 이동하거나 삭제해야 하는 경우가 있습니다. 이미지를 불러오면 기본적으로 나타나는 [Background] 레이어는 이동하거나 삭제할 수 없습니다. 이 경우 [Background] 레이어를 더블클릭하면 'Layer0'이라는 이름으로 나타납니다. 이름을 수정한 후 레이어 옆에 있던 열쇠 모양(🔒)의 잠금 표시가 없어지면 이동과 삭제가 가능합니다.

■ 레이어 합치기, 링크 걸기

1. Merge Layers

[Layers] 패널에서 두 개의 레이어를 Ctrl을 누른 채 선택한 후 [Layers] 패널의 오른쪽 윗부분에 있는 ▼ 버튼을 클릭하고 메뉴의 [Merge Layers]를 선택합니다.

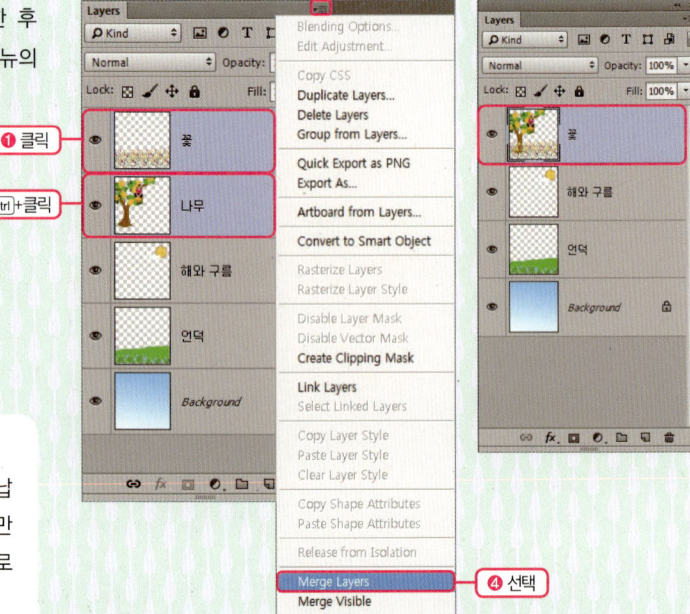

> **NOTE**
>
> **레이어를 합치는 이유는?**
> 복잡한 이미지 작업을 할 때 레이어를 계속 추가하면 용량도 늘어납니다. 레이어가 포함되어 있는 이미지는 용량이 큰 PSD 포맷으로만 저장할 수 있습니다. [Layers] 패널을 정리하고 작은 용량의 파일로 저장하려면, 완성한 작업의 레이어를 하나로 만들어야 합니다.

2. Merge Down

레이어가 많은 이미지를 효율적으로 작업하기 위해서는 완성된 레이어 이미지를 합쳐주는 것이 좋습니다. Merge Down은 선택한 레이어 이미지와 바로 아래에 있는 레이어 이미지를 합쳐줍니다.

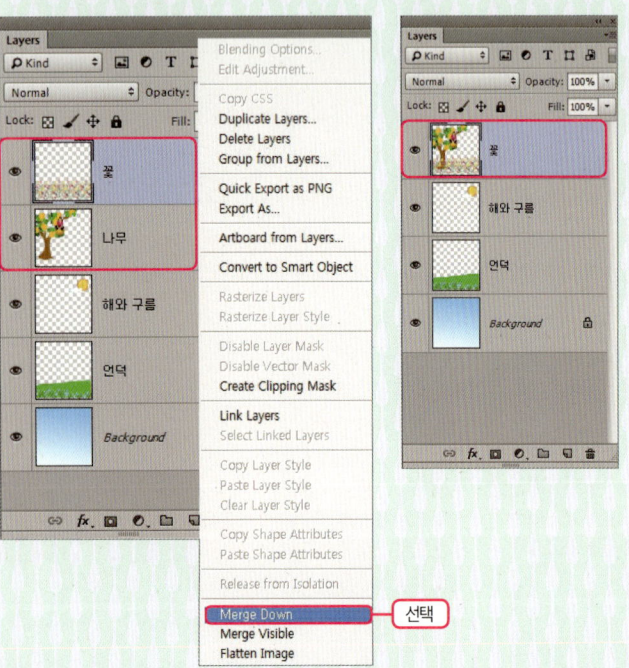

3. Merge Visible

전체 레이어 중에서 눈 아이콘(👁)이 켜져 있는 레이어만 합쳐줍니다.

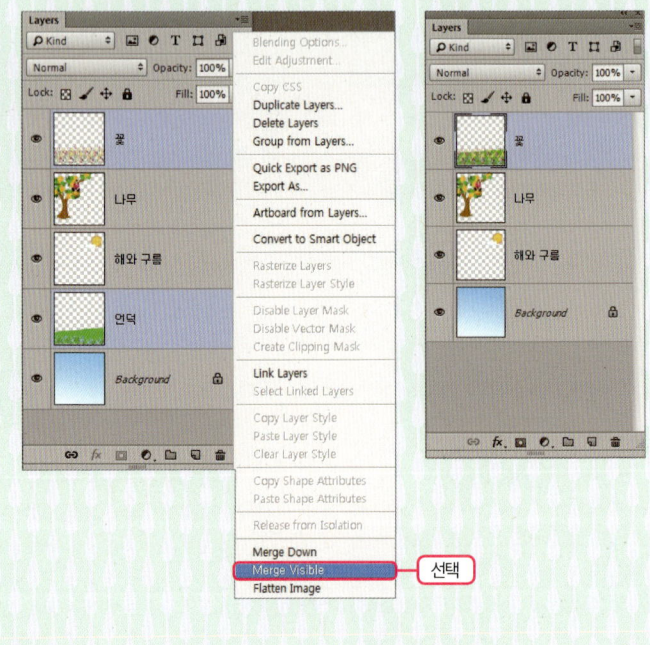

4. Flatten Image

모든 레이어를 하나로 합칩니다. 단, 눈 아이콘(👁)이 꺼져 있는 레이어가 있는 경우, 삭제할 것인지를 묻는 대화상자가 나타납니다.

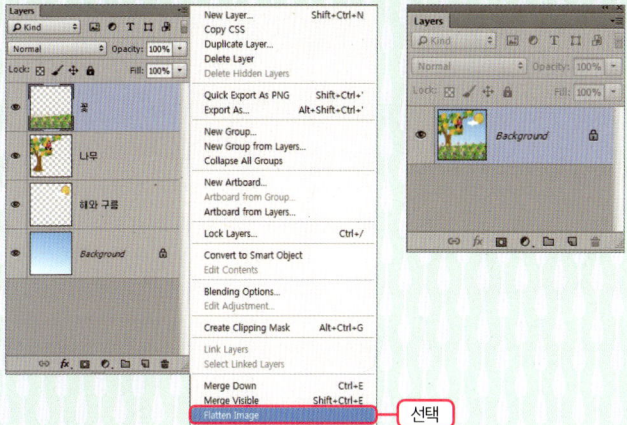

■ 레이어 링크 걸기

레이어끼리 연결하여 작업하고 싶을 때 선택한 레이어들에 링크를 걸어 사용하기도 합니다. 두 개 이상의 레이어를 선택한 후 [Layer] 패널 하단의 🔗 아이콘을 클릭하면, 각 레이어 이름 옆에 🔗 아이콘이 표시됩니다. 만약 링크를 해제하고 싶다면 똑같은 방법으로 [Layer] 패널 하단의 🔗 아이콘을 클릭합니다.

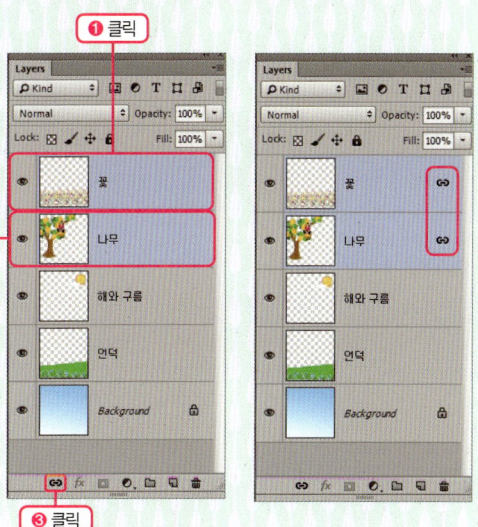

 ## 사진 속 비뚤어진 수평 수정 및 공간 구도 보정하기

사진을 찍다 보면 수평이 맞지 않아 구도가 좋지 않은 사진이 나오거나 사진을 접하는 과정에서 공간이 왜곡된 사진들을 버릴 수 없어 고민을 하는 경우가 있습니다.

예제 파일 Sample\Theme01\실무테크닉\Lens-예제.jpg   Sample\Theme01\실무테크닉\줄자-예제.jpg
완성 파일 Sample\Theme01\실무테크닉\Lens-완성.jpg   Sample\Theme01\실무테크닉\줄자-완성.jpg

- 도구 상자의 자 툴( )을 이용하여 자동으로 수평을 맞춥니다.
- [Content-Aware]를 선택하여 사용합니다.
- 메뉴의 [Lens Correction]을 이용하여 왜곡을 보정합니다.
- 메뉴의 [Warp]와 [Liquify]로 부분적인 왜곡을 바로잡습니다.

02 배경과 건물을 살리는 화사한 사진 표현하기

밝은 하늘에 노출을 맞추자니 배경과 건물이 어둡게 나오고, 건물과 배경에 노출을 맞추자니 하늘에 설정한 보정이 취소됩니다. 이러한 점을 보완하는 방법과 좀 더 화사한 느낌을 주는 이미지로 변경하는 방법을 알아보겠습니다.

예제 파일 Sample\Theme01\실무테크닉\해외배경-예제.jpg
완성 파일 Sample\Theme01\실무테크닉\해외배경-완성.jpg

- [Curves] 대화상자를 이용하여 하늘 영역과 푸른 초원의 이미지를 보정합니다.
- [Hue/Saturation] 보정 레이어를 추가하여 이미지 전체의 채도 값을 살짝 올려줍니다.

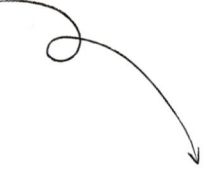

실무테크닉 03 강한 이미지를 살려주는 효과주기

[Contrast Masking]은 사진 클럽에서 많이 사용하고 있는 보정 기법입니다. 이는 역광 사진에서 섀도 부분을 강제로 살려 강한 이미지를 주는 방법입니다. 이 방법은 경우에 따라 조금 어색할 수도 있지만 하이라이트와 섀도의 질감을 살려 밋밋한 사진을 좀 더 선명하게 만들기 위한 효과적인 방법이라 할 수 있습니다.

예제 파일 Sample\Theme01\실무테크닉\하와이-예제.jpg
완성 파일 Sample\Theme01\실무테크닉\하와이-완성.jpg

- 레이어를 복제한 후 흑백 이미지를 만들고 하이라이트와 섀도를 반전시킵니다.
- [Gaussian Blur]와 [Overlay]로 배경 이미지와 합성합니다.
- [Sharpen] 효과와 포토 필터로 이미지를 완성합니다.

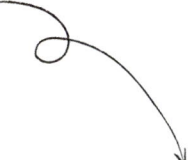

124 색상 또는 이미지를 자유롭게 채우기

145 피부 잡티 및 인위적 얼굴 제거하기

158 [Liquify] 필터 마법 활용하기

THEME 02
인물 사진 보정 살펴보기

스마트폰을 사용하는 사용자들은 모두 사진을 많이 찍어 가까운 지인들과 자신의 사진을 여러 가지 방법으로 공개하며 관리하고, 추억을 만들기도 합니다. 이번 테마에서는 찍은 사진을 더욱 예쁘게 보정하여 보관하고, 인물의 외모나 체형을 다양한 방법으로 보정하는 효과에 대해 알아보겠습니다.

LESSON 01 색상 또는 이미지를 자유롭게 채우기

각 브러시들의 부드럽고 섬세한 음영과 그라데이션 효과를 만들 수 있으며, 클릭하고 있는 시간 동안 색과 이미지를 계속 뿌리기 때문에 오래 누르고 있을수록 색상과 이미지의 농도가 선명해집니다.

핵심기능 ▶ 툴 이해하기

브러시 툴( )

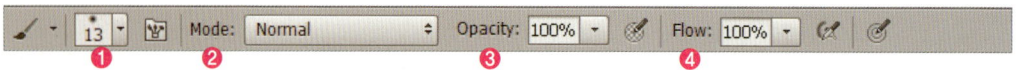

❶ 브러시의 크기 조정 사용자의 취향이나 작업 환경에 따라 수치대로 고를 수 있습니다. 수치가 커지면 큰 브러시가 되고, 작아지면 작은 브러시가 됩니다. 진한 브러시와 뿌연 브러시 중에서 고를 수 있습니다. 포토샵 CC 버전이 되면서 브러시의 종류와 기능이 강화되었습니다.

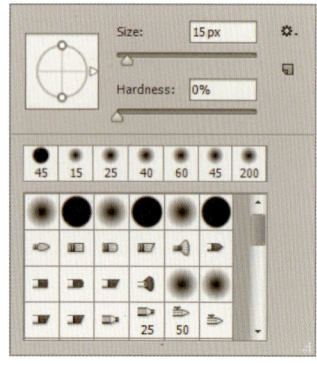

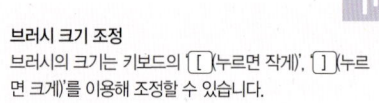

브러시 크기 조정
브러시의 크기는 키보드의 ' [(누르면 작게)', '] (누르면 크게)'를 이용해 조정할 수 있습니다.

❷ Mode 브러시가 이미지에 합성되는 방식을 설정합니다.
❸ Opacity 투명도를 설정하는 부분으로, 같은 색깔이라도 수치가 낮아질수록 밑그림이 환하게 보이는 투명한 상태가 되는 것을 의미합니다.
❹ Flow '흐른다'라는 뜻으로, 수치가 높을수록 완벽한 선으로 이어진 브러시가 그려집니다.

:: 연필 툴( )

연필 툴( )의 사용법은 브러시 툴( )과 같지만, 브러시의 경계에 안티 에일리어싱을 적용할 수 없기 때문에 브러시 툴보다 거칠게 표현하고자 할 때 사용합니다. 브러시 툴( )은 도트 그림이나 얇은 라인을 그릴 때 주로 사용합니다. 컨트롤 패널 역시 브러시 툴과 동일합니다.

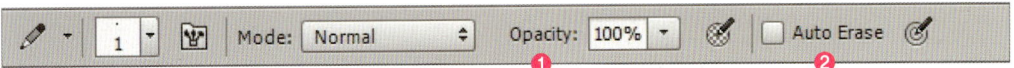

❶ **Opacity** 페인팅되는 연필의 투명도를 나타내는 것으로, 수치가 낮아질수록 투명해 보입니다.

❷ **Auto Erase** 이 옵션에 체크하고 전경색으로 그린 부분을 겹쳐 그리면 배경색으로 그려집니다.

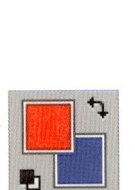 

:: 히스토리 브러시 툴( )

히스토리 브러시 툴( )은 [History] 패널에 기록된 작업 과정이나 저장된 스냅샷 이미지로 되돌려줄 때 사용하는 기능입니다. 히스토리 브러시 툴( )로 드래그하는 곳만 원래 이미지로 되돌아오기 때문에 특정 오브젝트를 특별히 부각시키는 효과를 주고 싶을 때 주로 사용합니다.

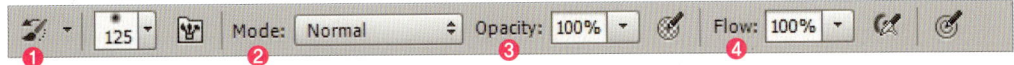

❶ **Brush** 히스토리 브러시의 크기를 조절합니다.
❷ **Mode** 히스토리 브러시를 사용할 때 합성되는 과정에서 줄 수 있는 다양한 효과를 지정합니다.
❸ **Opacity** 히스토리 브러시의 농도를 조절하는 기능을 합니다. 수치가 낮을수록 농도가 낮게 나타나고, 높을수록 높게 나타납니다.

❹ **Flow** 툴이 적용되는 정도를 조절합니다.

[Hue/Staturation] 이미지 보정

히스토리 브러시 툴() 적용

아트 히스토리 브러시 툴( )

아트 히스토리 브러시 툴( )은 히스토리 브러시 툴( )에 회화적인 기능을 더한 툴로, 다양한 스타일의 브러시 효과를 줄 수 있습니다.

❶ **Brush** 브러시의 크기와 모양을 선택합니다.
❷ **Mode** 브러시가 이미지에 적용되는 방식을 설정합니다. 샘플 이미지에 임의의 색상을 칠한 후 각 모드를 선택하여 이미지가 있던 자리로 드래그하면 변형된 각 모드가 적용된 이미지가 나타납니다.
❸ **Opacity** 불투명도를 조정합니다. 100%를 적용하면 이미지나 색이 정확하게 재생되며, 수치가 낮을수록 복사되는 이미지가 투명하게 적용됩니다.
❹ **Style** 브러시의 모양을 설정합니다.
❺ **Area** 0부터 500픽셀까지 마우스를 한 번 클릭했을 때 적용되는 브러시의 크기 영역을 설정합니다.
❻ **Tolerance** 원본 이미지의 색상 허용 범위를 설정합니다. 수치가 높을수록 원본과 같은 색상이 나타나며, 낮을수록 원본과 다른 색상이 나타납니다.

> **TIP**
>
> **Style 종류**
> 아트 히스토리 브러시 툴( )의 컨트롤 패널에서 항목에 있는 브러시 모양들을 바꿔가면서 차이점을 비교해보세요. 브러시 크기와 모양에 따라 각각 다른 효과를 줄 수 있습니다.

기능 실습

01

흑백 사진을 밝게 표현하기

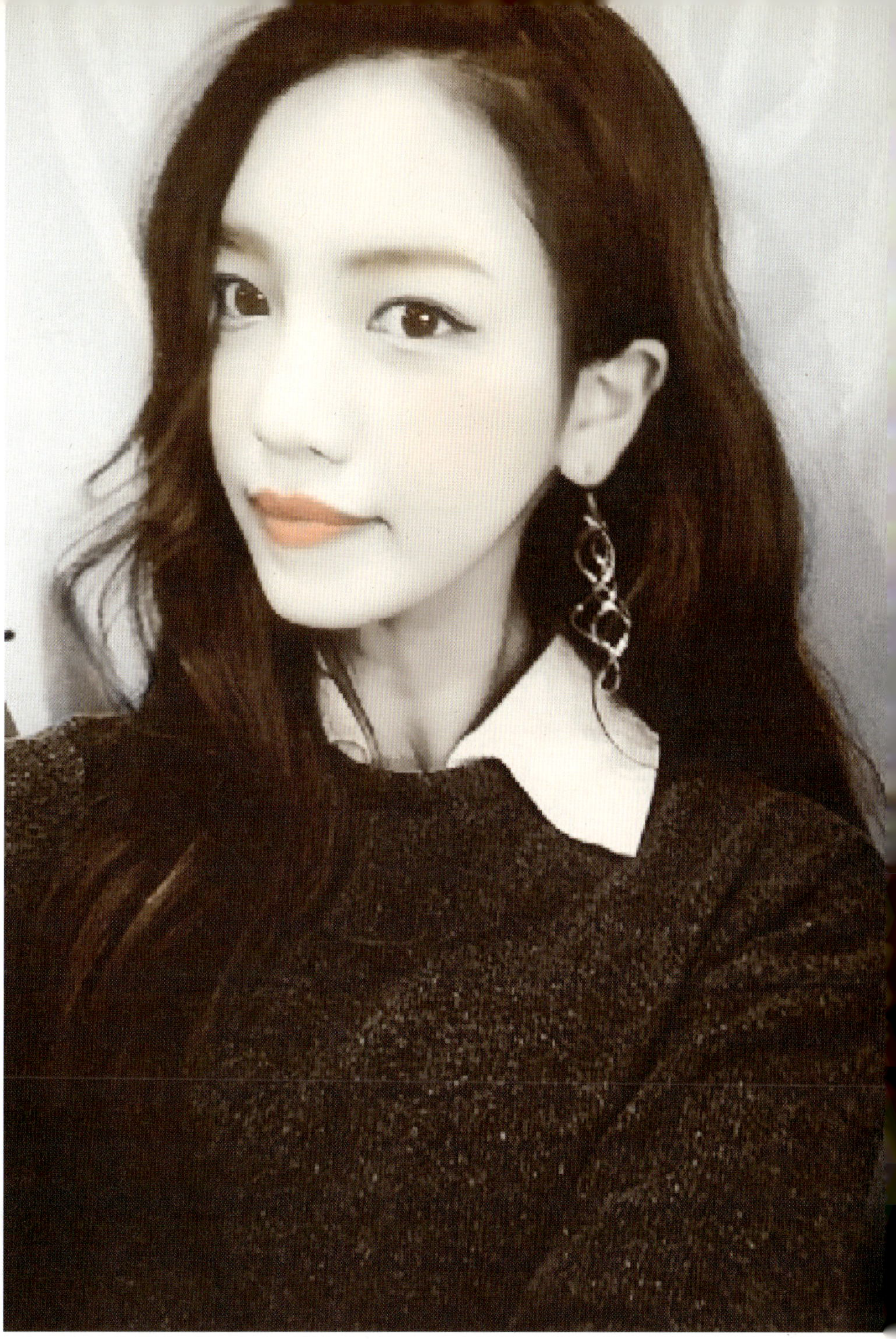

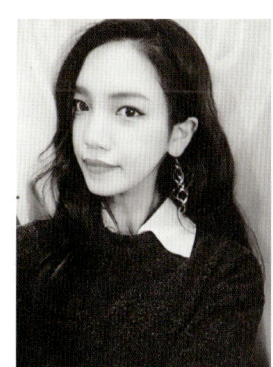

예제 파일 Sample\Theme02\Lesson01\메이크업.jpg
완성 파일 Sample\Theme02\Lesson01\메이크업-완성.png

해설 동영상

키 워 드 브러시 툴, 지우개 툴, [Curves] 패널
길라잡이 흑백 사진에 다채로운 블렌딩과 색상 모드를 가미하면 분위기 있는 사진을 연출할 수 있습니다. 흑백 사진에 레이어 블렌딩 모드와 색상을 흑백 사진에 채색하되, 자연스럽게 색상을 입혀보는 것입니다.

STEP 01 전체 피부에 색상 입히기

01 **01** [Ctrl]+[O]를 눌러 [Open] 대화상자에서 새로운 이미지를 불러옵니다. **02** 도구 상자의 전경색을 클릭하여 [Color Picker] 대화상자가 나타나면 피부색의 기본 색상인 피부색(#cac0ad)을 선택하고 [OK] 버튼을 클릭합니다.

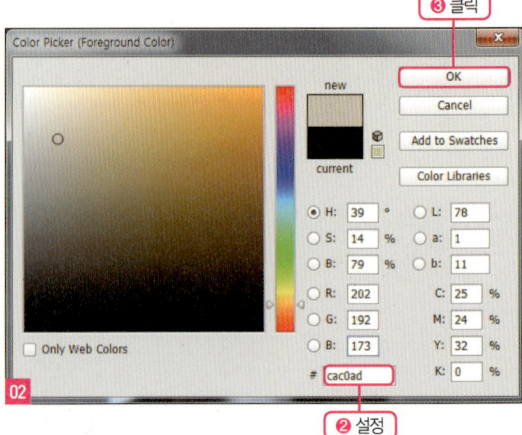

02 **03** 전경색이 바뀌면 [Layers] 패널에서 [New Layer] 버튼(🗔)을 클릭하여 'Layer 1'이라는 새 레이어를 생성합니다. 그리고 단축키 [Alt]+[Delete]를 눌러 전경색으로 채워주고 레이어 이름을 '전체피부'로 변경한 후 [블렌딩 모드]를 'Color', [Opacity]를 '60%'로 설정합니다. **04** 이미지 전체에 살색이 자연스럽게 채워졌습니다.

03 **05** 눈과 배경에도 색상이 채워져 있으므로 [Layers] 패널에서 '전체피부' 레이어를 선택한 후 **06** 도구 상자에서 지우개 툴(🖉)을 선택하고 조심스럽게 눈과 배경 부분을 드래그하여 지워주면 좀 더 자연스러워집니다.

STEP 02 전체 피부에 음영 표현하기

01 01 전체 피부에 음영을 표현하기 위해 [Layers] 패널에서 새 레이어를 만든 후 이름을 '음영피부'라고 변경하고 전경색을 진한 피부색(#doad99)으로 변경합니다. Alt + Delete 를 눌러 전경색을 채워주고 레이어의 [블렌딩 모드]는 'Soft Light', [Opacity]를 '70%'로 설정하면 02 전체 얼굴에 음영이 표현되는 것을 확인할 수 있습니다.

02 03 눈과 배경에도 색상이 채워져 있으므로 [Layer]패널에서 '음영피부' 레이어를 선택한 후 04 툴박스에서 지우개툴( )을 선택합니다. 브러시 크기를 적당히 설정하고 조심스럽게 눈과 배경 부분을 드래그하여 지워주면 좀더 자연스러워 보입니다.

STEP 03 T존 부분과 볼터치에 색상 입히기

01 01 [Layers] 패널에서 새 레이어를 만든 후 이름을 'T존 부분'이라고 변경하고 눈, 코, 볼, 턱 등의 하이라이트를 표현하기 위해 전경색을 밝은 색(#dcc8b0)으로 설정합니다. 블렌딩 모드를 'Soft Light'로 설정하고 도구 상자에서 브러시 툴( )을 선택한 후 02 눈, 코, 볼, 턱 등을 드래그하여 그려줍니다.

02 **03** [Layers] 패널에서 새 레이어를 만든 후 이름을 '볼터치'로 변경하고, 전경색을 붉은색 계열(#cc9f81)로 설정합니다. 그런 다음 [블렌딩 모드]를 'Multiply', [Opacity]를 '25%'로 설정하고 도구 상자에서 브러시 툴(🖌)을 선택한 후 **04** 양쪽 볼의 부분을 드래그하여 터치하면서 가볍게 그려 줍니다.

STEP 04 입술, 눈, 머리에 색상 입히기

01 **01** 새 레이어를 생성한 후 이름을 '입술'로 변경합니다. 그런 다음 브러시 툴(🖌)을 이용해 **02** 핑크색으로 입술 부분만 채색하고 [블렌딩 모드]를 'Color'로 설정합니다.

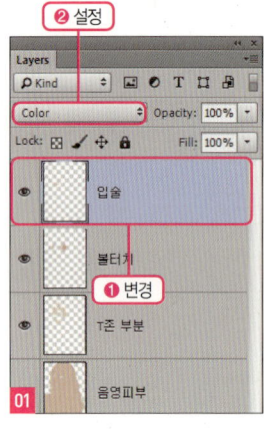

02 **03** 새 레이어를 생성한 후 이름을 '눈'으로 변경합니다. 전경색을 진한 갈색(#7d5935)으로 설정한 후 브러시 툴(🖌)을 이용해 **04** 눈동자를 채색하고 [블렌딩 모드]를 'Color'로 설정합니다.

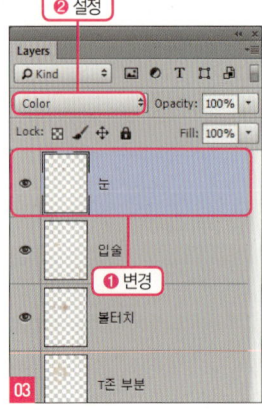

03 05 새 레이어를 생성한 후 '머리'로 변경합니다. 전경색을 진한 갈색(#7d5935)으로 설정한 후 브러시 툴( )을 이용해 06 눈동자를 채색하고 [블렌딩 모드]를 'Color'로 설정합니다.

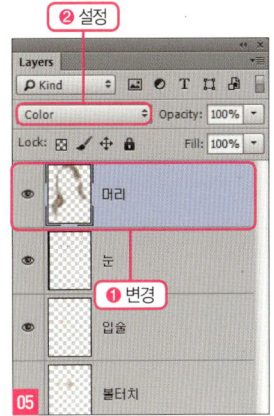

STEP 05 좀 더 선명한 사진 만들기

01 01 [Layers] 패널에서 [Create new fill or adjustment layer( )] 버튼을 클릭한 후 [Curves]를 선택합니다. 02 [Layers] 패널에 새롭게 추가된 레이어를 확인할 수 있습니다.

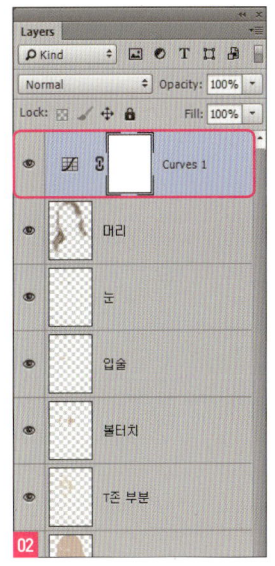

02 03 [Properties-Curves] 패널을 연 후 S자 곡선을 만들어주면 멋진 이미지가 완성됩니다. 04 원본 이미지와 비교해보면 선명한 색상의 깊이감이 살아 있는 사진으로 보정된 것을 알 수 있습니다.

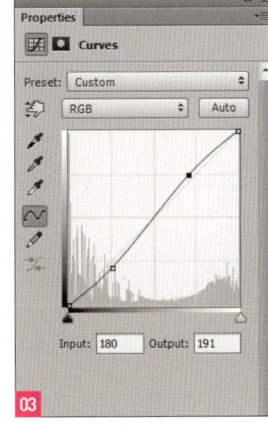

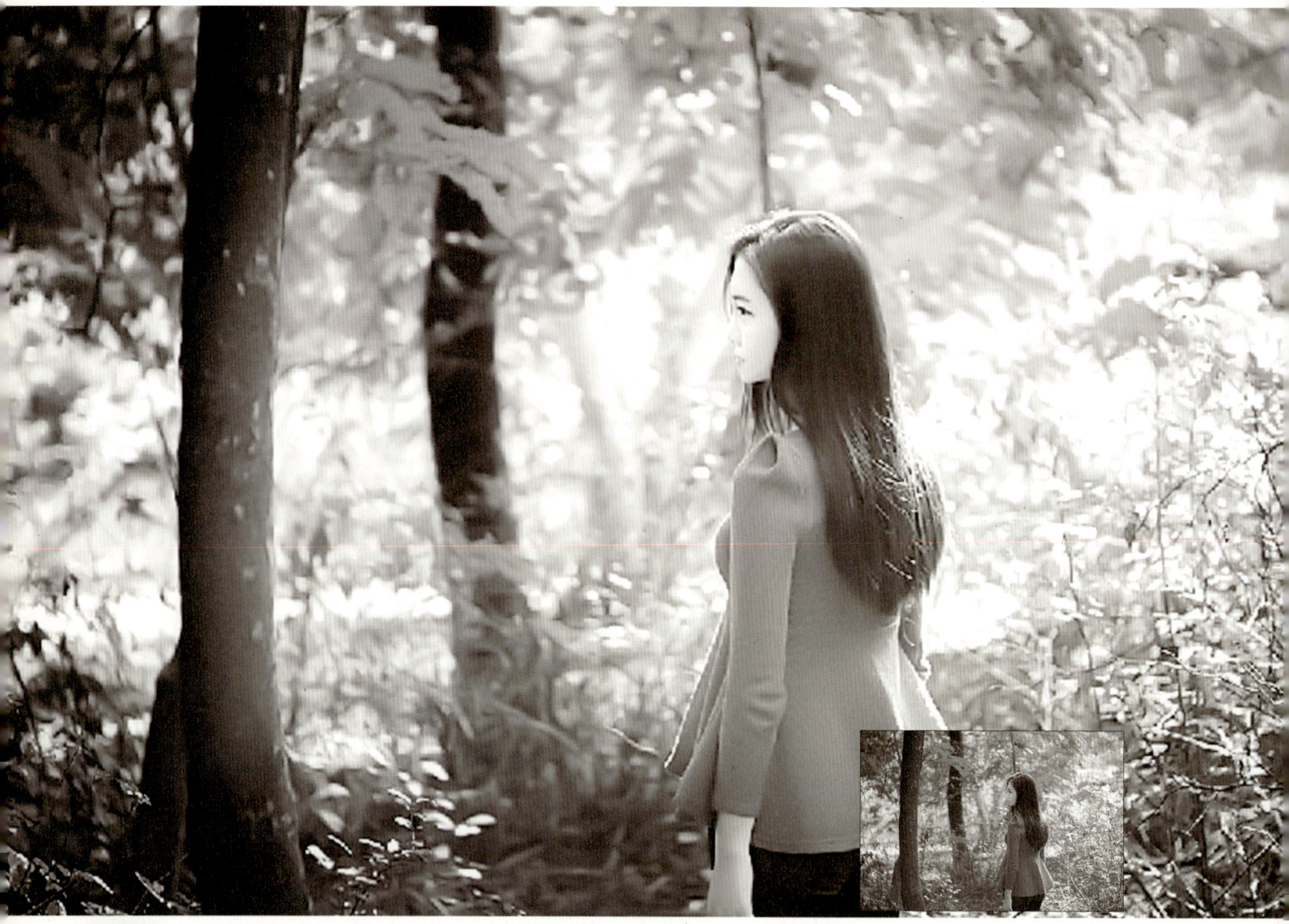

카메라 로 필터(Camera Raw Filter)로 깊이 있는 흑백 사진 만들기

02

예제 파일 Sample\Theme02\Lesson01\흑백.jpg
완성 파일 Sample\Theme02\Lesson01\흑백-보정.jpg

키 워 드 [Camera Raw Filter], [Levels] 활용법

길라잡이 포토샵의 카메라 로 필터(Camera Raw Filter) 기능을 활용하면 좀 더 괜찮은 느낌의 흑백 사진으로 보정할 수 있습니다. 컬러 사진에서 채도(Saturation)를 낮춰 흑백으로 만들면 밋밋하고 심심한 느낌으로 바뀌기 때문에 포토샵의 '카메라 로 필터'를 활용해 좀 더 깊이 있는 흑백 사진으로 바꿔봤습니다. '카메라 로 필터'와 '레벨'을 적용하면 피사체가 명확하게 표현되고, 입체감이 느껴지는 사진이 완성됩니다.

STEP 01 [Camera Raw Filter] 활용하기

01 **01** 사진을 불러오기 위해 단축키 Ctrl+O를 누르거나 메뉴의 [File-Open]을 클릭합니다. 원본 사진이 흑백입니다.

TIP

흑백 사진으로 변경되는 메뉴들
컬러 사진을 포토샵의 [Image-Adjustments-Desaturate] 메뉴 또는 [Black & White]를 통해 채도를 낮추어도 위와 비슷한 결과물이 나타납니다.

02 **02 03** 메뉴의 [Filter-Camera Raw Filter]를 클릭하거나 단축키 Shift+Ctrl+A를 누릅니다.

03 **04** [Camera Raw Filter]가 실행된 첫 화면 우측의 설정 창에서 사진의 노출을 보정해줄 수 있는데, 전체적으로 대비를 높인 결과가 만들어졌습니다.

04 **05** 상단의 Detail 아이콘(▲)을 클릭한 후 [Noise Reduction] 항목의 [Luminance]와 [Luminance Detail]의 수치를 조절했습니다. 선명도는 유지된 채로 배경에 블러 효과와 같이 적용되어 피사체가 돋보이는 결과가 만들어졌습니다.

05 **06** 좀 더 피사체가 주목되는 효과를 주기 위해 [Effects] 아이콘(fx)을 클릭한 후 [Amount]와 [Midpoint] 값을 조절하여 비네팅 효과를 주었습니다. 현재 상태로 [OK] 버튼을 눌러 이미지에 적용합니다.

STEP 02 사진 밝기 조절하기

01 **01** 흑백 사진을 복제하기 위해 [Layers] 패널에서 'Background' 레이어를 클릭한 후 단축키 Ctrl+J를 눌러 레이어를 복사합니다.

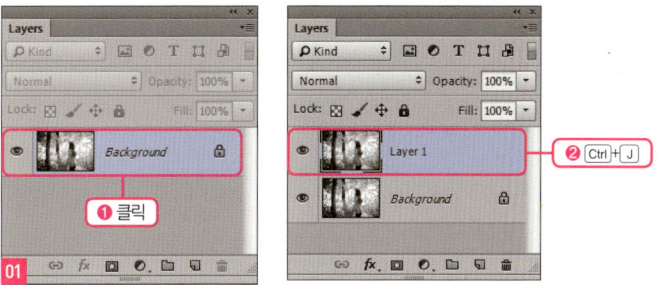

02 **02** [Layers] 패널에서 'Layer 1' 레이어를 선택한 후 [Create new fill or adjustment layer] 버튼( )을 클릭하여 [Levels]를 선택합니다. **03** [Layers] 패널에 새롭게 추가된 레이어를 확인할 수 있습니다.

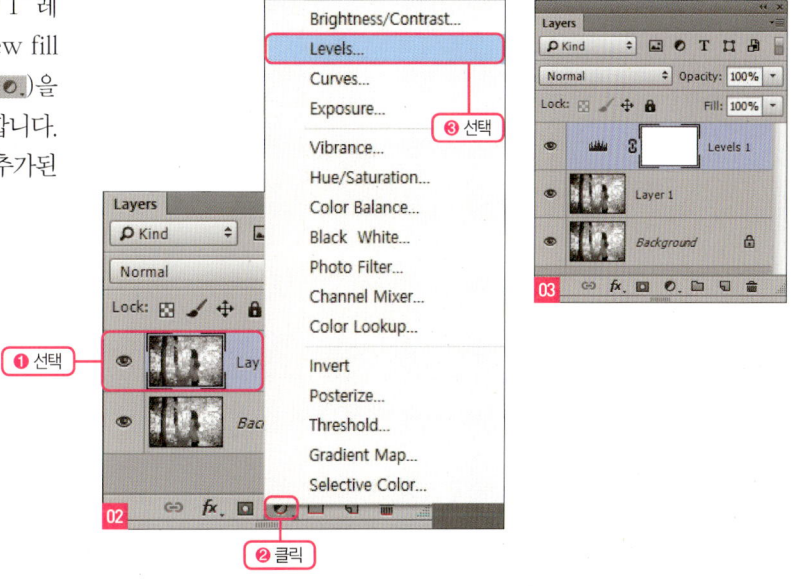

03 **04** [Levels]의 미드 톤 슬라이더를 좌측으로 이동하여 전체적으로 사진을 밝게 조절합니다. **05** [Levels]의 [Layer Mask] 섬네일을 클릭합니다.

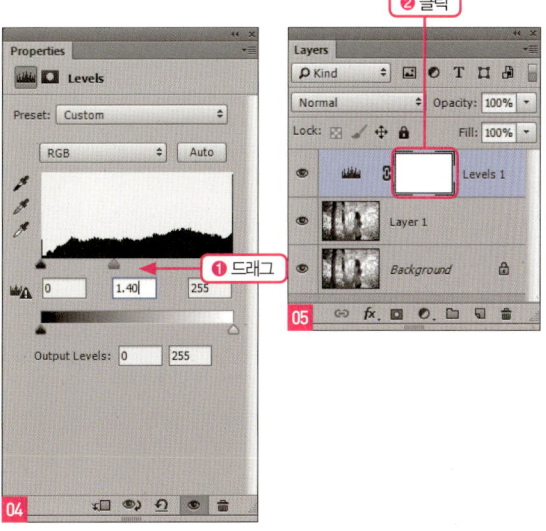

STEP 03 마스크 부분을 편집하여 사진의 깊이 표현하기

01 **01** 브러시 툴( )을 선택한 후 **02** 전경색을 검은색으로 변경합니다.

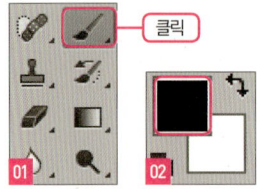

02 브러시 크기를 늘린 후 **03** 사람과 길을 제외한 나머지 부분을 마스크로 가려주고 마무리합니다.

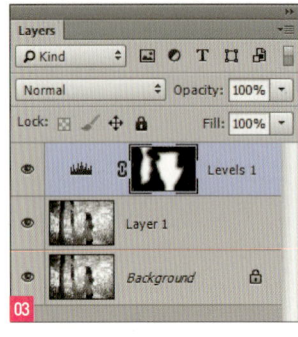

STEP 04 풍부한 느낌을 주는 사진 완성하기

01 **01** [Layers] 패널에서 'Levels 1' 레이어를 클릭한 후 [Create new fill or adjustment layer] 버튼( )을 클릭하여 [Curves]를 선택합니다. **02** [Layers] 패널에 새롭게 추가된 레이어를 확인할 수 있습니다.

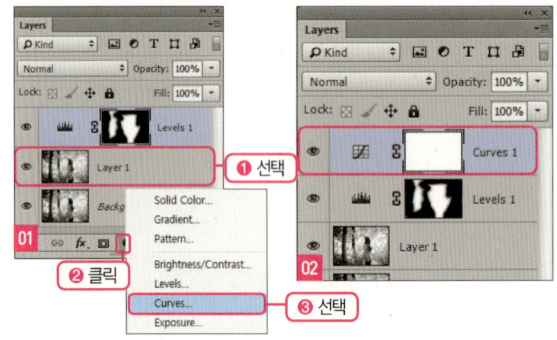

02 **03** 마지막으로 섀도 영역의 노출을 다시 조정하기 위해 그림처럼 S 곡선으로 설정합니다. **04** 깊이감을 느낄 수 있는 흑백 사진이 완성되었습니다.

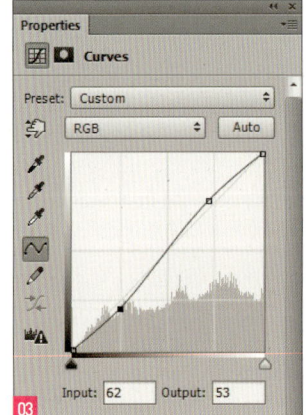

추억의 흑백 사진 만들기

03

예제 파일 Sample\Theme02\Lesson01\흑백[1].jpg
완성 파일 Sample\Theme02\Lesson01\흑백-완성.png

키 워 드 밝은 영역 선택, 블렌딩 모드, [Curves] 활용, [Black & White], [High Pass], [Unsharp Mask] 필터 활용법

길라잡이 옛날에 찍은 사진들은 흑백으로 된 것을 많이 볼 수 있습니다. 그런데 요즘은 다채로운 색상을 가진 컬러 사진들이 많이 나옵니다. 그래서 옛날 사진 같은 흑백 사진이 오히려 눈에 뛰는 경우도 종종 있습니다. 컬러 사진에 좀 더 다양한 효과를 주어 세밀한 흑백 사진을 만들어 보겠습니다.

STEP 01 밝은 영역 선택하기

01 **01** 흑백 사진으로 수정할 사진을 불러온 후 단축키 Ctrl+Alt+2를 눌러 밝은 부분을 선택합니다. 선택 영역을 반전시키기 위해 단축키 Shift+Ctrl+I를 누릅니다.

TIP 간단하게 선택하는 단축키
Ctrl+Alt+2 : 사진에서 아주 밝은 하이라이트 선택 영역을 자동으로 선택합니다.
Shift+Ctrl+I : 선택 영역을 반전시켜 선택합니다.

STEP 02 사진을 좀 더 밝게 표현하기

01 **01** [Layers] 패널에서 [Create new fill or adjustment layer] 버튼()을 클릭한 후 [Curves]를 선택합니다. **02** [Layers] 패널에 새롭게 추가된 레이어를 확인할 수 있습니다.

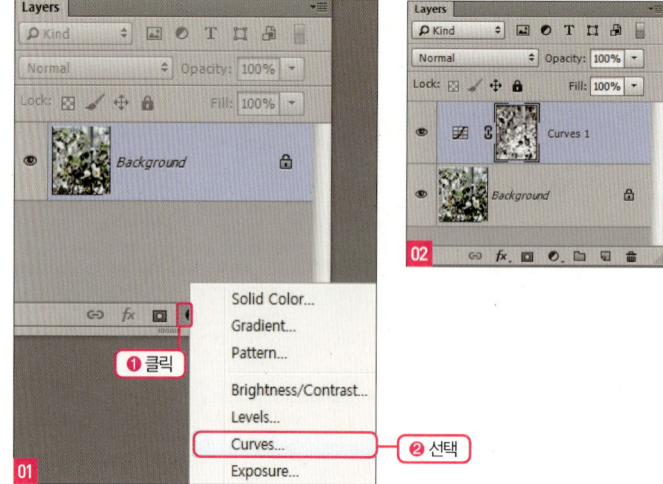

TIP 레이어 이미지 보정
[Create new fill or adjustment layer] 버튼(●)은 보정 레이어를 만들어 색상을 보정합니다.

02 **03** [Properties-Curves] 패널을 연 후 곡선을 그림처럼 설정하여 좀 더 밝게 표현합니다.

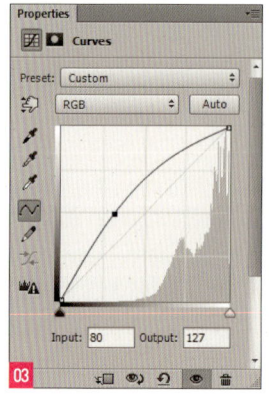 

03 [Layers] 패널에서 [Curves 1] 레이어의 마스크 영역을 클릭하면 섀도 영역이 선택됩니다.

04 [Layers] 패널에서 [Create new fill or adjustment layer] 버튼(◐)을 클릭한 후 [Curves]를 선택합니다. 05 [Layers] 패널에 새롭게 추가된 레이어를 확인할 수 있습니다.

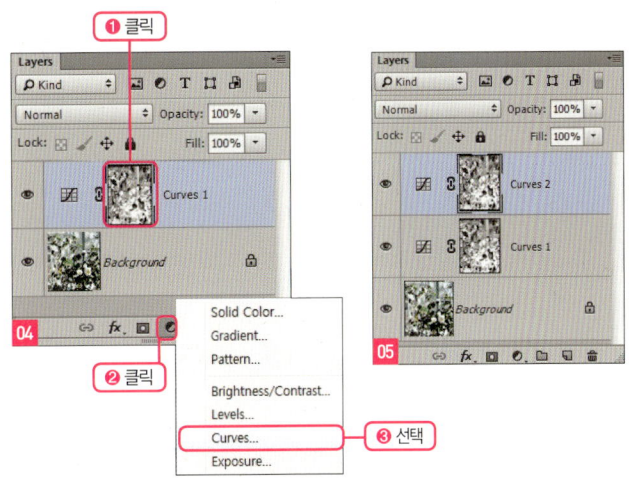

04 06 섀도 영역의 노출을 다시 조정하기 위해 [Properties-Curves] 패널을 연 후 그림처럼 S곡선으로 설정합니다.

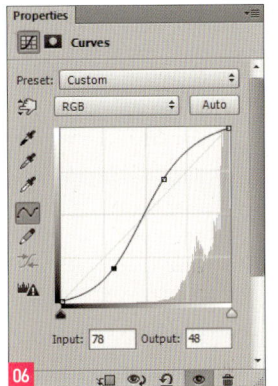 

05 07 다시 [Properties-Curves] 패널을 추가한 후 곡선을 위쪽으로 조금 올려 톤을 밝게 보정합니다.

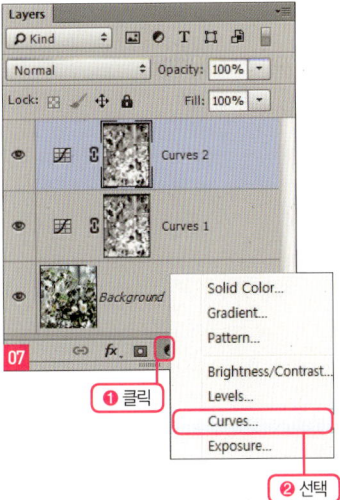 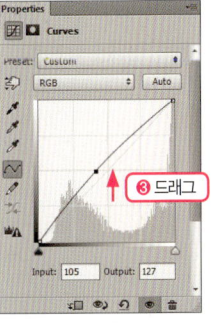

STEP 03 컬러 사진을 흑백 사진으로 변환하기

01 **01** [Layers] 패널에서 모든 레이어를 선택한 후 **02** 단축키 Ctrl+E를 눌러 하나의 레이어로 합칩니다.

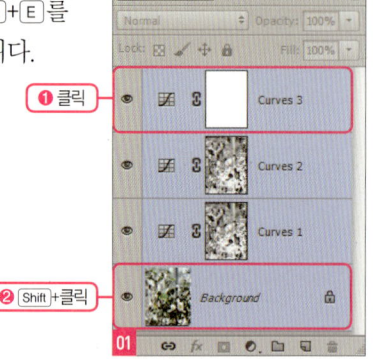

02 **03** [Layers] 패널에서 [Create new fill or adjustment layer] 버튼(◎)을 클릭한 후 [Black & White]를 선택합니다. [Layer] 패널에 새롭게 추가된 레이어를 확인할 수 있습니다.
04 [Properties-Black & White] 패널을 추가한 후 각각의 값을 조정하여 흑백 사진으로 변환합니다.

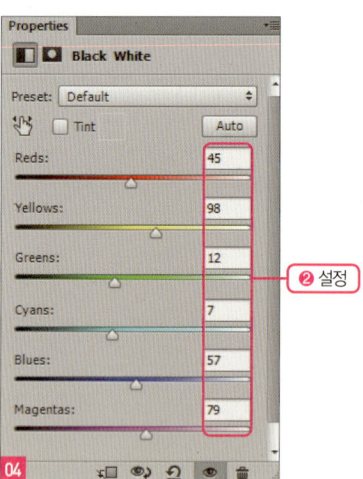

03 **05** 단축키 Ctrl+E를 눌러 **06** 두 개의 레이어를 합친 후 **07** 단축키 Ctrl+J를 눌러 흑백으로 전환된 레이어를 복사합니다.

간단한 레이어 단축키
Ctrl+E : 선택한 레이어들을 합치거나 선택한 레이어와 바로 아래 레이어를 합칩니다.
Ctrl+J : 선택한 레이어를 복제 또는 복사합니다.
Ctrl+Shift+J : 새로운 레이어를 추가합니다.

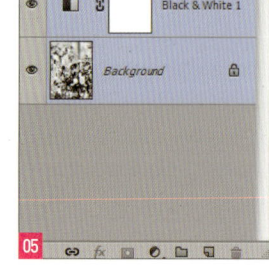

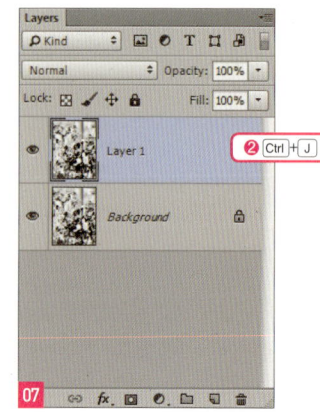

STEP 04 흑백 사진의 밝기를 강조하기

01 [Layers] 패널에서 'Layer 1' 레이어를 선택한 후 이미지의 경계를 또렷하게 만들기 위해 메뉴의 [Filter-Other-High Pass]를 선택합니다.

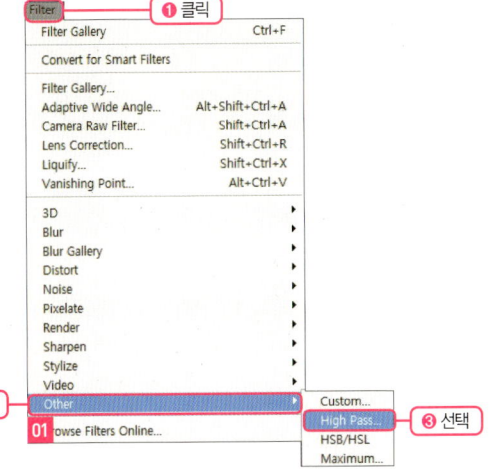

02 [High Pass] 대화상자가 나타나면 [Radius]에 '30'을 입력한 후 [OK] 버튼을 클릭합니다.

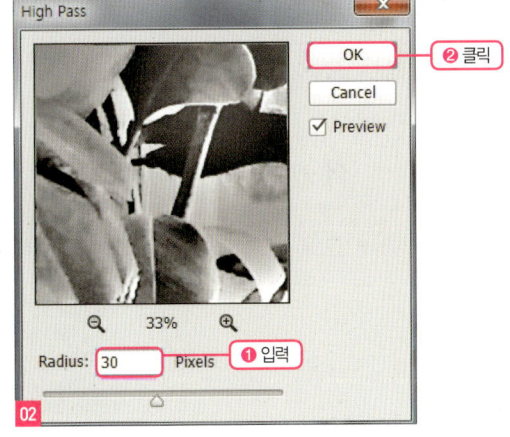

TIP 자연스러운 이미지 수정 명령
[Filter-Other-High Pass] 메뉴에서 'High Pass'는 이미지의 밝은 부분을 강조하며, 그 밖의 영역은 회색 모드로 전환합니다.

STEP 05 블렌딩 모드 설정하기

01 [Layers] 패널에서 [High Pass]가 적용된 레이어의 [블렌딩 모드]를 'Soft Light'로 설정하면 이미지의 테두리만 또렷해집니다.

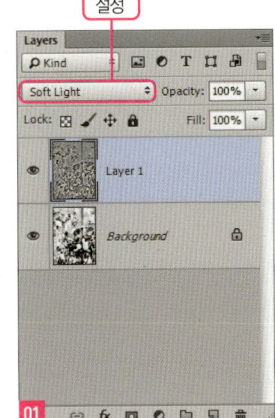 

02 02 단축키 Ctrl+E를 눌러 03 레이어를 합친 후 04 단축키 Ctrl+J를 눌러 다시 레이어를 복사합니다.

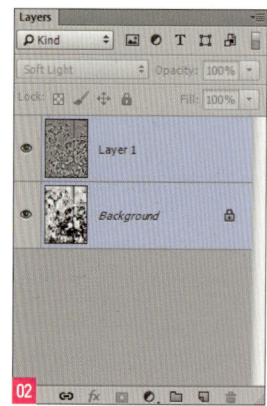
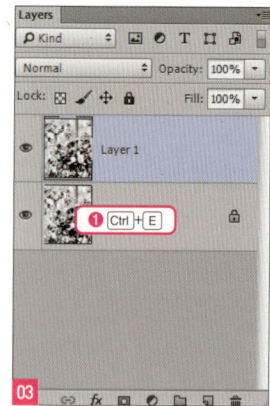
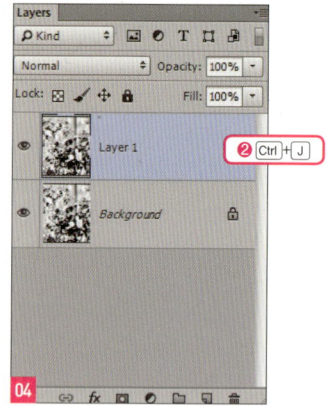

STEP 06 이미지 채도 높이기

01 01 메뉴의 [Filter-Shapen-Unsharp Mask]를 클릭하여 [Unsharp Mask] 대화상자가 나타나면 [Amount]에 '10%', [Radius]에 '120Pixels' 값을 입력한 후 [OK] 버튼을 클릭합니다.

이미지 가장자리를 뚜렷하게 정리
메뉴의 [Filter-Sharpen-Unsharp Mask] 메뉴에서 'Unsharp Mask'는 픽셀의 색상 대비를 증가함으로써 이미지의 채도를 높여 선명도를 조절합니다.

02 02 마지막으로 [Properties-Curves] 패널을 추가한 후 03 약간 위쪽으로 드래그하여 전체 톤을 보정합니다. 04 선명하고 세련된 흑백 사진이 완성되었습니다.

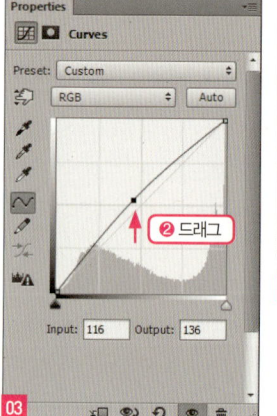

[Black & White] 패널

채널 믹서와 동일한 기능으로 적용되는 [Black & White]는 채널 믹서보다 세분화된 조절 슬라이드를 이용해 흑백 변환 작업을 대체할 수 있습니다.

■ [Black & White] 패널 이해하기

[Black & White] 패널을 이용하면 세부 옵션 설정에 따라 섬세한 흑백 사진을 만들 수 있습니다. Reds, Yellows, Greens, Cyans, Blues, Magentas 색상별로 농도를 조정할 수 있기 때문에 깊은 톤의 흑백 이미지를 표현할 수 있습니다. [Tint] 옵션을 이용하면 듀오톤의 이미지를 손쉽게 만들 수 있습니다.

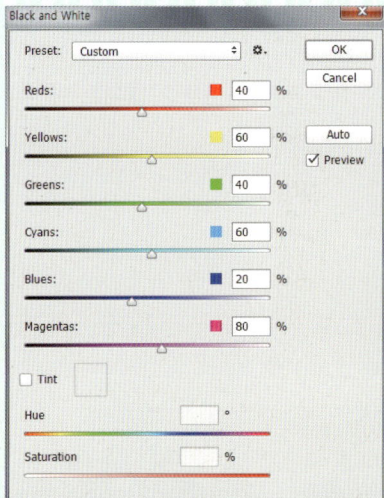
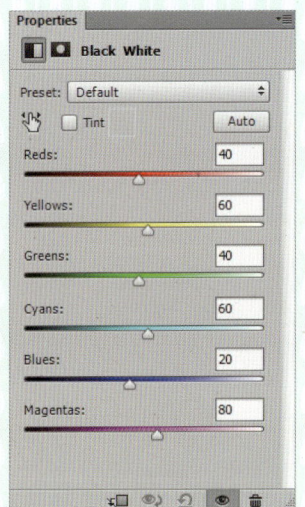

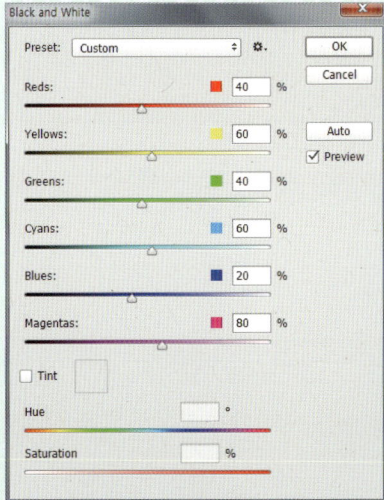

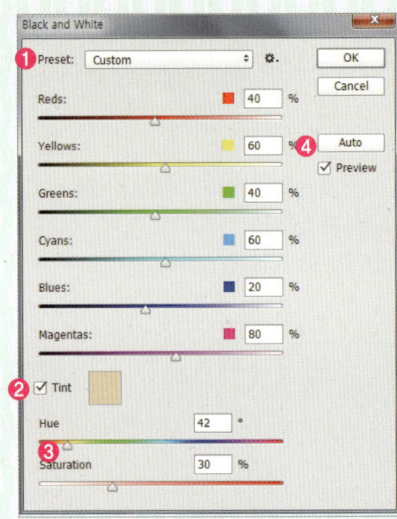 

❶ **Preset** 미리 저장되어 있는 색상 Filter를 적용할 수 있습니다.
❷ **Tint** 흑백 이미지를 듀오톤으로 만듭니다. 체크를 하면 흑백 이미지와 배합할 색상 아이콘이 활성화되고, 색상 아이콘을 클릭하면 색상을 바꿀 수 있습니다.
❸ **슬라이드** 클릭한 후 이미지의 색상 위에서 직접 드래그하면 선택한 색상의 값을 조절합니다. 색상 슬라이드 바를 조절하여 값을 조절합니다.
❹ **Auto** 색상 값을 자동으로 조정하여 흑백 이미지를 만듭니다.

■ [Desaturate] 명령

[Desaturate] 명령은 사진의 색상을 제거하여 [Grayscale] 이미지로 만듭니다. 메뉴의 [Image–Mode–Grayscale], [Image–Adjustments–Desaturate], [Hue/Saturation]의 [Saturation] 설정을 이용한 방법이 있습니다. 이 세 가지 방법 중에서 [Hue/Saturation] 명령을 이용한 [Grayscale] 전환이 가장 효율적입니다. [Adjustment Layer]로 [Hue/Saturation] 명령을 추가하면 재편집 및 명령 복사, 제거를 손쉽게 진행할 수 있습니다.

02 피부 잡티 및 인위적 얼굴 제거하기

모든 사람의 사진을 보면 얼굴이나 피부에 상처, 주름, 얼룩, 잡티, 점 등이 있습니다. 그러나 연예인, 모델 등의 사진을 보면 누구나 부러워할 만큼 피부가 깨끗합니다. 그 이유는 대개의 경우 포토샵으로 얼굴을 보정했기 때문입니다.

핵심기능 ▶ 힐링 브러시 툴과 스폿 힐링 브러시 툴 이해하기

힐링 브러시 툴()과 스폿 힐링 브러시 툴( )을 사용하면 이미지의 먼지나 얼룩, 얼굴의 주름이나 상처 등을 간단하게 제거할 수 있습니다. 이 툴들은 이미지를 그대로 복사하는 도장 툴과 달리 이미지를 복제할 때 자동으로 명암, 빛, 질감과 기타 속성들을 처리하기 때문에 자연스러운 보정이 가능합니다. 특히 스폿 힐링 브러시 툴( )은 단 한 번의 클릭만으로도 결점을 수정할 수 있습니다. 스폿 힐링 브러시 툴( )은 비교적 작은 영역이나 여드름 자국 등을 수정하고 싶을 때 사용하며, 맨 처음 클릭한 곳을 복제하여 드래그하는 마지막까지 이미지를 자연스럽게 연결시킵니다.

힐링 브러시 툴( ) 컨트롤 패널

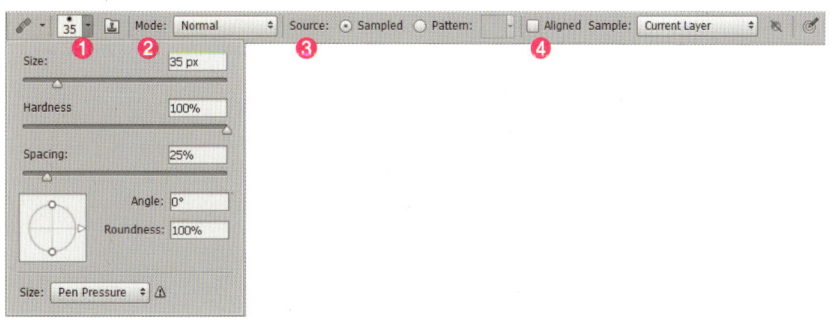

❶ **Brush** 브러시의 크기와 모양을 결정합니다.
❷ **Mode** 복사된 이미지가 기존의 이미지에 복사되는 방식을 결정합니다. 색상, 채도, 명도 등을 강조하여 복사할 수 있습니다.
❸ **Source** 힐링 브러시 툴이 복사하는 대상을 결정하는 옵션입니다.
  • Sampled: Alt 를 누른 상태에서 마우스로 클릭한 이미지를 복사합니다.
  • Pattern: 패턴 스탬프와 같이 패턴 패널에서 선택한 이미지를 복사할 환경에 최적화하여 복사합니다.

❹ **Aligned** 체크를 하면, 복사 대상이 이미지 샘플인 경우 이미지 샘플과 처음 클릭하여 드래그한 간격을 기준으로 복사합니다. 패턴이 복사 대상인 경우에는 패턴 스탬프 툴과 같이 처음 클릭하여 드래그한 곳을 기준으로 일정 간격을 유지하면서 복사를 계속할 수 있습니다.

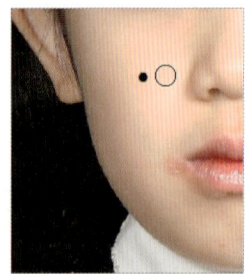
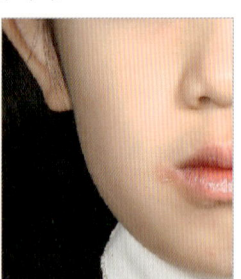
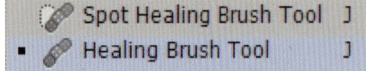

:: 스폿 힐링 브러시 툴( ) 컨트롤 패널

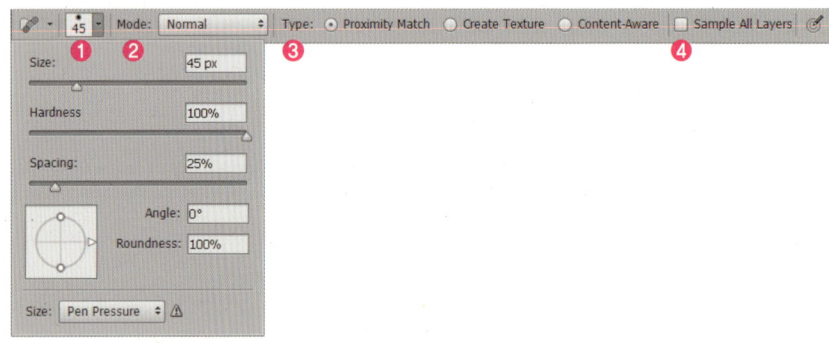

❶ **Brush** 브러시의 크기와 모양을 결정합니다.
❷ **Mode** 복사된 이미지가 기존의 이미지에 복사되는 방식을 결정합니다. 색상, 채도, 명도 등을 강조하여 복사할 수 있습니다.
❸ **Type**
• Proximity Match: 선택의 가장자리 주위에 선정한 부분을 샘플에 적용시킵니다.
• Create Texture: 선택한 부분의 픽셀을 사용하여 새로운 텍스처를 만든 후 샘플에 적용시킵니다.
• Content-Aware: 주변 이미지를 인식하여 이미지를 채워줍니다.
❹ **Sample All Layers** 이곳에 체크하면 모든 레이어의 이미지가 함께 복사되고, 체크를 해제하면 같은 레이어에 있는 이미지만 복사됩니다. 힐링 브러시 툴은 주변의 이미지를 복제하여 보정할 부분에 복사한 이미지를 붙여 넣을 수 있습니다. 얼굴의 주름이나 다크 서클, 넓은 면적의 잡티 등을 없앨 때 유용하며, 사용 방법은 도장 툴과 비슷합니다.

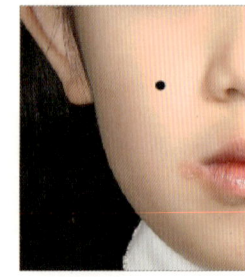
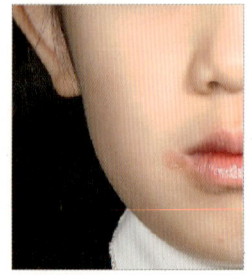

01
얼굴이나 피부의 잡티 제거하기

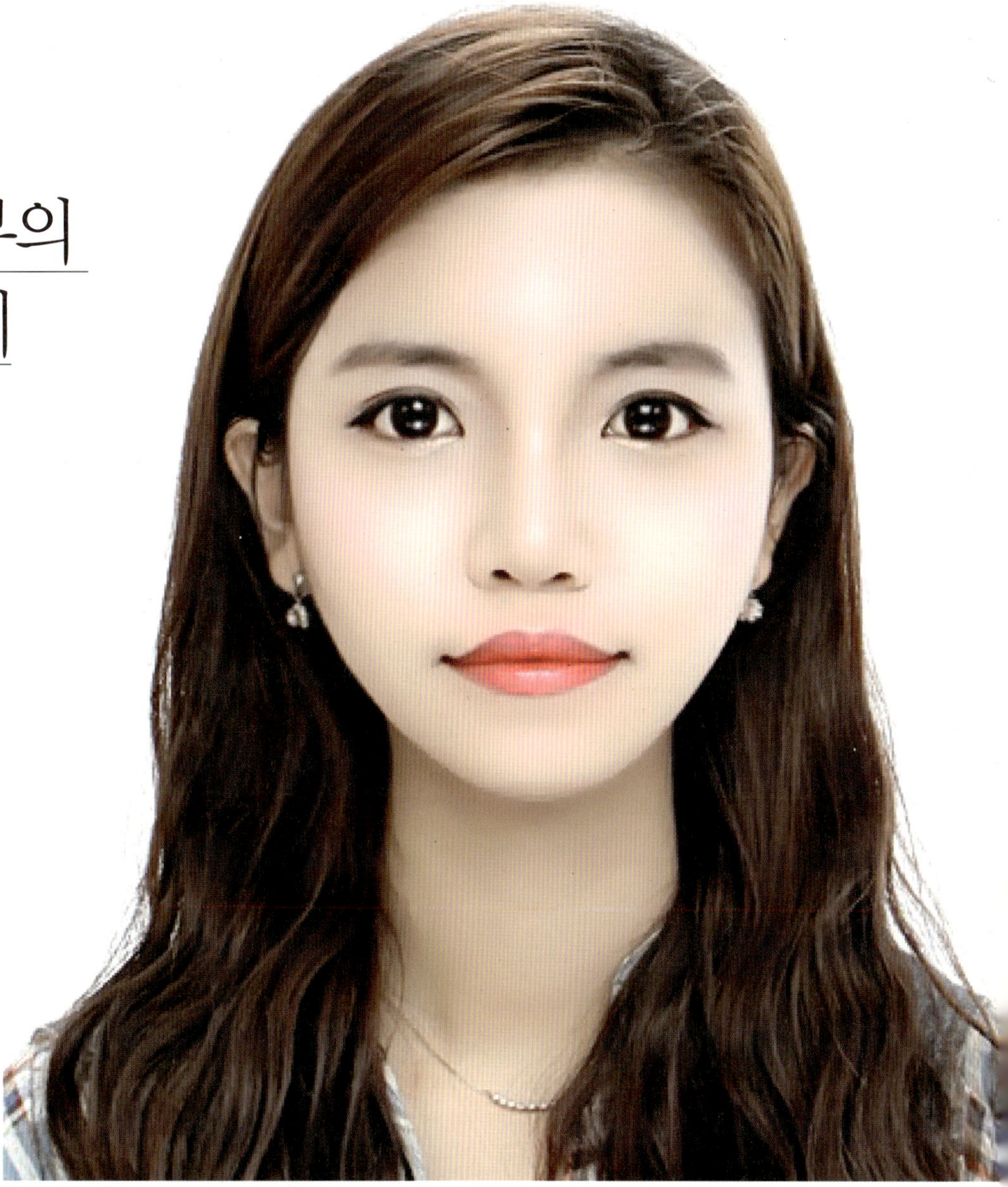

예제 파일 Sample\Theme02\Lesson02\피부.jpg
완성 파일 Sample\Theme02\Lesson02\피부-완성.jpg

키 워 드 스폿 힐링 브러시 툴(), [Smart Blur] 필터 활용, 히스토리 브러시 툴(), [Hue/Saturation] 활용법
길라잡이 스폿 힐링 브러시 툴()로 여드름과 머리카락 및 얼룩을 자연스럽고 깨끗하게 보정해보겠습니다.

STEP 01 얼굴의 점 제거하기

01 01 도구 상자에서 스폿 힐링 브러시 툴(🖌)을 선택한 후 02 컨트롤 패널에서 [Proximity Match] 항목을 선택하고, 브러시의 [Diameter] 항목을 '40px'로, [Hardness]는 '50'으로 설정합니다.

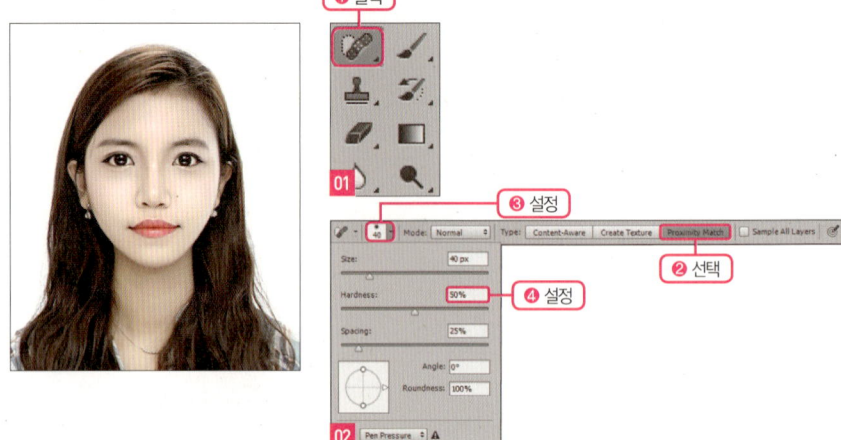

02 03 볼에 있는 점을 클릭하거나 드래그하면 주변의 깨끗한 피부가 복사되면서 채워집니다. 같은 방법으로 볼에 있는 잡티를 제거합니다.

TIP
잡티 수정 방법
무조건 드래그하기보다는 그림의 점을 한 번 눌러준 후 살짝 드래그를 하다 보면 점이 없어진 것을 확인할 수 있습니다.

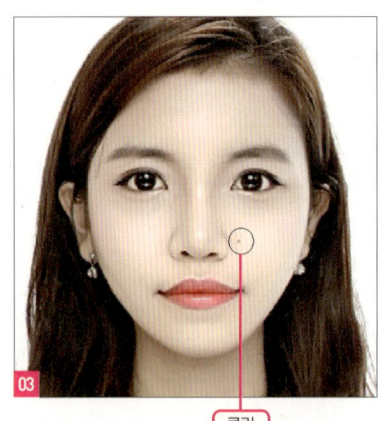 

STEP 02 머리카락 잡티 제거하기

01 이번에는 삐져나온 머리카락을 정리하기 위해 도구 상자에서 스폿 힐링 브러시 툴(🖌)을 클릭한 후 컨트롤 패널에서 [Proximity Match] 항목을 선택합니다.

148 Theme 02 _ 인물 사진 보정 살펴보기

02 브러시의 [Diameter] 항목을 '70 px'로, [Hardness]는 '70'으로 설정합니다.

STEP 03 이마 위의 머리카락 잡티 제거하기

01 위와 같은 방법으로 이마에 있는 머리카락을 클릭하거나 드래그하면 주변의 깨끗한 피부가 복사되면서 채워집니다.

02 얼굴 주변을 깨끗하게 정리한 후 단축키 Ctrl+J를 눌러 'Background' 레이어를 복사합니다.

피부 잡티 제거
피부가 복사되어 어색하다면 단축키 Ctrl+J를 눌러 이전으로 되돌린 후 다시 작업하면 됩니다. 다른 피부가 복사되어 어색한 경우에는 드래그의 방향을 바꿔 작업합니다.

 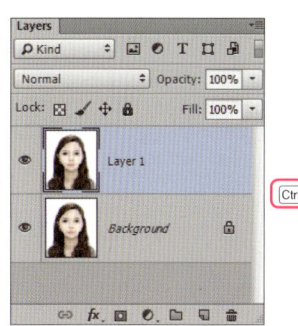

STEP 04 피부 전체를 매끈하게 만들기

01 **01** 피부 전체를 매끈하게 만들기 위해 메뉴의 [Filter-Blur-More Blurs-Smart Blur]를 클릭하여 필터를 선택합니다. [Smart Blur] 대화상자에서 [Radius]를 '3', [Threshold]를 '25'로 설정하고 필터를 적용합니다.

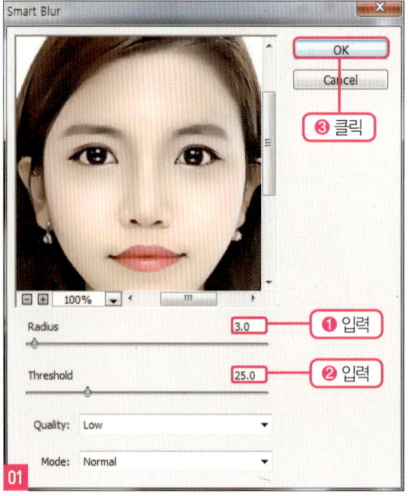

[Smart Blur]필터
[Smart Blur]는 이미지의 윤곽을 보호하면서 모서리 이외의 부분을 흐리게 해줍니다.
- **Radius**: Blur의 적용 범위 조절
- **Threshold**: 경계선의 Blur 조절
- **Quality**: Blur의 품질 선택
- **Mode**: 적용 방법 선택

02 피부결을 제외한 눈, 코, 눈썹, 머리 등에는 [Smart Blur] 효과가 적용되지 않도록 해야 합니다. **02** 도구 상자에서 히스토리 브러시 툴( )을 클릭하고 선명하게 표현되어야 할 눈, 코, 눈썹, 머리 등을 드래그하여 이전으로 되돌립니다.

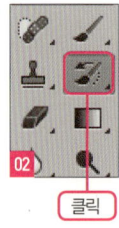
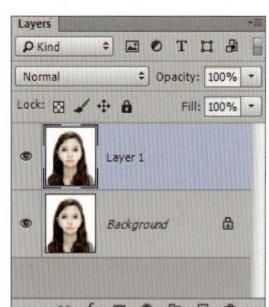

STEP 05 사진의 채도 높이기

01 **01** [Layers] 패널에서 [Create new fill or adjustment layer] 버튼( )을 클릭한 후 [Hue/Saturation]을 선택합니다.
02 채도를 약간 높여주기 위해 [Properties-Hue/Saturation] 패널을 연 후 [Saturation] 값을 다음과 같이 변경합니다.

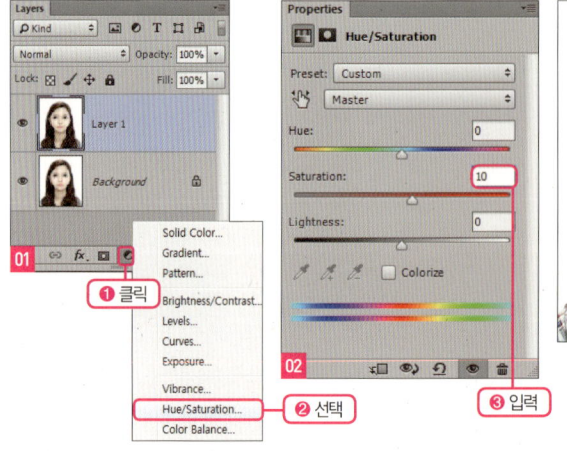

02
사진 속 얼굴의 음영 수정하기

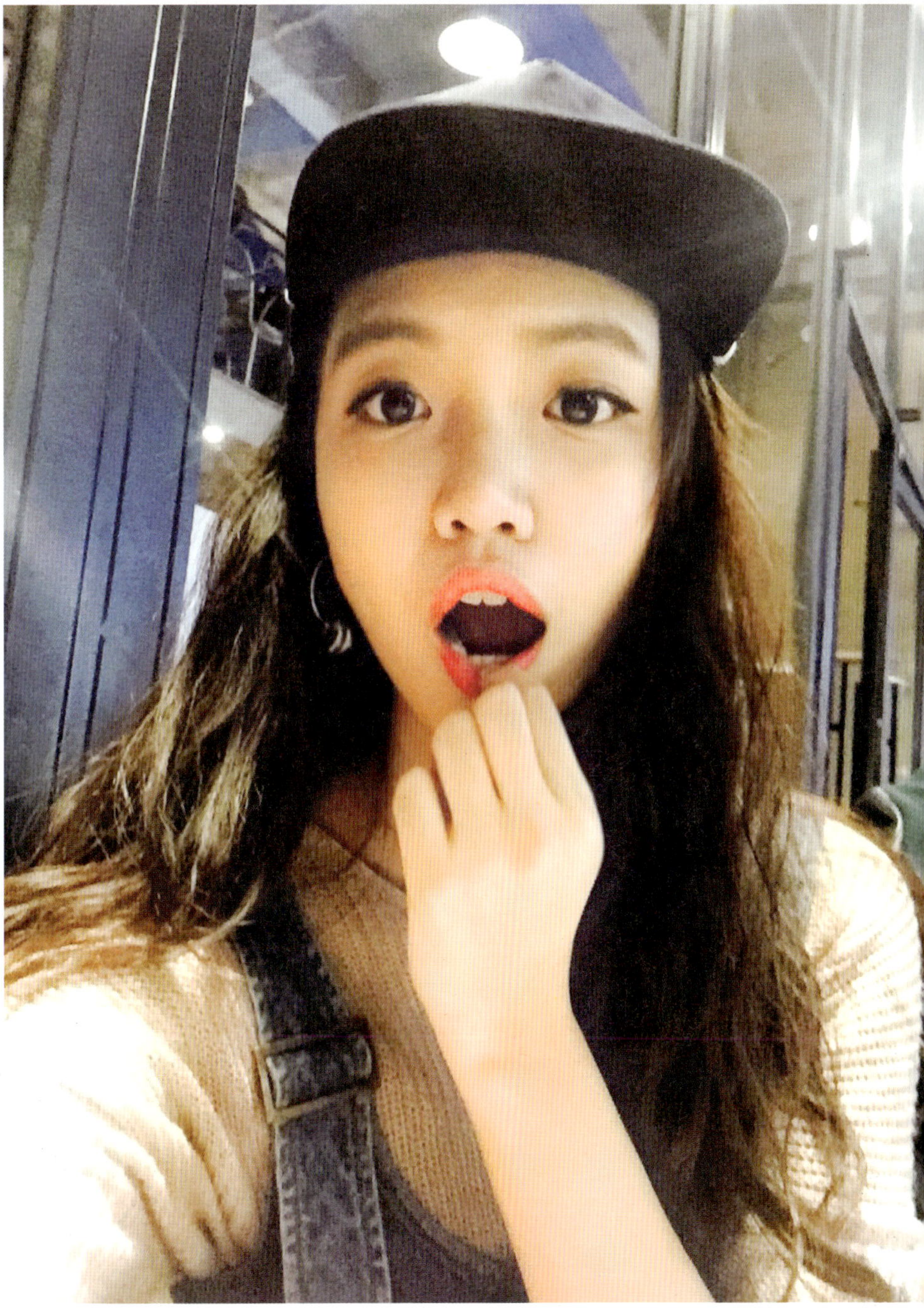

예제 파일 Sample\Theme02\Lesson02\음영.jpg
완성 파일 Sample\Theme02\Lesson02\음영-완성.jpg

키 워 드 [Curves] 활용, [Soft Light] 블렌드 모드, [Hue/Saturation] 색상 보정, [Unsharp Mask] 필터 활용법

길라잡이 스마트폰으로 인물 사진을 찍다 보면 얼굴에 그림자가 생기면서 어둡거나 칙칙하게 찍히는 경우가 많습니다. 이 경우 얼굴이나 피부를 좀 더 화사하게 표현하기 위해 사진을 보정하는 방법을 알아보겠습니다.

STEP 01 색감 자동으로 설정하기

01 **01** 새로운 이미지를 불러오기 위해 단축키 Ctrl+O를 누르면 나타나는 [Open] 대화상자에서 이미지를 불러옵니다. **02** 사람 이미지를 복제하기 위해 [Layers] 패널에서 'Background' 레이어를 선택한 후 단축키 Ctrl+J를 눌러 레이어를 복사합니다.

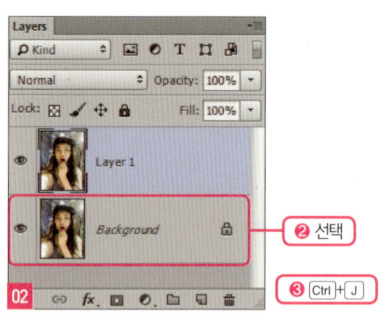

02 **03** 색상을 보정하기 위해 [Layers] 패널에서 'Layer 2' 레이어를 선택한 후 메뉴의 [Image-Adjustments-Curves]를 클릭하면 [Curves] 대화상자가 나타납니다. [Curves] 대화상자에서 [Auto] 버튼을 클릭하여 전체적인 색감을 자동으로 맞춰줍니다.

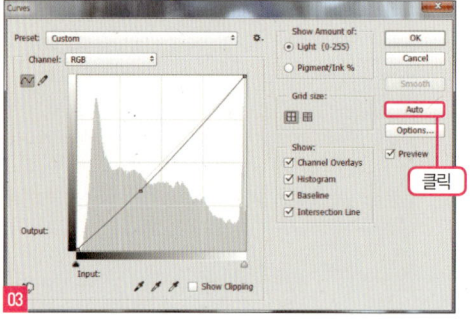

STEP 02 피부의 화사한 느낌 살리기

01 **01** 새로운 레이어를 생성한 후 **02** 전경색의 색상을 연한 회색으로 설정합니다. **03** 도구 상자에서 브러시 툴(🖌)을 이용해 **04** 그림처럼 얼굴 부분을 드래그하며 색을 칠합니다.

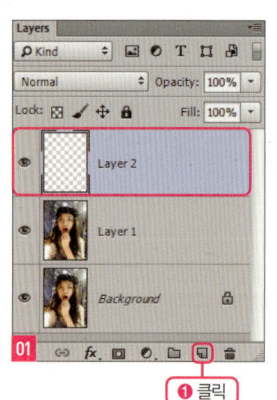
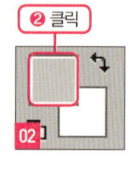

02 좀 더 화사하게 표현하기 위해 05 'Layer 2' 레이어를 선택한 후 [블렌딩 모드]를 'Soft Light'로 설정합니다. 그러면 전체적인 얼굴이 좀 더 화사하게 느껴집니다.

03 06 [Layers] 패널에서 [Create new fill or adjustment layer( )] 버튼을 클릭한 후 [Curves]를 선택합니다. 07 [Layers] 패널에 새롭게 추가된 레이어를 확인할 수 있습니다.

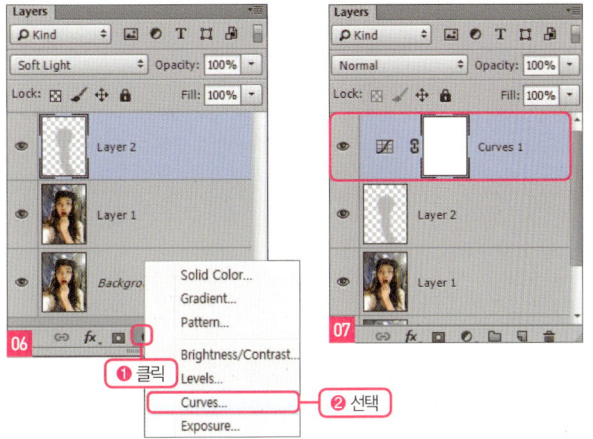

04 08 [Properties-Curves] 패널에서 가운데 지점을 클릭한 후 조금 위쪽으로 드래그하여 전체 이미지를 화사하게 표현합니다.

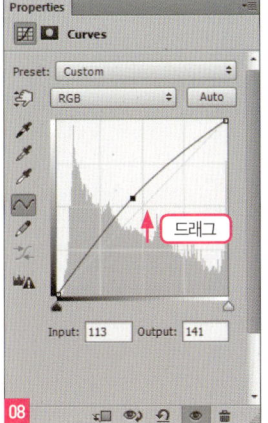 

STEP 03 사진의 채도 높이기

01 **01** [Layers] 패널에서 [Create new fill or adjustment layer( )] 버튼을 클릭한 후 [Hue/Saturation]을 선택합니다. **02** [Layers] 패널에 새롭게 추가된 레이어를 확인할 수 있습니다.

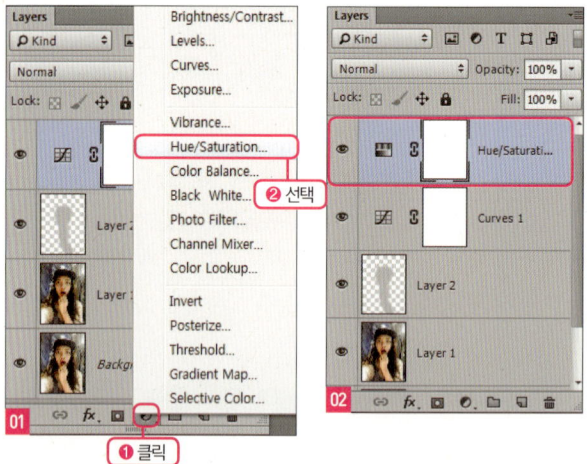

02 **03** [Properties-Hue/Saturation] 패널에서 [Saturation]을 오른쪽으로 살짝 드래그하여 채도를 높입니다.

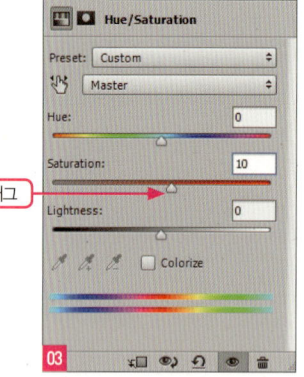 

03 **04** [Layers] 패널의 모든 레이어들을 선택한 후 **05** 단축키 Ctrl+E를 눌러 모든 레이어를 합칩니다.

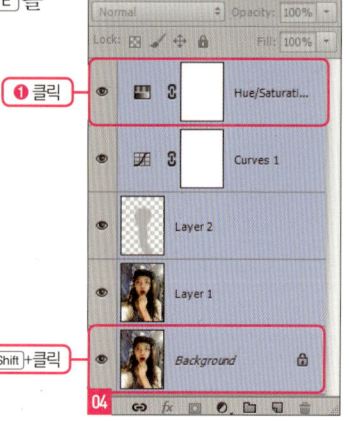 

STEP 04 선명한 효과 표현하기

01 01 전체적으로 또렷한 효과를 주기 위해 메뉴의 [Filter-Shapen-Unsharp Mask]를 클릭합니다. [Unsharp Mask] 대화상자가 나타나면 적당한 값을 입력한 후 [OK] 버튼을 클릭합니다.

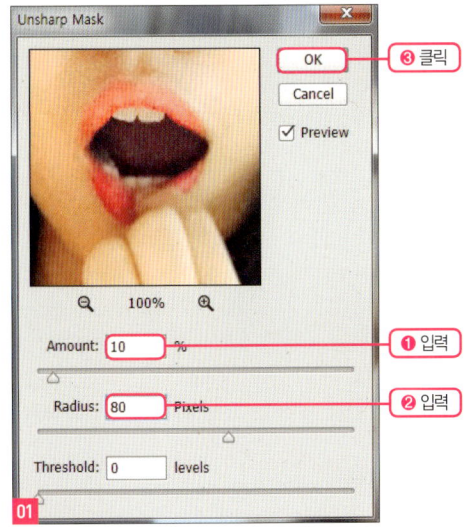

02 02 전체적으로 사진의 어두운 부분들이 많이 없어지면서 화사한 이미지가 되었습니다.

[Unsharpen Mask] 필터와 [Smart Blur] 필터

[Unsharpen Mask]는 Edges 효과를 값으로 조절하며, [Smart Blur]는 이미지의 윤곽선을 보호하는 경계선 부분을 선명하고 깨끗하게 만드는 필터 명령입니다.

■ [Unsharpen Mask] 필터

- 메뉴의 [Filter-Sharpen-Unsharpen Mask]를 클릭합니다.
- 이미지의 채도를 높여 선명도를 조절합니다.

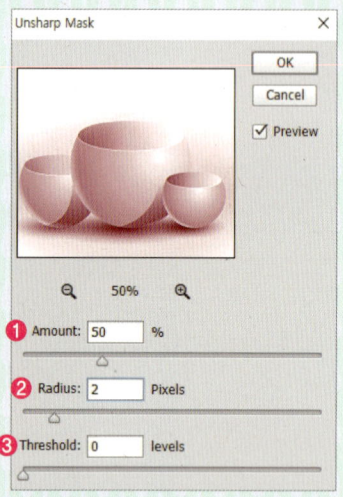
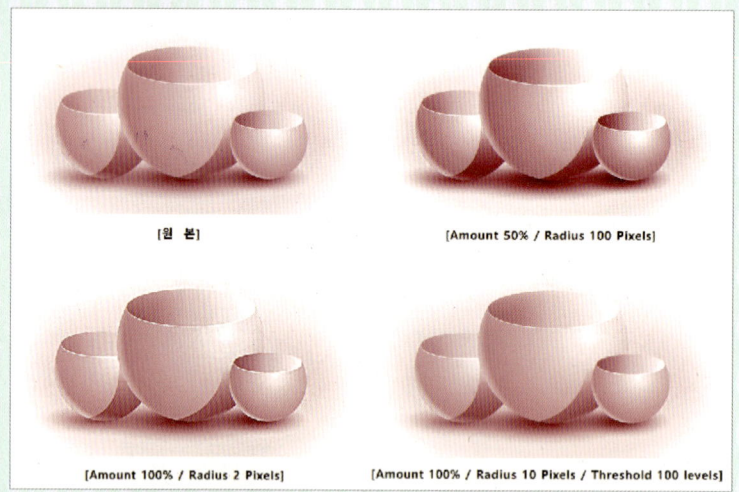

❶ **Amount** 이미지의 선명도를 조절합니다.
❷ **Radius** 선명하게 될 반경을 조절합니다.
❸ **Threshold** 이미지 주변 영역의 픽셀과 선명하게 된 픽셀의 사이의 경계를 조절합니다.

■ [Smart Blur] 필터

- 메뉴의 [Filter-Blur-Smart Blur]를 클릭합니다.
- 이미지의 윤곽을 보호하면서 Blur를 적용합니다.

▲ 원본

▲ Smart Blur

❶ **Radius** Blur의 적용 범위를 조절합니다.
❷ **Threshold** 경계선의 Blur를 조절합니다.
❸ **Quality** Blur의 품질을 선택합니다.
❹ **Mode** 적용 방법을 선택합니다.

■ [Soft Light] 블렌드 모드

부드러운 조명을 비추는 것처럼 이미지가 부드럽게 합성됩니다. 레이어의 색이 회색(50% Gray)보다 밝으면 더욱 밝아지고, 어두우면 더욱 어두워집니다.

▲ [Background] 레이어

▲ [Layer 1] 레이어

▲ [Soft Light] 적용

LESSON 03 [Liquify] 필터 마법 활용하기

인터넷을 하다 보면 기괴하거나 인형 같은 외모의 사진 등을 많이 보게 됩니다. 이는 포토샵을 이용하여 사진 속의 눈을 확대하거나 코를 오똑하게 만들고, 턱 선을 갸름하게 만든 사진인 경우가 많습니다.

[Liquify] 대화상자 이해하기

●예제 파일
Sample\Theme02\Lesson03
\기쁨-16.jpg

[Liquify] 필터는 왜곡을 도와주는 필터로, 인물의 턱을 깎거나 눈을 확대할 수 있기 때문에 포토샵 성형에 많이 사용됩니다.

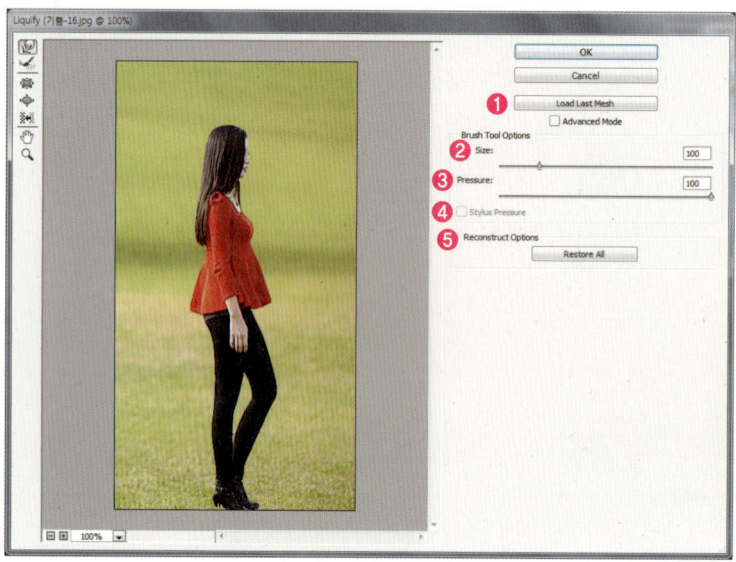

❶ **Load Last Mesh** 저장한 Mesh를 불러옵니다.
❷ **Brush Size** 브러시의 크기를 조정합니다.
❸ **Brush Pressure** 브러시의 압력을 조정합니다.
❹ **Stylus Pressure** 태 블릿에서 압력에 따라 왜곡의 정도를 조정할 때 체크합니다.
❺ **Reconstruct Options** 변형된 이미지를 설정값에 따라 복구합니다.

:: Forward Warp Tool

마우스로 드래그하면 이미지가 마우스가 이동하는 방향으로 변형됩니다.

:: Reconstruct Tool

마우스로 드래그하는 부분의 왜곡된 이미지가 복구됩니다.

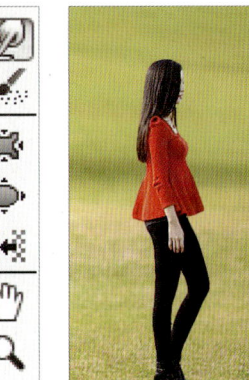

▲ Forward Warp Tool

▲ Reconstruct Tool

:: Pucker Tool

마우스로 클릭하거나 드래그하는 지점을 중심으로 이미지가 축소됩니다.

:: Bloat Tool

마우스로 클릭하거나 드래그하는 지점을 중심으로 이미지가 확대됩니다.

▲ Pucker Tool

▲ Bloat Tool

:: Push Left Tool

마우스로 드래그하면 픽셀이 움직이는 방향과 수직으로 이동합니다.

:: Hand Tool

마우스로 클릭, 드래그하여 이미지를 이동합니다.

   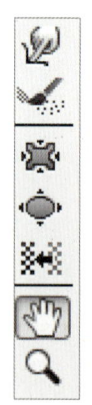  

▲ Push Left Tool　　　　　　　　　　▲ Hand Tool

:: Zoom Tool

이미지 크기를 확대합니다.

▲ Zoom Tool

기능
실습

01
사진 속 얼굴 성형하기

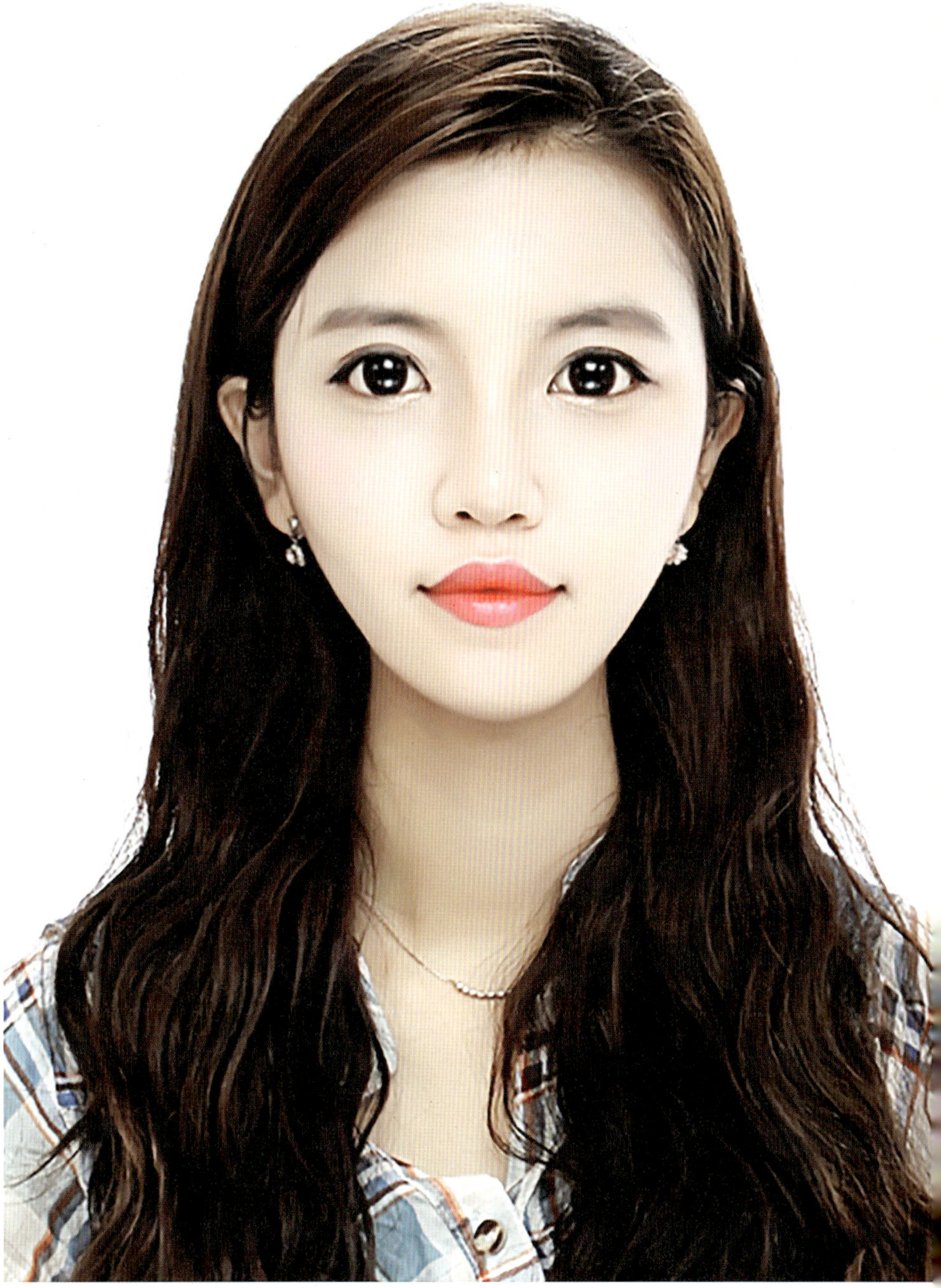

예제 파일 Sample\Theme02\Lesson03\기쁨-94.jpg
완성 파일 Sample\Theme02\Lesson03\기쁨-94-완성.jpg

키 워 드 [Liquify] 대화상자, [Curves] 활용법
길라잡이 포토샵으로 사진의 얼굴을 수정해주는 효과를 배워봅니다.

STEP 01 눈/얼굴형/콧대 성형하기

01 **01** 단축키 Ctrl+O를 눌러 [Open] 대화상자에서 새로운 이미지를 불러옵니다.
  02 메뉴의 [Filter-Liquify]를 선택합니다.

02 **03** [Liquify] 대화상자가 나타나면 미리 보기 화면을 클릭하여 화면을 확대한 후 [Bloat] 툴(◈)을 선택하고 양쪽 눈 위를 두 번 클릭하여 눈의 크기를 확대합니다.

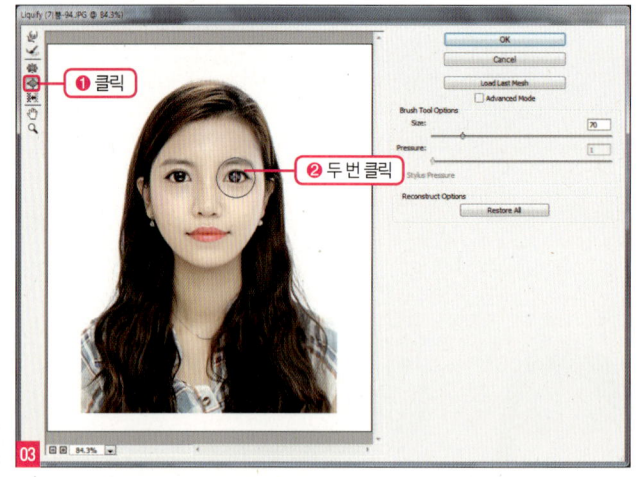

03 **04** [Forward Warp] 툴(✋)을 선택한 상태에서 [Brush Size]를 확대한 후 턱을 조심스럽게 안쪽으로 드래그하여 작업자가 원하는 얼굴형으로 만듭니다.

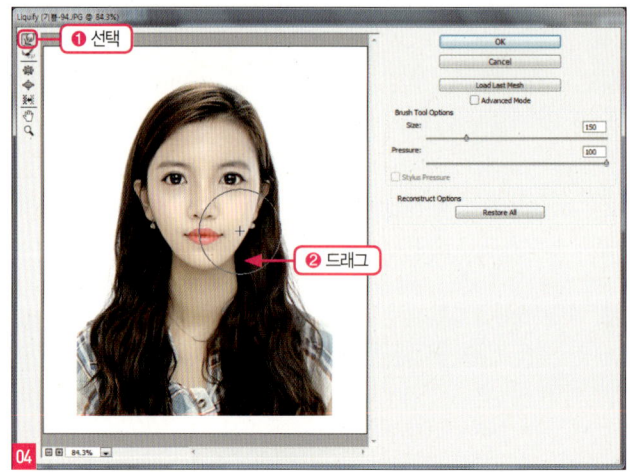

04 05 브러시 크기를 작게 만들어 코가 들린 부분을 수정한 후 콧대를 살짝 드래그하여 코를 높이고 [OK] 버튼을 클릭합니다.

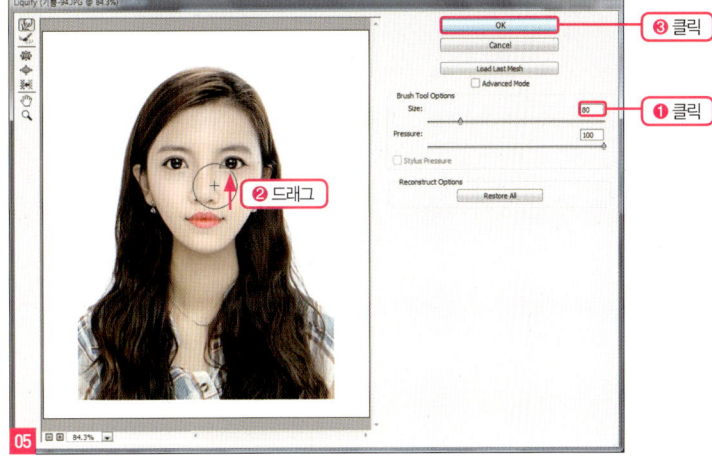

TIP

이미지 확대 및 축소
수정한 이미지가 마음에 들지 않을 경우 [Alt]를 누르면 [Cancel] 버튼이 [Reset] 버튼으로 바뀝니다. 이때 클릭하면 이전 이미지로 되돌릴 수 있습니다.

STEP 02 [Curves] 설정하기

01 01 [Layers] 패널에서 [Create new fill or adjustment layer( )] 버튼을 클릭한 후 [Curves]를 선택하면 [Layers] 패널에 새롭게 추가된 레이어를 확인할 수 있습니다. 02 그런 다음 나타난 대화상자에서 그림과 같이 설정합니다.

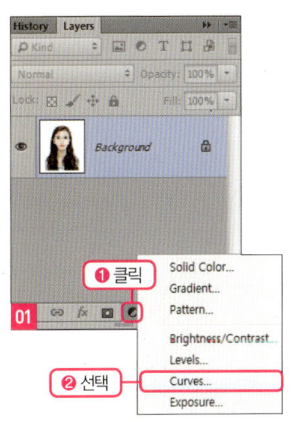
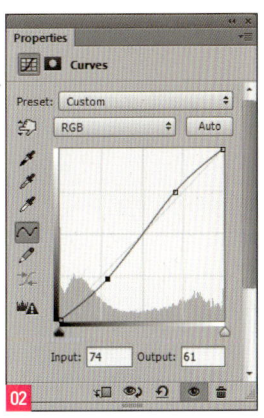

02 사진 속 얼굴이 전체적으로 조금씩 수정된 것을 확인할 수 있습니다.

02
사진 속 체형 성형하기

예제 파일 Sample\Theme02\Lesson03\체형.jpg
완성 파일 Sample\Theme02\Lesson03\체형-완성.jpg

키 워 드 [Liquify] 대화상자 활용
길라잡이 [Liquify] 필터를 이용하면 얼굴 성형뿐만 아니라 체형 수정도 가능합니다. 얼굴에서 체형에 이르기까지 전체적으로 수정의 폭을 넓혀 [Liquify] 필터를 활용합니다.

STEP 01 팔뚝과 골반 라인 다듬기

01 글래머 몸매를 수정하기 위해 메뉴의 [Filter-Liquify]를 선택합니다.

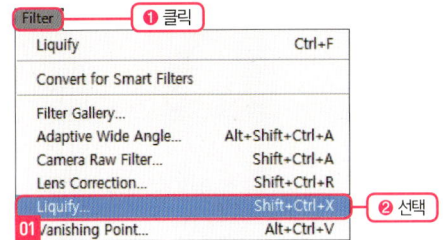

02 선택한 [Forward Warp] 툴( )을 이용해 팔뚝과 골반 라인을 수정합니다. 크기를 조절하고, 화면을 확대하면서 좀 더 세밀하게 다듬습니다.

STEP 02 허리, 무릎, 종아리, 가슴 라인 다듬기

01 [Forward Warp] 툴( )을 이용해 허리와 무릎, 종아리 라인을 수정합니다. 브러시의 크기를 조절하고, 화면을 확대하면서 좀 더 세밀하게 다듬습니다.

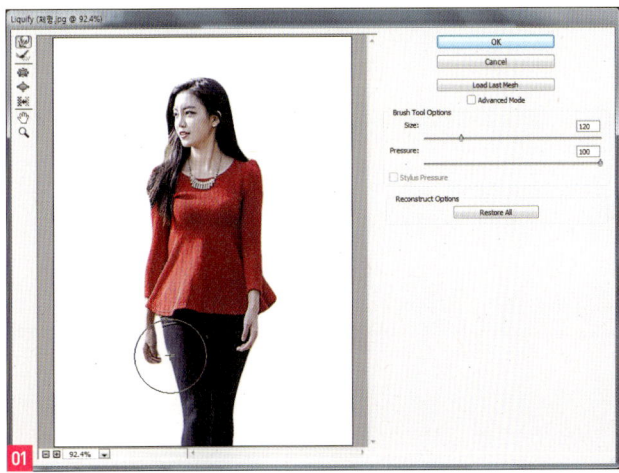

02 [Bloat] 툴( )을 선택한 후 왼쪽 가슴과 오른쪽 가슴을 번갈아 클릭하면 해당 지점이 볼록하게 수정됩니다. [Pucker] 툴( )을 선택한 후 허리에 모아지는 지점을 클릭하여 이미지를 안쪽으로 모읍니다.

03 좀 더 슬림한 몸매로 다듬어보았습니다. 여러분들도 자신의 모습을 아름답게 다듬어보세요.

[Puppet Warp] 기능 이해하기

사람의 포즈를 마음대로 변경할 수 있는 재미있는 기능으로, 물체를 변형할 때도 사용할 수 있습니다. Puppet Warp 기능을 이용하면 사람뿐만 아니라 도형의 외형도 마음대로 변경할 수 있습니다.

1. 메뉴의 [Edit-Puppet Warp]를 클릭한 후 돌고래의 위쪽 부분을 클릭하면 키포인트가 생성됩니다. 두 번째 키포인트를 클릭한 후 드래그하면 돌고래 모양을 변형시킬 수 있습니다.

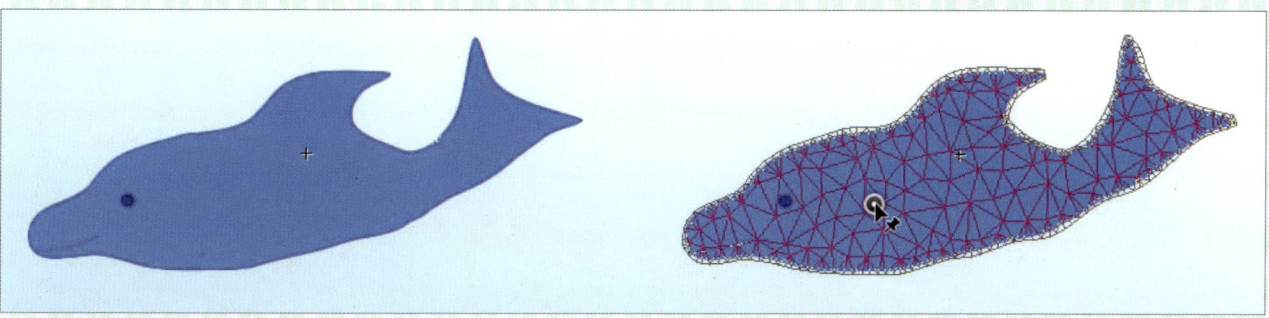

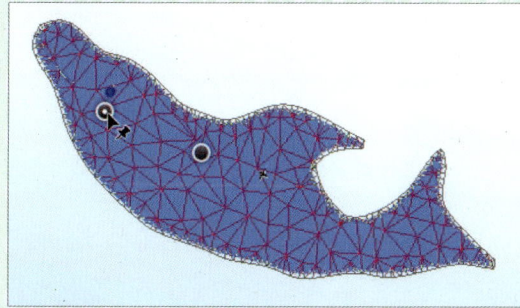

이미지 변경 명령어

- Remove all pins: 지정한 키 포인트 제거
- Cancel Puppet Warp(ESC): 지금까지의 작업 취소
- Commitl Puppet Warp(Enter): 지금까지의 작업 적용

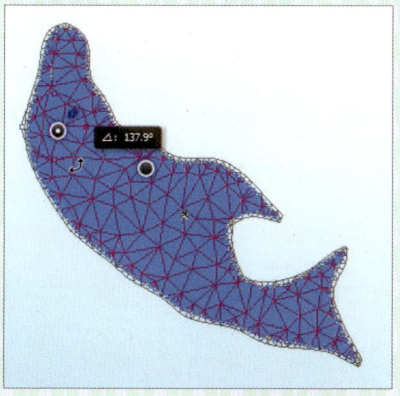
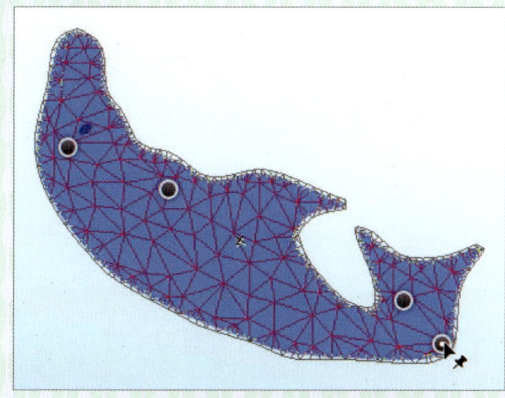

2. 포인트(Alt+클릭하고 지점을 통해 이동)를 드래그 또는 회전한 후 원하는 방향으로 개체를 이동합니다. Alt를 누른 채 오른쪽으로 조금 드래그합니다.
3. [Commitl Puppet Warp] 버튼(✓)을 클릭하거나 Enter를 누르면 원하는 결과물이 완성됩니다.

실무 테크닉 01 붉은색 피부를 밝게 수정하기

사진을 찍다 보면 사진 속의 얼굴색이나 피부색이 유달리 붉은색을 띠는 경우가 종종 있습니다. 또는 그림자가 생기면서 좀 어두운 사진보다 붉은빛을 띠는 사진이 좀 더 지저분하게 보일 때가 있습니다. 그런 사진을 좀 더 자연스럽게 표현하기 위해 사진을 보정합니다.

예제 파일 Sample\Theme02\실무테크닉\기쁨-29.jpg
완성 파일 Sample\Theme02\실무테크닉\기쁨-29-보정.jpg

- 메뉴의 [Adjustments-Threshold]를 이용하여 하이라이트 영역과 섀도 영역의 색상을 추출합니다.
- 메뉴의 [Adjustments-Curves]를 이용하여 하이라이트 영역과 섀도 영역의 색상에 맞게 조절합니다.

실무 테크닉 02 오래된 사진 만들기

최근에는 오래된 사진, 빛바랜 사진들이 유난히 인기가 있습니다. 따라서 이번에는 배경이 있는 사진에 효과를 입혀 오래된 느낌과 은은한 분위기를 풍기는 사진으로 수정해보겠습니다.

예제 파일 Sample\Theme02\실무테크닉\미소.jpg
완성 파일 Sample\Theme02\실무테크닉\미소-완성.jpg

- 블렌딩 모드인 [Exclusion]을 사용합니다.
- 사진을 선명하게 만들기 위해 [Unsharp Mask]를 적용합니다.

실무 테크닉 03 ▶ 연필 스케치 효과내기

포토샵에서는 사진이나 이미지에 수작업 느낌을 살려주는 방법으로 필터와 블렌딩 모드를 사용합니다. 이번에는 간단한 블렌딩 모드 기능으로 연필을 이용한 연필 스케치를 알아보겠습니다.

예제 파일 Sample\Theme02\실무테크닉\기쁨25.jpg
완성 파일 Sample\Theme02\실무테크닉\기쁨25-흑백완성.jpg   Sample\Theme02\실무테크닉\기쁨25-칼라완성.jpg

- 블렌딩 모드 중 [Saturation], [Linear Dodge]를 이용해 연필 스케치 효과에 적용합니다.
- [Black & White] 이미지 보정을 이용해 깨끗한 흑백 이미지를 표현합니다.

실무테크닉 04 거친 손 표현하기

필터와 레이어의 블렌딩 모드를 이용해 거친 재질을 패턴으로 추가하여 멋진 거친 느낌을 주는 손을 표현해보겠습니다.

예제 파일 Sample\Theme02\실무테크닉\기쁨-77.jpg
완성 파일 Sample\Theme02\실무테크닉\기쁨-77-완성.png

- 필터 중 Glowing Edges 필터와 Noise 필터를 사용하여 거친 효과를 줍니다.
- 레이어 블렌딩 모드를 적용하여 자연스러움을 표현합니다.
- 메뉴의 [Pattern]을 활용하여 좀 더 거친 느낌을 살려줍니다.

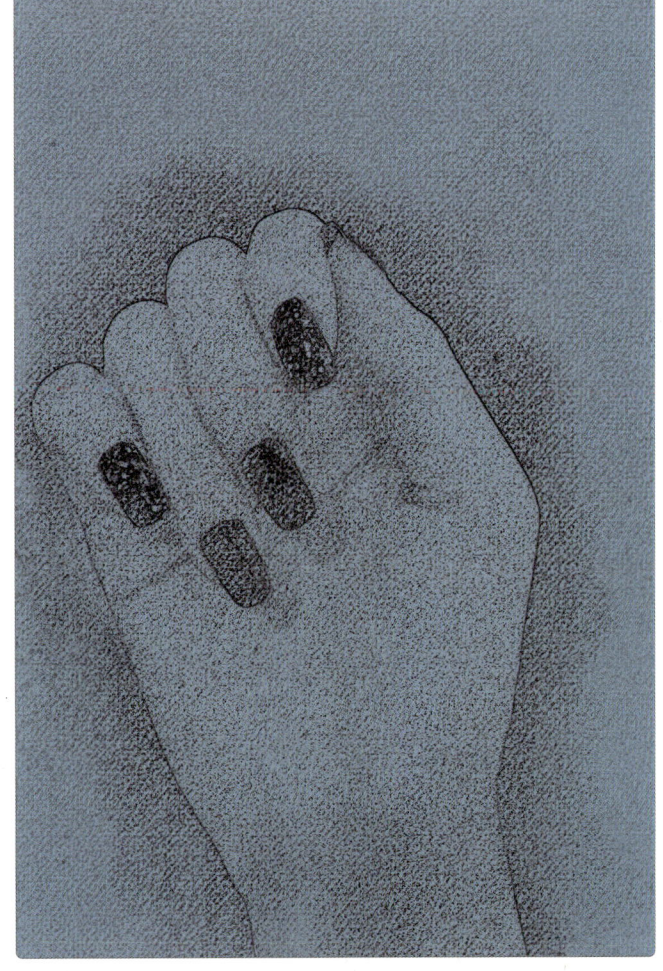

174 핸드폰 광고 디자인

194 핸드폰 케이스 광고 디자인

207 모니터 광고 디자인

228 간판 디자인

249 포스터 디자인

276 옥외 간판 디자인

312 모바일 광고

… THEME

03

광고 디자인

광고는 광고주가 판매를 촉진할 목적으로 다양한 매체를 이용하여 주로 유료로 행하는 일방 또는 쌍방의 마케팅 커뮤니케이션입니다. 즉, 상품이나 서비스를 대중에게 널리 알려 그 상품을 구매하도록 설득하는 것을 말합니다.

01 핸드폰 광고 디자인

핸드폰이 없는 사람은 거의 없습니다. 집에 컴퓨터는 없더라도 핸드폰 없는 사람은 찾기 힘듭니다. 그렇기 때문에 너도 나도 핸드폰 광고를 합니다. 핸드폰 광고는 대세가 아니라 필수가 되고 있습니다.

핵심기능 › 이미지 선택하기

포토샵에서 가장 많이 사용되는 툴 중의 하나인 선택 툴에 대해 알아보겠습니다. 선택 툴은 이미지 중 원하는 부분에 효과를 주거나 다른 이미지와 합성할 때 선택한 부분을 클립보드에 복사해두었다가 다른 이미지 또는 같은 이미지에 붙여 넣기 위해 사용합니다.

▪ 마키 툴(Marquee Tool)

● 예제 파일
Sample\Theme03\Lesson01
\토마토.jpg

사각 선택 툴()

사각형으로 선택 영역을 지정할 때 사용합니다.

• **선택 도구 상자를 사용하는 방법**

선택 도구 중 사각형 선택 툴, 원형 선택 툴을 클릭한 후 작업 화면을 클릭하고 마우스에서 손을 떼지 않은 상태에서 드래그하면 드래그한 모양대로(사각 또는 원형) 선택됩니다.

중심에서 퍼지는 영역을 만들고 싶을 때는 단축키 Shift + Alt 를 누른 상태에서 드래그하면 정사각형, 정원 모양으로 선택됩니다.

사각형 선택 툴의 컨트롤 패널

❶ 선택 모드: 다중 선택을 할 때 선택 방법을 결정합니다.

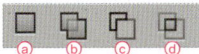

ⓐ New Selection( ): 한 곳의 새로운 이미지를 선택할 때 사용하며, 이미지의 손상 없이 선택 영역만 이동할 때도 사용합니다.
ⓑ Add to Selection( ): 기존 선택 영역에서 선택 영역을 추가할 때 사용합니다.

ⓒ Subtract from Selection( ): 기존 선택 영역에서 새로 선택한 영역을 제외할 때 사용합니다.

ⓓ Intersect with Selection( ): 기존에 선택한 영역과 새로 선택한 영역의 교차하는 부분을 남길 때 사용합니다.

❷ Feather 선택된 이미지의 테두리를 부드럽고 자연스럽게 처리하도록 설정하는 것입니다. 값이 커질수록 부드럽게 처리되는 영역이 넓어집니다. 값은 최소 1px부터 250px까지 설정할 수 있습니다. 수치가 높을수록 가장자리가 부드럽게 표현됩니다.

Feather: 0 px

원형 선택 툴( )

원형 선택 툴( )은 선택 영역을 원형으로 지정할 때 사용합니다. 사용 방법은 사각형 선택 툴( )과 같으며, 안티 에일리어싱을 적용하면 선택 영역의 경계를 부드럽게 표현하거나 거칠게 표현할 수 있습니다.

선택 영역 이동 방법

사각형 툴( )과 원형 툴( )을 선택 툴로 사용할 때는 SpaceBar 가 유용하게 쓰입니다. 일시적으로 영역 선택이 정지되기 때문에 마우스를 드래그해도 영역이 늘어나거나 줄어들지 않고 점선으로 된 선택 영역을 이동할 수 있습니다. 단, 마우스에서 손을 떼지 않은 상태에서만 가능합니다.

가로선 선택 툴( )/세로선 선택 툴( )

가로선 선택 툴( )과 세로선 선택 툴( )은 가로나 세로 방향으로 한 픽셀씩 선택 영역을 지정할 때 사용하는 툴로, 마우스를 클릭하여 선택 영역을 지정합니다. 단, 가로선/세로선 선택 툴을 사용하려면 이미지를 확대하여 픽셀이 보이는 상태여야 하고, Feather 값이 '0'이 되어 있어야 합니다.

- Single Row Marquee Tool(가로 한 픽셀 도구): 가로로 한 픽셀만 선택할 수 있습니다.

- Single Column Marquee Tool(세로 한 픽셀 도구): 세로로 한 픽셀만 선택할 수 있습니다.

TIP
픽셀(Pixel)
이미지를 구성하는 하나의 작은 단위를 말합니다. 마치 세포가 모여 하나의 물체가 되듯이 그래픽으로 제작된 이미지는 바로 이 픽셀들이 모여서 하나의 이미지로 보이는 것입니다. 픽셀이라는 용어는 비트맵 방식에서 사용하는 단위인데, 포토샵에서 그림을 최대로 확대해보면 작은 사각형으로 구성되어 있는 것을 알 수 있습니다. 각각의 사각형에는 한 가지씩의 색상이 들어 있습니다.

:: 올가미 툴(Lasso Tool)

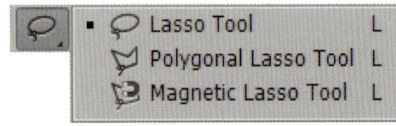

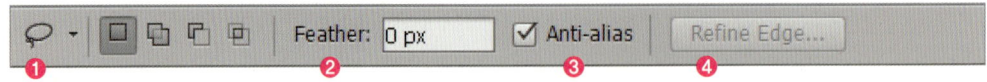

❶ **선택 모드** 선택 영역을 더하거나 뺄 때 사용하는 옵션으로, 사각형 선택 툴의 옵션과 기능이 같습니다.
❷ **Feather** 선택 영역의 가장자리를 부드럽게 표현할 때 사용하며, 수치가 높을수록 가장자리가 부드럽게 표현됩니다.
❸ **Anti-alias** 선택 영역의 경계 부분을 중간색으로 채워 곡선을 부드럽게 표현합니다.
❹ **Refine Edge** 선택 영역이 있으면 [Refine Edge] 버튼이 활성화되는데, 대화상자에서 세부 설정을 통해 섬세한 선택을 할 수 있습니다.

올가미 툴 ( )

이미지 중 원하는 부분을 자유롭게 선택하는 툴로, 마우스를 클릭한 채 드래그한 후 마우스에서 손을 떼는 순간까지의 드래그 범위를 선택 영역으로 만들어줍니다. 단, [Alt]를 누른 채 사용하면 다각형 올가미 툴( )로 바뀝니다.

 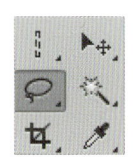 

다각형 올가미 툴 ( )

드래그가 아닌 클릭으로 이미지를 선택합니다. 각이 있는 이미지를 선택할 때 용이하며, [Shift]와 함께 사용하면 직선으로 선택할 수 있습니다. 마우스를 클릭하면서 이미지를 선택하는 툴로, 직선 이미지를 정교하게 선택할 수 있습니다.

● **전 단계 영역 취소 방법**
[BackSpace]를 한 번씩 누를 때마다 최근에 클릭한 점부터 순서대로 취소됩니다.

마그네틱 올가미 툴 ( )

이미지의 색상, 명도, 채도의 차이에 따라 자동으로 따라가면서 선택 영역을 지정합니다. 선택할 영역의 시작점에서 한 번 클릭해주고 그 다음부터 마우스에서 손을 떼고 드래그하는 대로 선택 영역을 지정해주며, 이미 지나온 부분도 되돌아가서 수정할 수 있습니다.

마술봉 툴( )(Magic Wand Tool)

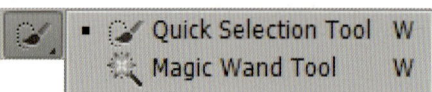

마술봉 툴( )
유사한 색상으로 이루어진 이미지를 한꺼번에 선택할 수 있는 툴입니다. 이미지 중 마우스로 클릭한 지점부터 옵션 패널의 [Tolerance]에서 정한 범위 내의 비슷한 색상을 모두 선택해줍니다.

Tolerance 값을 '30'으로 지정했을 때

[Tolerance] 값을 '70'으로 지정했을 때

TIP

[Tolerance]
한 번 클릭으로 선택할 영역의 범위를 지정하는 기능입니다. 값은 0부터 255까지 넣을 수 있고, 기본 값은 '32'입니다. 설정 값의 범위가 작으면 보다 세밀한 범위를 선택할 수 있습니다.
'32'가 기본으로 잡혀 있는 수치이고, 선택 영역의 폭을 조절합니다. 입력 수치가 높을수록 많은 범위를 선택합니다.

[Contiguous]
클릭한 범위와 연속되는 색상의 픽셀만 선택합니다. 체크하지 않고 선택하면 이미지에서 클릭한 부분과 같이 떨어져 있는 부분의 색상도 선택됩니다.

빠른 선택 툴( )

빠른 선택 툴(Quick Selection Tool)은 컨트롤 패널 브러시의 크기를 조정하여 선택할 부분을 붓으로 그리듯이 드래그하여 선택 영역을 지정하는 툴입니다.

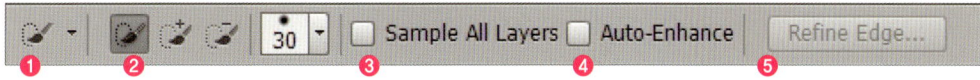

❶ **Selection** 새로운 선택 영역을 만들거나 추가할 선택 영역의 옵션을 설정합니다.

❷ **Brush** 브러시 크기로 색상의 허용 범위를 설정합니다. 브러시가 클수록 선택 범위가 넓어지고, 작을수록 좁아집니다.

❸ **Sample All Layers** 체크를 하면 선택한 색상이 레이어에 상관없이 모두 선택되고, 체크를 해제하면 현재 레이어에만 색상이 선택됩니다.

❹ **Auto-Enhance** 자동으로 선택 영역을 깔끔하게 처리합니다.

❺ **Refine Edge** 선택 범위의 경계를 부드럽게 하거나 선택 범위를 확장, 축소할 수 있으며, 특히 부자연스러운 선택 범위를 부드럽게 처리할 수 있습니다.

[Refine Edge] 대화상자 이해하기

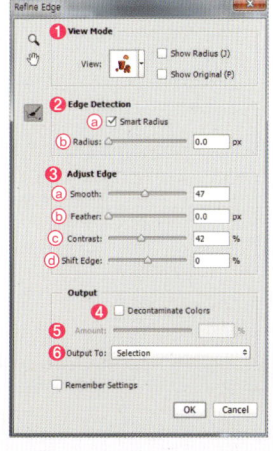

❶ **View Mode** 미리 보기 모드로 선택 영역을 어떻게 보여줄 것인지를 선택합니다. 미리 보기는 결과물의 상태를 확인하면서 수정할 때 사용하며, 다양한 배경을 통해 선택 영역을 살펴볼 수 있습니다.

❷ **Edge Detection** 선택 영역의 경계선을 다듬어줍니다. 선택 영역의 경계선을 따라 드래그하면 선택 영역이 추가되면서 수정됩니다. 브러시의 크기는 단축키 [[ ] 와 [ ]]를 이용하여 조정하면서 작업하면 편리합니다. [Alt]를 누르면서 드래그하면 잘못 선택한 선택 영역을 제외할 수 있습니다.
  ⓐ Smart Radius: 체크를 하면 [Radius]의 크기만큼 적용된 경계선이 자동으로 디테일하게 수정됩니다.
  ⓑ Radius: 적용한 수치만큼 선택 영역의 경계선이 추가되면서 수정됩니다.

❸ **Adjust Edge** 선택 영역의 경계선을 세밀하게 보정합니다.
  ⓐ Smooth: 선택 영역 경계선의 불규칙한 가장자리를 매끄럽게 만듭니다.
  ⓑ Feather: 선택 영역의 경계선과 주변 픽셀 사이의 가장자리를 부드럽게 만듭니다.
  ⓒ Contrast: 선택 영역의 경계선을 선명하게 만들어주기 때문에 흐릿한 부분이나 노이즈를 제거할 수 있습니다.
  ⓓ Shift Edge: 선택 영역의 안쪽 또는 바깥쪽으로 경계선을 축소하거나 확장시킵니다.

❹ **Decontaminate Colors** 수정 과정에서 남은 찌꺼기와 배경 색상을 제거합니다.

❺ **Amount** [Decontaminate Colors]를 적용할 때 범위를 선택합니다.

❻ **Output To** 선택 영역을 새로운 레이어나 새 문서로 생성합니다.

선택 영역 이동하기

선택 영역 표시를 이동시키는 것과 선택 영역으로 지정된 이미지를 이동시키는 것은 다릅니다. 선택 영역 표시는 도구 상자의 선택 툴이 선택된 상태에서 이동시켜야 하며, 선택 영역으로 지정된 이미지는 (▶⊕)을 선택한 상태에서 이동시켜야 합니다.

- 이동할 때 Alt 를 동시에 누르면 복사됩니다.
- Auto Select Layer: 체크하면 자동으로 레이어가 선택됩니다.
- Show Bounding Box: 체크하면 위에서 나온 변형이 가능한 박스가 나타납니다.

빠른 선택 툴( )
이미지의 일부분을 선택합니다.

이동 툴( )
Alt 를 누른 채 이동시키면 복사된 것을 확인할 수 있습니다.

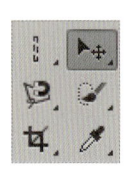

레이어 마스크

마스크란, 간단히 말하자면 이미지의 어느 한 부분을 가림으로써 사용자에게 보이지 않도록 자연스럽게 지워주는 것을 말합니다. 이미지에 마스크를 씌우는 것으로 이해하면 됩니다.

- 레이어 패널에서 볼 수 있듯이 마스크가 적용되면 일반 레이어와는 달리 창이 두 개 생깁니다. 하나는 이미지를 보여주는 것이고, 나머지 하나는 마스크를 보여주는 것입니다.

○ 예제 파일
Sample\Theme03\Lesson01
\마스크-1.jpg, 마스크-2.jpg

▲ 일반 레이어　　　　　　　　　　　　　▲ 마스크 레이어

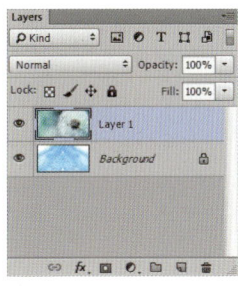
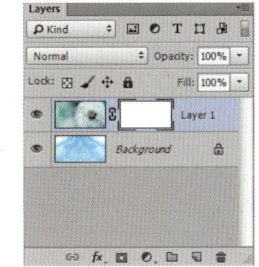

- 자연스러운 효과를 주기 위해 그레이던트 툴(■)을 선택합니다. 그리고 전경색을 검은색으로 지정합니다. 그레이던트 편집 창에서 두 번째인 투명 그레이던트를 선택합니다. 상단 옵션 바에서 직선 그레이던트 도구를 선택합니다.

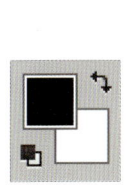
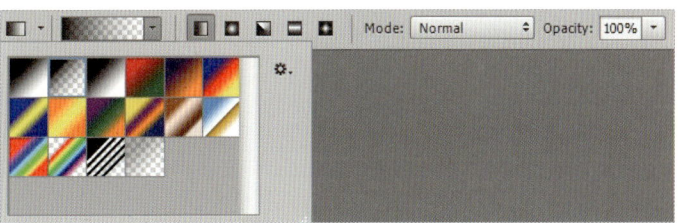

- 마스크에서는 기본적으로 이미지를 봤을 때 검은 부분은 안 보이고, 흰 부분은 보이는 기능을 합니다. 그라데이션을 이용하여 드래그하면 자연스러운 마스크가 적용됩니다.

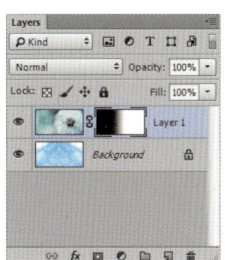

Soft Bank New Style

 기능 실습

가을을 생각나게 하는
핸드폰 배경화면 만들기

01

예제 파일 Sample\Theme03\Lesson01\기쁨-17.jpg, 기쁨-17[1].jpg, 레드핸드폰.psd, 나뭇잎.psd, 헤드셋.psd

완성 파일 Sample\Theme03\Lesson01\핸드폰-완성.jpg

키 워 드 마스크 레이어 활용, [Motion Blur] 필터, [Paste Into] 기능 활용법

길라잡이 다섯 개의 이미지 파일들과 마스크 레이어 활용법을 이용하여 부드러운 핸드폰 광고를 디자인해 봅니다.

STEP 01 빈 용지와 이미지 파일 불러오기

01 **01** 메뉴의 [File-New]를 클릭합니다. [New] 대화상자의 [Width]는 '800', [Hight]는 '600', [Resolution]는 '72'를 입력합니다. [Color Mode]는 'RGB Color'로 설정합니다. 원하는 용지 사이즈인 새 문서 창이 생성된 것을 확인할 수 있습니다.

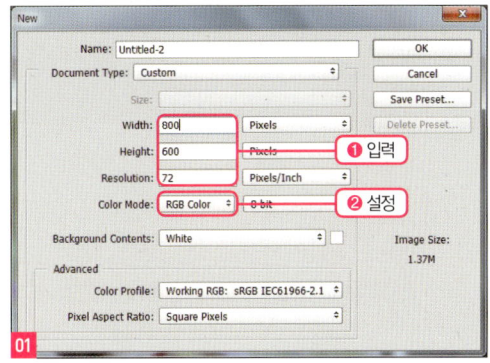

02 메뉴의 [File-Open]을 클릭합니다. 도구 상자에서 이동 툴(   )을 선택한 후 이미지를 클릭, 드래그하여 복사합니다.

◎ 예제 파일
Sample\Theme03\Lesson01\기쁨-17.jpg

STEP 02 이미지 대칭 이동하기

01 복사한 레이어를 선택한 후 메뉴의 [Edit-Transform-Flip Horizontal]을 선택합니다.

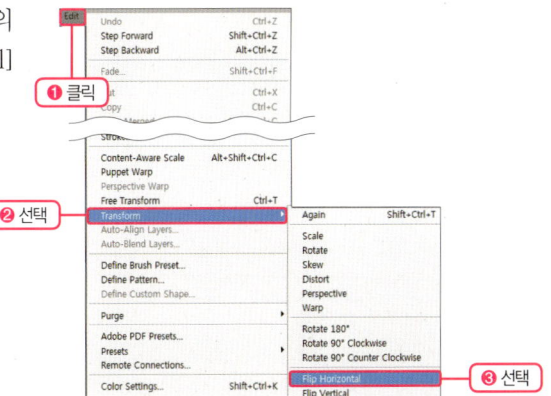

02 배경 이미지를 수평 대칭으로 조절합니다.

STEP 03 마스크 레이어 활용하기

01 01 자연스러운 효과를 주기 위해 그레이디언트 툴(■)을 선택합니다. 02 그런 다음 전경색을 검은색으로 지정합니다. 03 그레이디언트 편집 창에서 투명 그레이디언트를 선택합니다. 상단 옵션 바에서 직선 그레이디언트 도구를 선택합니다.

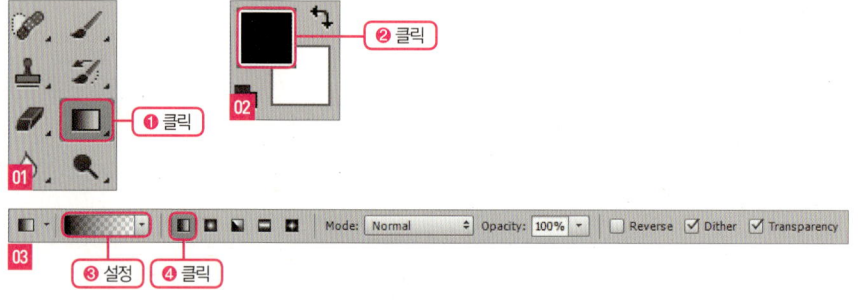

02 04 배경 여자의 이미지를 자연스럽게 표현하기 위해 'Layer 1' 레이어 창의 맨 하단에 있는 마스크 레이어 도구 상자(■)를 클릭합니다. 05 다음 그림처럼 배경 여자 이미지를 '좌에서 우' 또는 '우에서 좌'로 클릭, 드래그하여 그레이디언트 효과를 표현합니다.

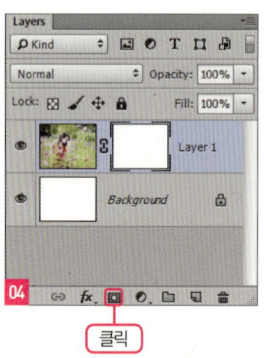

03 06 [Opacity] 값을 '25%'로 낮춥니다.

STEP 04 불러온 이미지 배치하기

01 **01** 단축키 Ctrl+O를 누르면 나타나는 [Open] 대화상자에서 새로운 핸드폰을 불러옵니다. **02** 삽입한 사람 이미지의 가장자리 부분을 정리하기 위해 **03** 메뉴의 [Layer-Matting-Defringe]를 선택한 후 [Width] 값에 '1Pixels'를 입력하고 [OK] 버튼을 클릭합니다.

● 예제 파일
Sample\Theme03\Lesson01\레드핸폰.psd

02 **04** 단축키 Ctrl+O를 누르면 나타나는 [Open] 대화상자에서 또 다른 이미지를 불러옵니다. 그런 다음 단축키 Ctrl+A를 눌러 사진 전체를 선택하고 메뉴의 [Edit-Copy]를 선택하여 복사합니다.

● 예제 파일
Sample\Theme03\Lesson01\기쁨-17[1].jpg

03 **05** [Layers] 패널에서 '핸폰' 레이어를 선택한 후 **06** 그림처럼 마술봉 툴( )을 이용해 **07** 핸드폰 화면 영역을 선택합니다.

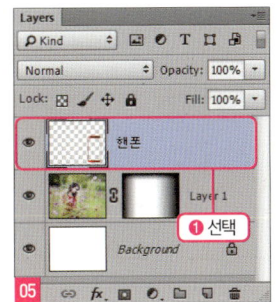

STEP 05 [Paste Into] 사용하기

01 선택한 영역 안에 사람 이미지를 삽입하기 위해 01 메뉴의 [Edit-Paste Special-Paste Into]를 선택합니다.

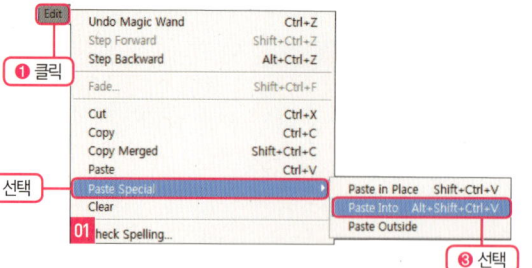
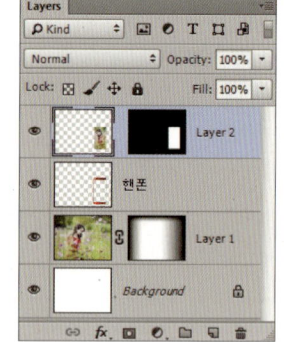

TIP
[Paste Into]
선택 영역 안에만 이미지를 붙여 넣는 기능입니다.

02 02 단축키 Ctrl+O를 눌러 [Open] 대화상자에서 새로운 이미지를 불러옵니다. 도구 상자에서 이동 툴(▸⊕)을 선택한 후 이미지를 클릭, 드래그하여 작업한 이미지 창으로 이동한 다음 복사합니다.

○ 예제 파일
Sample\Theme03\Lesson01\헤드셋.psd

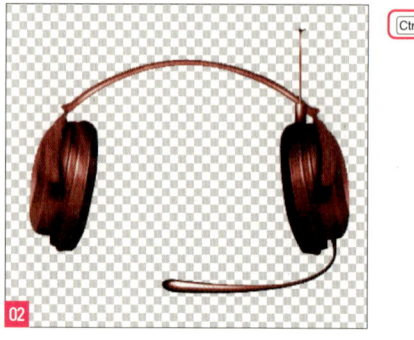

03 단축키 Ctrl+T를 눌러 [Free Transform]을 실행합니다. 03 조절점을 드래그하여 헤드셋 이미지를 축소한 후 그림처럼 이동하고 Enter↵를 눌러 적용합니다.

STEP 06 헤드셋에 [Motion Blur] 필터 활용하기

01 **01** 헤드셋 이미지에 움직이는 효과를 주기 위해 [Layers] 패널에서 'Layer 3' 레이어를 선택한 후 **02** 단축키 [Ctrl]+[J]를 두 번 눌러 레이어를 두 개 복사합니다.

 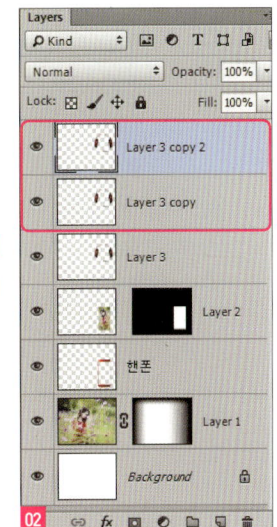

02 **03** 헤드셋 이미지에 움직이는 효과를 주기 위해 [Layers] 패널에서 'Layer 3 Copy' 레이어를 선택한 후 **04** 메뉴의 [Filter-Blur-Motion Blur]를 클릭합니다.

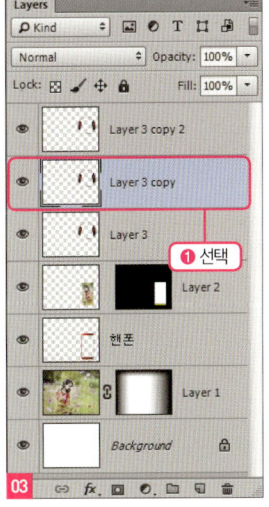 

[Filter-Blur-Motion Blur]
메뉴의 [Motion Blur]는 이미지가 움직이는 듯한 효과를 표현합니다.

03 **05** 그림처럼 [Motion] 효과 방향인 [Angle] 값은 움직이는 방향을 잘 보고 잡아주어야 합니다. 여기에서는 [Angle] 값에 '90°'를, [Distance] 값에 '80Pixels'를 입력합니다.

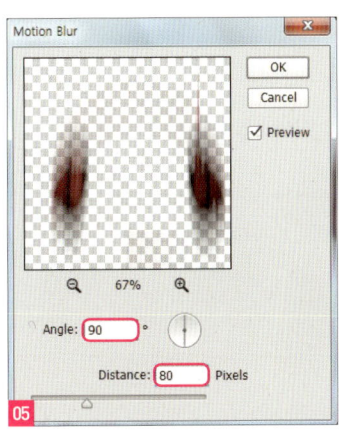

04 06 [Layers] 패널에서 'Layer 3 Copy 2' 레이어를 선택한 후 07 메뉴의 [Filter-Blur-Motion Blur]를 클릭합니다. [Angle] 값에 '90°'를, [Distance] 값에 '100Pixels'를 입력합니다.

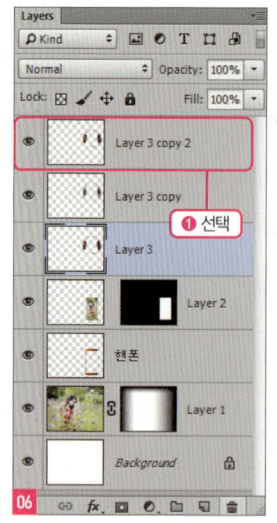
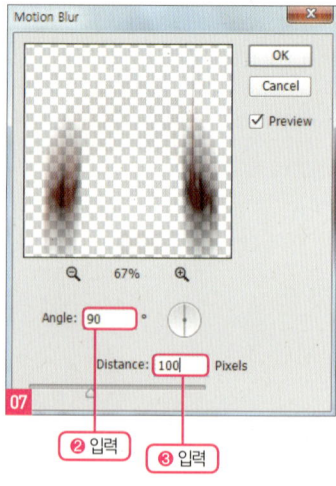

STEP 07 나뭇잎 이미지 크기 조절하기

01 01 단축키 Ctrl+O를 누르면 나타나는 [Open] 대화상자에서 새로운 이미지를 불러옵니다. 도구 상자에서 이동 툴(▶⊕)을 선택한 후 이미지를 클릭, 드래그하여 작업한 이미지 창으로 이동하여 복사합니다.

● 예제 파일
Sample\Theme03\Lesson01\나뭇잎.psd

02 　02 단축키 Ctrl+T를 눌러 [Free Transform]을 실행합니다. 조절점을 드래그하여 나뭇잎 이미지를 축소한 후 그림처럼 이동하고 Enter를 눌러 적용합니다.

STEP 08 나뭇잎에 [Motion Blur] 필터 활용하기

01 　01 나뭇잎이 움직이는 효과를 주기 위해 [Layers] 패널에서 '나뭇잎-1' 레이어를 선택한 후 02 단축키 Ctrl+J를 두 번 눌러 레이어를 두 개 복사합니다.

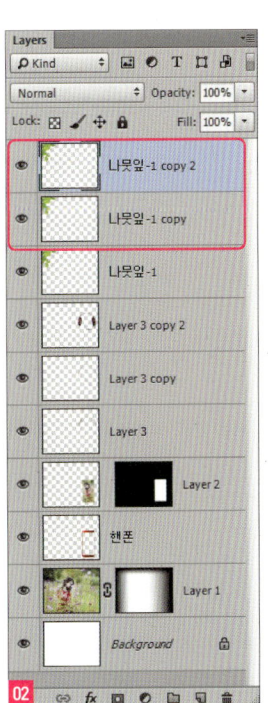

02 03 나뭇잎이 움직이는 효과를 주기 위해 [Layers] 패널에서 '나뭇잎-1 Copy' 레이어를 선택한 후 메뉴의 [Filter-Blur-Motion Blur]를 클릭합니다.

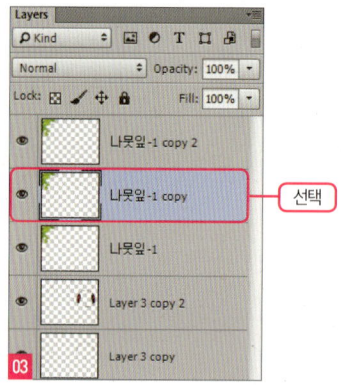

03 04 다음 그림처럼 [Motion] 효과 방향인 [Angle] 값은 움직이는 방향을 잘 보고 잡아주어야 합니다. 여기에서는 [Angle] 값에 '-31°'를, [Distance] 값에 '80Pixels'를 입력합니다.

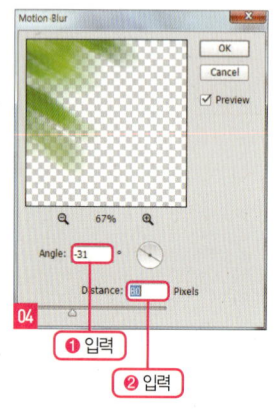 

04 05 다시 한 번 [Layers] 패널에서 '나뭇잎-1' 레이어를 선택한 후 메뉴의 [Filter-Blur-Motion Blur]를 클릭합니다. 06 [Motion Blur] 대화상자의 [Angle] 값에 '-31°'를, [Distance] 값에 '100Pixels'를 입력합니다.

 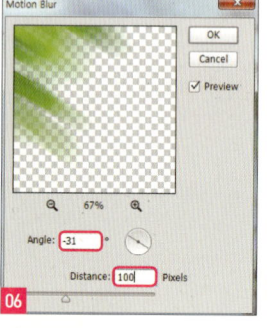

05 07 나뭇잎들의 움직이는 효과를 좀 더 부드럽게 표현하기 위해 [Layers] 패널에서 '나뭇잎-1' 레이어와 '나뭇잎-1 copy' 레이어를 선택한 후 08 [Opacity] 값을 '50%'으로 설정합니다.

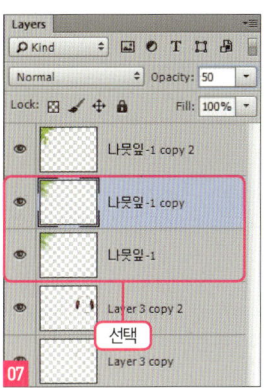
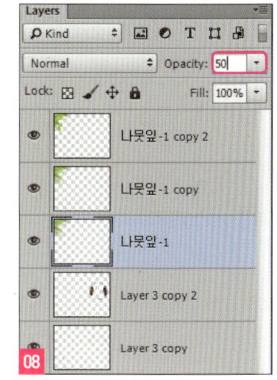

STEP 09 문자 삽입하기

01 01 문자를 삽입하기 위해 문자 툴(T)을 이용하여 원하는 글자를 입력합니다. 문자 색은 흰색으로 지정한 후 문자 툴의 옵션 바에서 글꼴과 문자 크기를 설정합니다.

02 02 완성된 것을 확인할 수 있습니다.

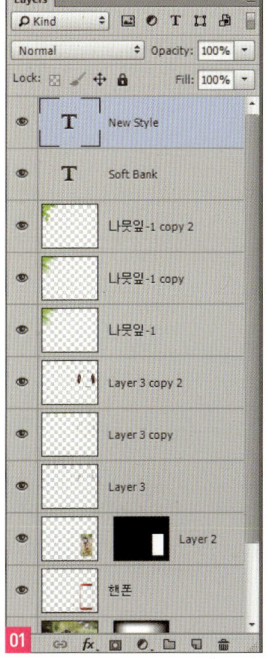

[New] 대화상자와 [Paste Into] 이해하기

새 파일을 만드는 기능으로, 메뉴의 [File-New] 명령을 사용하며 [Paste]와 같은 기능을 하지만, 메뉴의 [Edit-Paste Special-Paste Into] 명령은 붙여 넣을 이미지의 선택 영역 안에만 붙여 넣기가 가능합니다.

■ **[New] 대화상자 이해하기**

메뉴의 [File-New]를 클릭하거나 단축키 Ctrl + N 을 누르면 [New] 대화상자가 나타납니다. [New] 대화상자가 나타나면 파일의 이름, 작업 화면의 가로와 세로의 크기, 해상도, 이미지 모드, 배경을 무엇으로 채울 것인지를 지정한 후 [OK] 버튼을 클릭합니다.

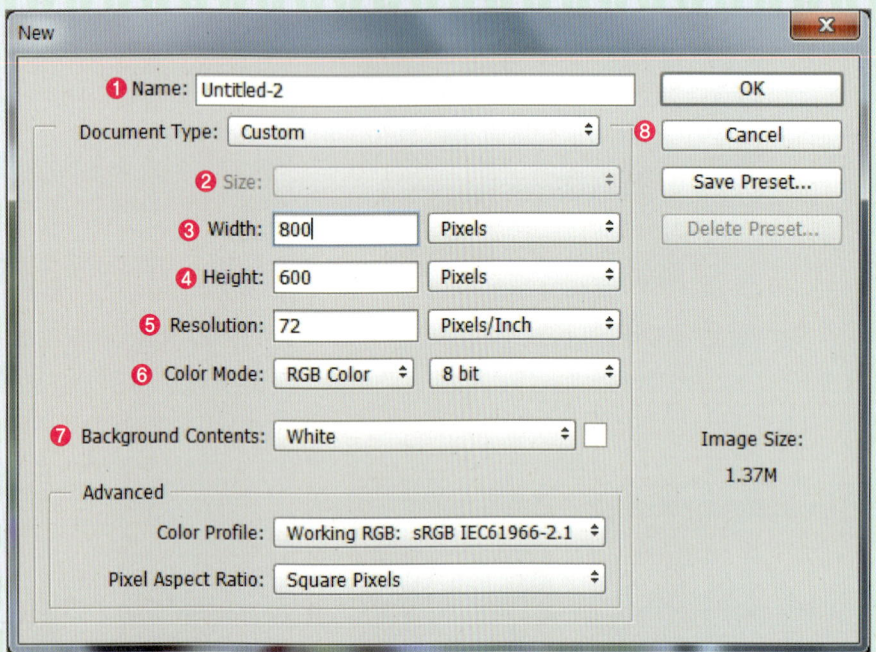

❶ **Name** 새로 만들 파일의 이름을 입력합니다.
❷ **Image Size** 이미지 크기와 해상도 등 전반적인 부분을 설정합니다.
❸ **Width** 새로 만들 파일의 가로 크기를 입력합니다.
❹ **Height** 새로 만들 파일의 세로 크기를 입력합니다.
❺ **Resolution** 픽셀당 해상도를 지정합니다. 인쇄물 작업을 할 경우에는 300 이상으로 해주는 것이 좋으며, 특별한 경우가 아닌 이상 이 항목을 바꿀 필요는 없습니다.
❻ **Color Mode** 이미지가 표현하는 색상 체계를 선택합니다.
❼ **Background Contents** 새 창의 바닥 색 종류를 선택합니다.
　ⓐ **White** 바탕 색상이 흰색으로 지정된 파일이 만들어집니다.
　ⓑ **Background Color** 현재 백그라운드 컬러로 지정된 색상의 파일이 만들어집니다.
　ⓒ **Transparent** 배경이 투명한 파일을 만듭니다.
❽ **Cancel** New 명령을 취소하는 것으로 Alt 를 누르면 [Cancel] 버튼으로, Ctrl 을 누르면 [Reset] 버튼으로 바뀌며, 설정 상태를 초기화합니다.

■ **[Paste Into] 이해하기**

[Paste]는 이미지 안의 가운데로 자르거나 복사한 이미지를 붙여 넣는 반면, [Paste Info]는 선택한 영역 안으로 마스크를 이용하여 붙여 넣습니다. [Paste Into]를 이용하면 건물 안에 사람이 들어가 있거나 내부의 다른 이미지들을 더욱 자연스럽게 합성할 수 있습니다.

① 사진 전체를 선택한 후 메뉴의 [Edit-Copy]를 선택하여 복사합니다.

◎ 예제 파일
Sample\Theme03\Lesson01\배경.jpg, 건물.jpg

② 빠른 선택 툴( )을 이용해 파란 하늘 영역을 선택합니다.

③ 선택한 영역 안에 배경 이미지를 삽입하기 위해 메뉴의 [Edit-Paste Special-Paste Into]를 선택합니다.

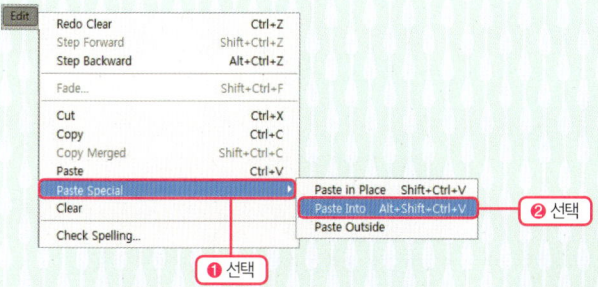

④ 그림처럼 이동한 후 Enter 를 눌러 적용합니다. 완성된 것을 확인할 수 있습니다.

 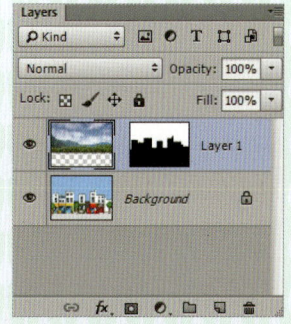

LESSON 02 핸드폰 케이스 광고 디자인

요즘 많은 핸드폰들이 나오면서 그에 따른 케이스 역시 많이 나오고 있습니다. 핸드폰의 종류가 다양한 것과 비례하여 케이스 역시 제품에 따라 여러 가지 종류가 나오고 있지요. 핸드폰 대리점이나 직영점, 핸드폰 액세서리를 판매하는 매장에서는 전시하는 데 한계가 있기 때문에 일부 인기 있는 제품들만 들여온다고 합니다.

핵심 기능 › 문자(Type Tool) 기본 사항 파악하기

문자 툴()은 문자를 입력하는 툴로, 문자를 입력하기 전이나 입력한 문자를 선택한 후 컨트롤 패널에서 글자체, 크기, 형태 등을 지정합니다.

∷ 문자 툴(T.) 입력 도구 종류

- T Horizontal Type Tool   T
- ↓T Vertical Type Tool   T
- T Horizontal Type Mask Tool T
- ↓T Vertical Type Mask Tool   T

가로 문자 도구(T.)
일반적인 방식으로 가로 쓰기 입력 방식입니다.

세로 문자 도구(IT.)
세로 쓰기 입력 방식입니다.

▲ 가로 문자 도구

▲ 세로 문자 도구

가로 문자 마스크 도구( )

가로 쓰기 입력 방식으로, 입력 창이 마스크 모드로 변경되며, 입력을 마치고 적용하면 문자가 선택 영역(점선)으로 변경됩니다.

세로 문자 마스크 도구( )

세로 쓰기 입력 방식으로, 입력 창이 마스크 모드로 변경되며, 입력을 마치고 적용하면 문자가 선택 영역(점선)으로 변경됩니다.

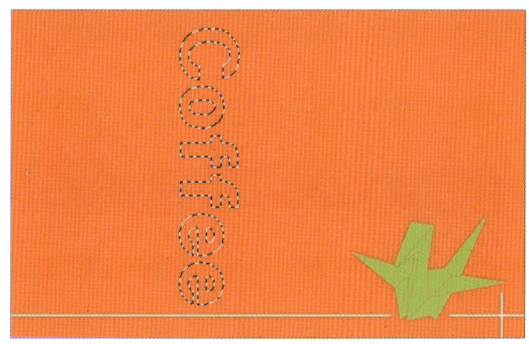

마스크 타입을 사용할 때

1. 마스크 타입 툴을 사용하면 글씨대로 선택 영역을 만들 수 있습니다.
   [Type Mask] 툴로 글자를 입력할 경우 작업 창이 빨간색으로 변하는데, 그 이유는 마스크 모드로 자동 변경되기 때문입니다. Indexed Color 모드일 경우에도 이와 같은 현상이 나타납니다. 이 경우 메뉴의 [Image-Mode-RGB Color]를 클릭하여 변경해주어야 합니다. 도구 상자에서 [Quick Mask Mode]가 선택되어 있을 때도 같은 현상이 일어납니다. 옆에 있는 [Standard Mode] 버튼을 클릭한 후 글을 입력하면 해결됩니다.

타입 툴의 옵션 바

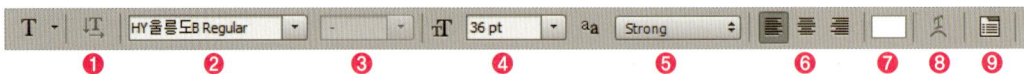

❶ **Change The Text Orientation** 가로 방향으로 문자 입력이 기본으로 되어 있고, 클릭하면 세로 방향을 입력할 수 있습니다.

❷ **Font Family** 시스템에 설치한 폰트 리스트를 보여주며, 원하는 대로 골라 사용할 수 있습니다.

❸ **Font Style** 선택한 폰트가 지원하는 폰트 스타일을 지정할 수 있습니다.

ⓐ Regular: 폰트 기본 속성 값이 입력됩니다.
ⓑ italic: 폰트에 기울기 속성이 적용됩니다.
ⓒ Bold: 폰트에 굵기 속성이 적용됩니다.
ⓓ Bold italic: 폰트에 굵기와 기울기 속성이 적용됩니다.

❹ **Font Size** Point(pt) 단위로 문자 사이즈를 지정합니다.

❺ **Anti-aliasing** 폰트에 안티 에일리어싱 적용 방법을 설정합니다.

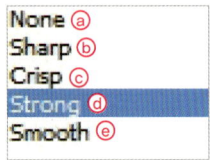

ⓐ None: 폰트의 경계가 안티 에일리어싱 효과가 없이 거칠게 적용됩니다. 주로 웹 폰트는 이 속성을 가지고 있습니다. 적당한 사이즈일 때는 가장 뚜렷하게 표현됩니다.
ⓑ Sharp: 폰트의 경계가 부드럽고 선명하게 적용됩니다.
ⓒ Crisp: 폰트의 경계가 안쪽으로 부드럽게 적용됩니다.
ⓓ Strong: 폰트의 경계가 바깥쪽으로 부드럽게 적용됩니다.
ⓔ Smooth: 폰트의 경계가 부드럽게 적용됩니다.

❻ **Align** 폰트의 정렬 방식을 설정합니다(왼쪽, 중앙, 오른쪽 정렬).

❼ **Text Color** 클릭하면 [Color Picker] 대화상자에서 폰트 색상을 지정할 수 있습니다.

❽ **Warped Text** 문자를 다양한 형태로 변화시킬 수 있습니다.

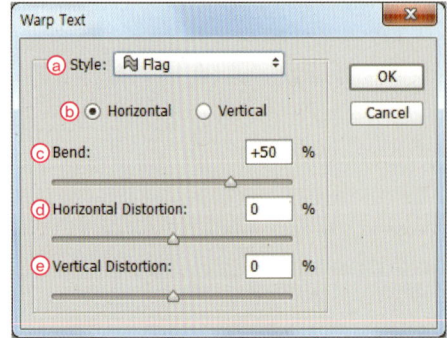

ⓐ Style: 적용할 왜곡 스타일을 지정합니다.

ⓑ Horizontal/Vertical: 왜곡의 방향 축을 가로/세로로 지정합니다.
ⓒ Bend: 구부림과 같은 왜곡 정도를 조절합니다.
ⓓ Horizontal Distortion: 수평 방향의 왜곡 정도를 조절합니다.
ⓔ Vertical Distortion: 수직 방향의 왜곡 정도를 조절합니다.

❾ **Palettes** 폰트 속성을 변경할 수 있는 대화상자가 나타납니다. 캐릭터(character) 및 패러그래프 (Paragraph) 패널에서 폰트 속성 및 단락 속성을 설정할 수 있습니다.

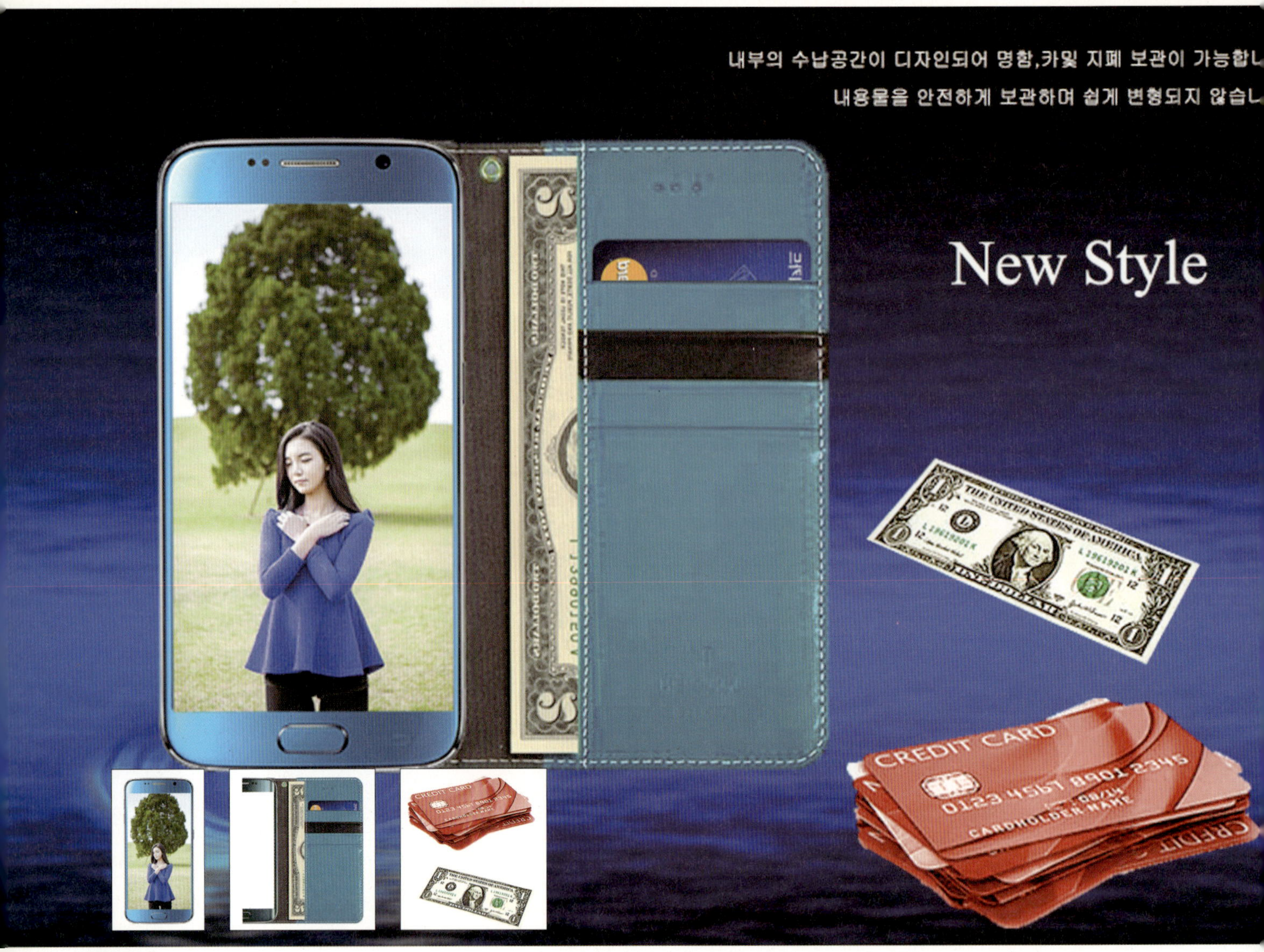

내부의 수납공간이 디자인되어 명함,카및 지폐 보관이 가능합니
내용물을 안전하게 보관하며 쉽게 변형되지 않습니
New Style
CREDIT CARD
0123 4567 8901 2345
CARDHOLDER NAME

기능 실습

핸드폰 케이스 포스터 만들기

01

예제 파일 Sample\Theme03\Lesson02\블루핸폰.psd, 핸폰케이스.psd, card.psd
완성 파일 Sample\Theme03\Lesson02\케이스-완성.jpg

키 워 드 그라데이션 설정, 마스크 레이어 적용, [Linear Dodge] 모드 설정, 문자 툴 적용, [Motion Blur] 필터, [Ocean Ripple] 필터, [Polar Coordinates] 필터 활용법
길라잡이 물결의 색상은 그라데이션으로 표현한 후 다양한 필터를 활용하여 반사 물결 배경을 만들고, 여러 가지 예제들을 배치합니다.

STEP 01 그라데이션 설정하기

01 　01 메뉴의 [File-New]를 클릭하면 나타나는 [New] 대화상자에서 다음과 같이 [단위]에 mm(밀리미터), [용지 사이즈]에 '297×210', [해상도]에 '72'를 입력한 후 [Mode]는 'RGB Color'를 선택합니다. 원하는 용지 사이즈인 새 문서 창이 생성된 것을 확인할 수 있습니다.

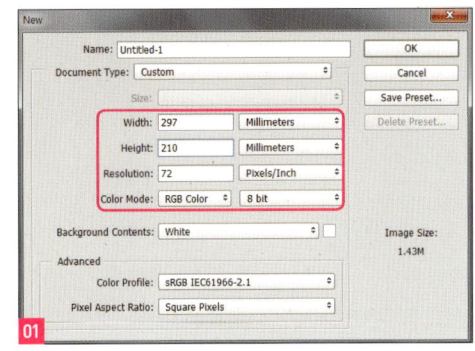

02 　02 배경 이미지를 만들기 위해 그라데이션 툴(■)을 선택한 후 03 컨트롤 패널에서 직선 그라데이션 모드(■)를 선택합니다. 04 그라데이션 편집 창(■)을 클릭한 후 그림처럼 설정합니다.

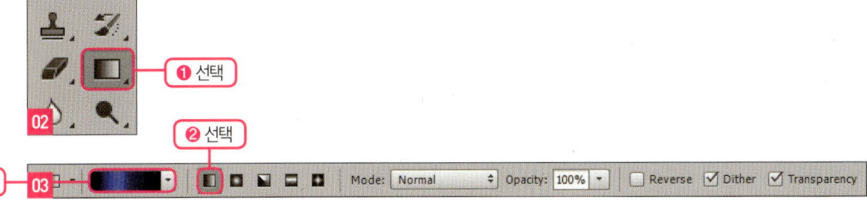

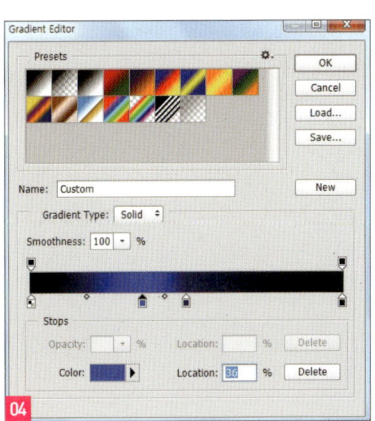

03 　05 [Layers] 패널에서 [Create a new layer] 아이콘(■)을 클릭한 후 레이어 이름을 '배경색'으로 변경합니다. 06 '배경색' 레이어를 선택한 후 위에서 작업한 그레이던트를 아래쪽으로 드래그하면 반사 효과를 만들 준비가 된 것입니다.

STEP 02 반사 효과 작업하기

01 **01** 두 개의 새로운 이미지를 각각 불러오기 위해 단축키 Ctrl+O를 누르거나 메뉴의 [File-Open]을 클릭합니다. **02** 도구 상자에서 이동 툴(▶︎)을 선택한 후 이미지를 클릭, 드래그하여 복사합니다.

◎ 예제 파일
Sample\Theme03\Lesson02\핸폰케이스.psd, 블루핸폰.psd

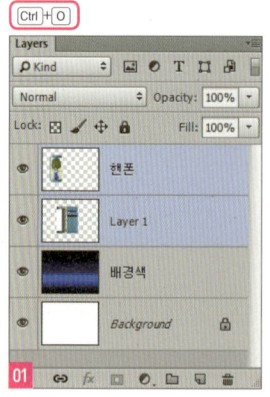

02 그럴듯한 반사 효과를 만들기 위해 핸드폰을 복제하여 반전시킵니다. **03** [Layers] 패널에서 '핸폰' 레이어를 선택한 후 단축키 Ctrl+J를 눌러 레이어를 복사합니다. 그런 다음 **04** 단축키 Ctrl+T를 누르고 마우스 오른쪽 버튼을 클릭한 후 [Flip Vertical]을 클릭하여 복제된 핸드폰을 반전시킵니다.
05 원본 구의 아래쪽에 복제된 구의 위쪽이 살짝 닿을 듯 말 듯하도록 복제된 '핸폰 copy' 레이어를 아래로 이동합니다.

TIP
수평, 수직으로 이동할 때
이동할 때 Shift를 누르고 있으면 좌우로 흔들리지 않고 수직 방향으로만 움직일 수 있습니다.

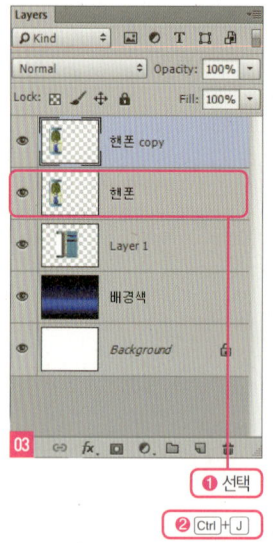
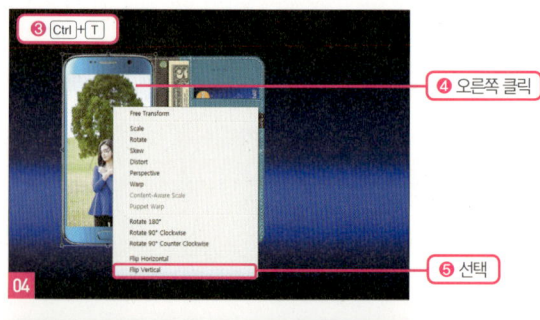

03 이제 점차 사라져 가는 효과를 조금 적용하여 깊이가 있는 듯한 효과를 내보기로 합니다. 이 효과를 내기 위해서는 레이어 마스크를 사용해야 합니다. **06** '핸폰 copy' 레이어를 선택한 상태에서 [Add layer mask](▢) 아이콘을 클릭합니다. '핸폰 copy' 레이어에 레이어 마스크가 생겼습니다.

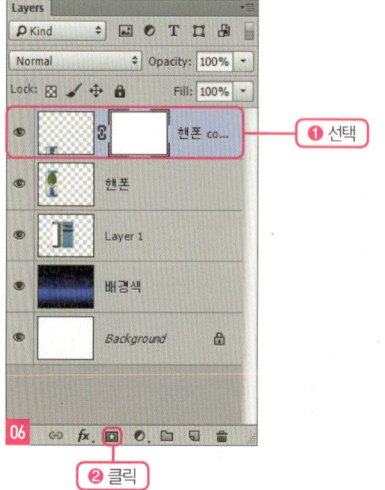

04 07 전경색을 검은색, 배경색을 흰색으로 설정한 후 08 컨트롤 패널에서 직선 그레이디언트 모드(■)를 선택합니다.

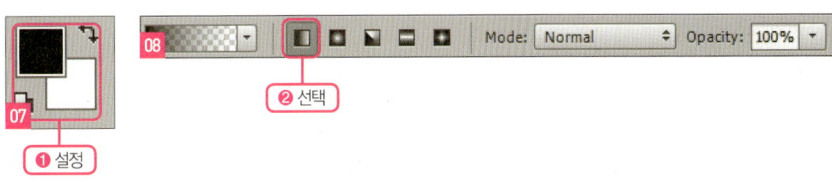

05 09 '핸폰 copy' 레이어의 마스크 부분을 클릭한 후 아랫부분에서 시작하여 맨 위까지 드래그합니다. 이제 아래쪽으로 점차 사라져가는 효과를 적용합니다.

STEP 03 [Motion Blur] 필터 적용하기

01 좋은 이미지를 훌륭한 이미지로 바꾸기 위하여 아주 작은 것을 가미해 보겠습니다.
01 메뉴의 [Filter-Blur-Motion Blur]를 선택한 후 02 '10Pixels'와 '90°'를 입력하고 모션 블러 효과를 표현합니다.

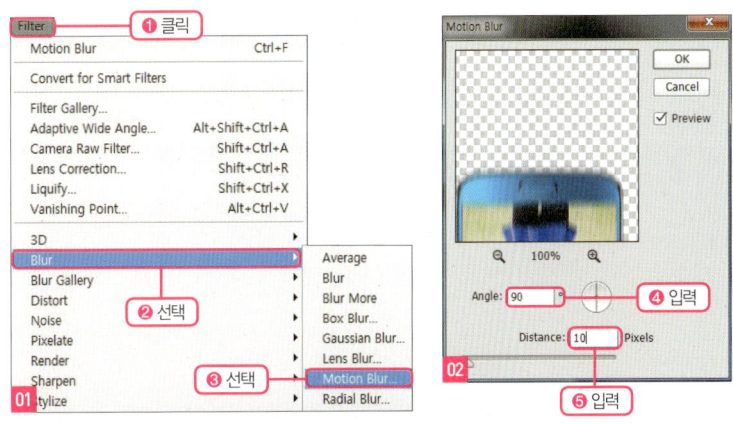

02 **03** [Layers] 패널에서 '배경색' 레이어와 '핸폰 copy' 레이어를 선택한 후 **04** Ctrl+E를 눌러 두 개의 레이어를 합칩니다.

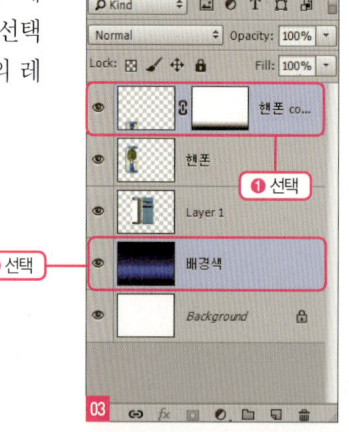 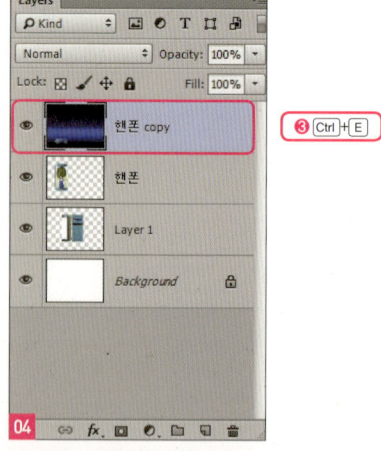

TIP 물결을 자연스럽게 작업하기 위해
물결 효과에 일관성을 부여하기 위하여 배경을 이루는 레이어들을 모두 하나로 병합할 필요가 있습니다.

03 **05** 물결 효과를 적용하기 위하여 [Layers] 패널에서 '핸폰 copy' 레이어의 위치를 그림처럼 밑으로 이동합니다.

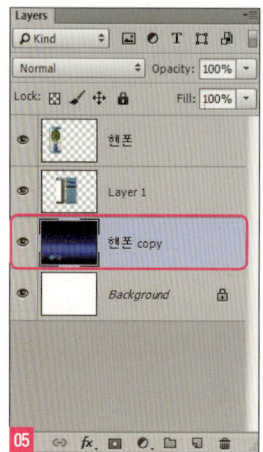

STEP 04 실감나는 물결 작업하기

01 01 메뉴의 [Filter-Distort-Ocean Ripple]을 클릭합니다. 크기(size)는 '10'로, 넓이(magnitude)는 '15'로 설정하여 적용합니다.

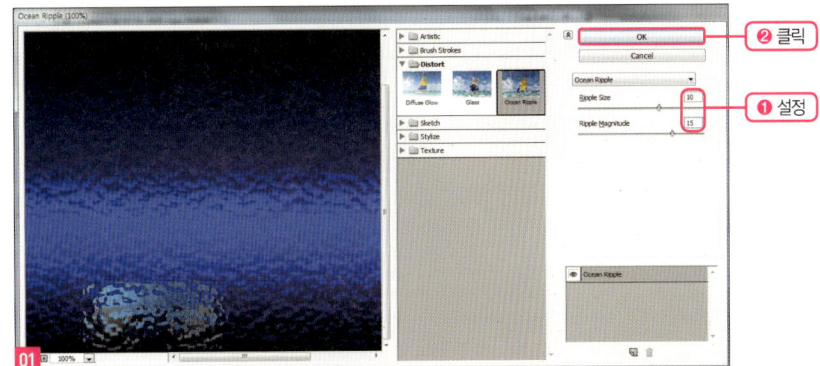

02 02 실감나는 물을 만들기 위하여 메뉴의 [Filter-Blur-Motion Blur]를 클릭한 후 [Angle]은 '0°'로, [Distance]는 '30Pixels'로 설정하여 적용합니다.

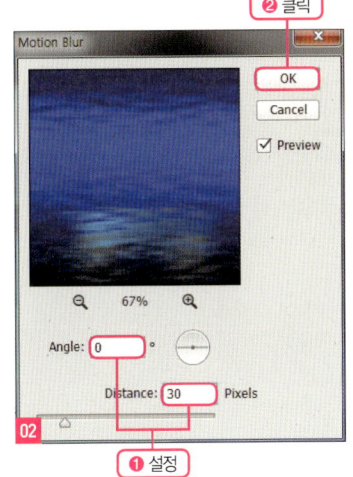

STEP 05 물결의 파동 표현하기

01 앞에서 우리가 만든 핸드폰은 물 위에 떠 있습니다. 이번에는 핸드폰이 수면에 살짝 닿도록 해보겠습니다. 01 '핸폰 copy' 레이어를 선택한 후 02 원형 툴( )을 선택하여 03 그림처럼 타원 모양으로 선택 영역을 작업합니다.

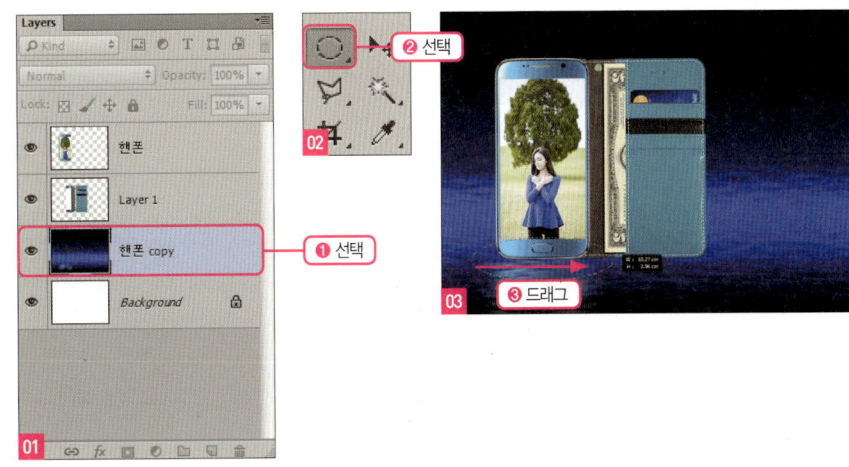

02 04 부드러운 효과를 내기 위하여 [Feather]를 적용합니다. 메뉴의 [Select-Modify-Feather]를 실행한 후 '10Pixels'로 설정합니다.

03 05 메뉴의 [Filter-Distort-Polar Coordinates]를 선택한 후 06 [Rectangular to Polar] 항목을 선택하고 [OK] 버튼을 클릭합니다. 07 그런 다음 단축키 Ctrl+D를 눌러 선택 영역을 해제합니다.

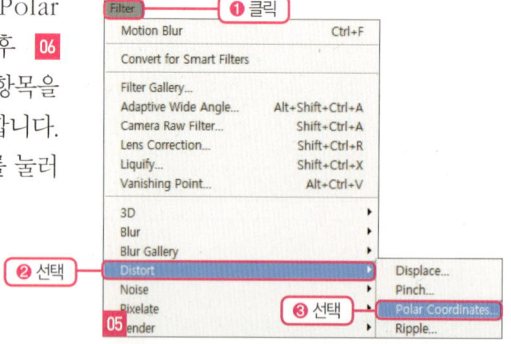 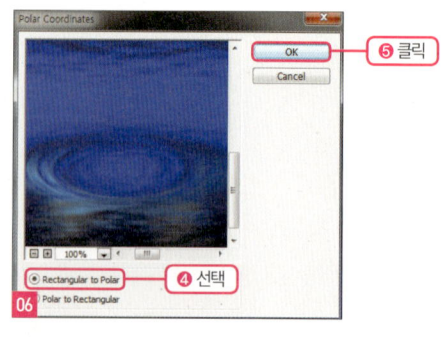

[Polar Coordinates]
이 필터를 적용하면 직선 모양의 픽셀들이 원 모양으로, 또는 그 반대로 매핑됩니다.

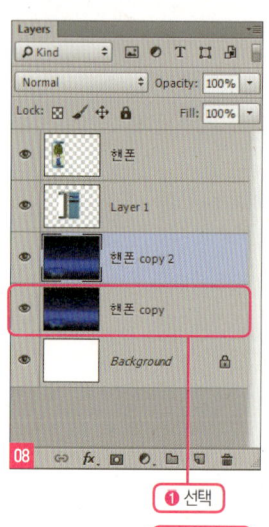

04 08 핸드폰 이미지를 복제하기 위해 [Layers] 패널에서 '핸폰 copy' 레이어를 선택한 후 단축키 Ctrl+J를 눌러 레이어를 복사합니다.
09 복사한 '핸폰 Copy 2' 레이어를 선택한 후 [블렌딩 모드]를 'Linear Dodge' 모드로 설정하고 [Opacity] 값을 '35%'로 설정합니다. 아주 작은 변형과 다소의 상상력으로 만들어 낼 수 있는 결과입니다.

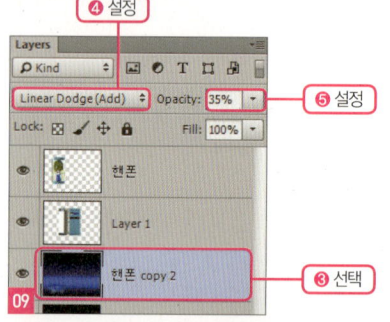

STEP 06 주변에 소품 배치하기

01 **01** 단축키 Ctrl+O를 눌러 [Open] 대화상자에서 새로운 이미지를 불러옵니다. 도구 상자에서 이동 툴(🔁)을 선택한 후 작업한 이미지 창으로 이동하여 복사합니다. 단축키 Ctrl+T를 눌러 [Free Transform]을 실행한 후 조절점을 드래그하여 크기를 조절하고 Enter를 눌러 적용합니다.

◎ 예제 파일
Sample\Theme03\Lesson02\card.psd

02 **02** 문자를 삽입하기 위해 문자 툴(T)을 이용하여 원하는 글자를 입력합니다. 문자 색은 흰색으로 지정한 후 문자 툴의 옵션 바에서 글꼴과 문자 크기를 설정합니다. **03** 완성된 것을 확인할 수 있습니다.

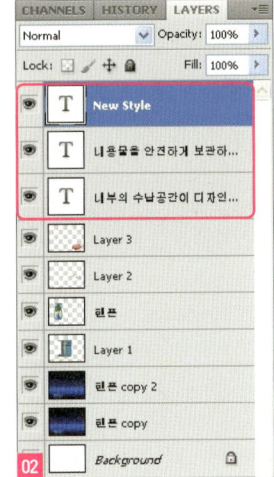

폰트 속성 및 단락 속성에 필요한 팔레트 기능들

폰트 속성을 변경할 수 있는 대화상자의 [character] 및 [Paragraph] 팔레트에서 폰트 속성 및 단락 속성을 설정할 수 있습니다.

■ [Character] 대화상자

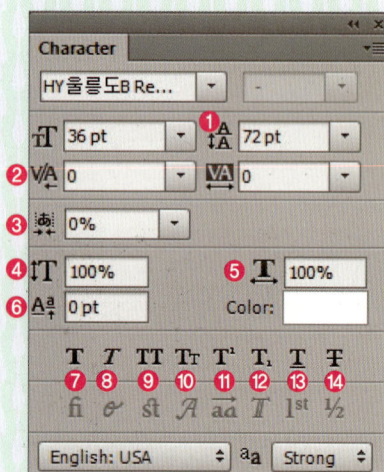

❶ **Leading** 줄 간격(행간)을 조정합니다.
❷ **Kerning** 커닝은 영문에만 적용되는 옵션으로, 커서가 두 문자 사이에 있을 때만 사용합니다. 주로 Auto로 지정하여 사용합니다.
❸ **Tracking** 글자와 글자 사이인 자간을 조정합니다.
❹ **Vertically Scale** 글자의 세로 방향 비율을 %로 설정합니다.
❺ **Horizontally Scale** 글자의 가로 방향의 비율을 %로 설정합니다.
❻ **Baseline[shift]** 선택한 글자의 높이를 설정합니다.
❼ **Faux Bold** 체크하면 문자가 진하게 나옵니다.
❽ **Faux italic** 체크하면 문자가 기울여집니다.
❾ **All Caps** 영문은 대문자만, 한글은 쌍자음만 나오게 됩니다. 키보드의 Caps Lock 을 누른 효과를 나타냅니다.
❿ **Small Caps** All Caps와는 반대 기능입니다.
⓫ **Superscript** 윗첨자입니다.
⓬ **Subscript** 아랫첨자입니다.
⓭ **UnderLine** 밑줄 긋기입니다.
⓮ **Strikethrough** 가운데 줄 긋기입니다.

■ [Paragraph] 대화상자

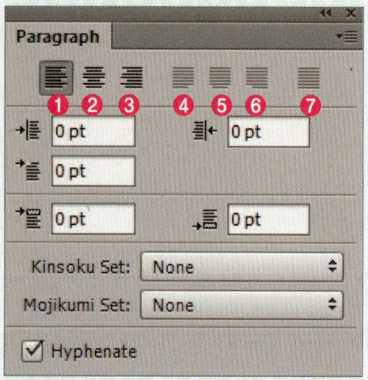

❶ **Align Left** 왼쪽을 기준으로 문자를 정렬합니다.
❷ **Align Center** 가운데를 기준으로 정렬합니다.
❸ **Align Right** 오른쪽을 기준으로 정렬합니다.
❹ **Justify Last Left** 선택된 문단을 왼쪽으로 정렬하며, 문단이 계속되는 줄에서는 양쪽 모두 정렬합니다.
❺ **Justify Last Center** 선택된 문단을 가운데로 정렬하며, 문단이 계속되는 줄에서는 양쪽 모두 정렬합니다.
❻ **Justify Last Right** 선택된 문단을 오른쪽으로 정렬하며, 문단이 계속되는 줄에서는 양쪽 모두 정렬합니다.
❼ **Justify All** 선택된 문단을 양쪽으로 정렬합니다.

03 모니터 광고 디자인

컴퓨터의 자원과 컴퓨터 수행 시간을 효율적으로 사용하기 위해 여러 개의 독립적인 작업들의 실행 상태를 감독하고 컴퓨터의 전체적인 동작을 제어하는 텔레비전 모양의 주변 장치로, 많은 사람들이 활용하는 노트북 등에 사용됩니다.

핵심기능  지우개 툴 이해하기

∷ 지우개 툴( )

○ 예제 파일
Sample\Theme03\Lesson03
\과일.jpg

이미지의 일부분을 지울 때 사용하는 툴로, 페인팅을 하듯이 이미지 위를 마우스로 드래그하면 지워진 부분이 배경색으로 채워집니다.

  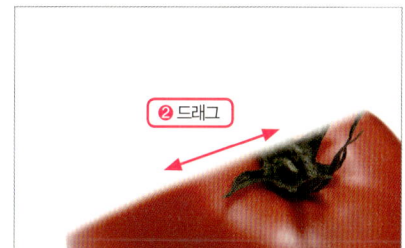

[Erase to History]: 이 옵션에서 체크한 후 [History] 패널에서 되돌아가고 싶은 단계를 선택해 놓으면 원하는 단계로 되돌려줍니다. 즉, 히스토리 브러시 툴( )입니다.

∷ 배경 지우개 툴( )

배경 지우개 툴은 드래그하는 대로 이미지를 지워 투명하게 만들어주는 툴입니다. 지우개 툴은 이미지를 지우면 배경색이 채워지지만, 배경 지우개 툴은 지운 부분이 투명하게 처리됩니다.

  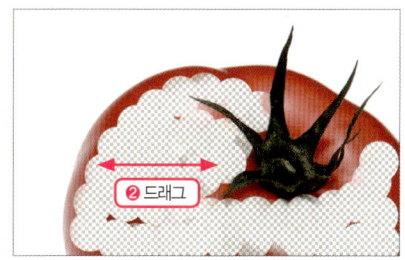

- [Tolerance]: 지워질 범위를 지정하는 것으로, 수치가 낮을수록 샘플 색상과 비슷한 색상만 지워집니다.
- [Sampling]: 이미지 중 어떤 색상을 지울 것인지를 지정하는 부분입니다.
- [Protect Foreground Color]: 이 옵션에 체크하면 전경색으로 지정되어 있는 색상이 사용된 부분은 지워지지 않습니다. 주로 이미지 중 한 가지 색상만 지우고 싶지 않을 때 사용합니다.

:: 마술 지우개 툴( )

이미지 중 마술 지우개 툴( )로 클릭한 부분과 색상을 가진 부분을 자동적으로 투명하게 만들어주는 것으로, 마술봉 툴( )과 배경 지우개 툴( )을 합쳐놓은 것이라고 할 수 있습니다.

- [Tolerance]: 클릭한 부분과 얼마나 비슷한 색상을 찾아서 지워줄 것인지를 지정하는 것으로, 수치가 높을수록 한 번에 더 많은 영역이 지워집니다. 수치는 0부터 255까지로, 값이 클수록 더 많은 영역을 지웁니다.
- [Contiguous]: 이 옵션에 체크하면 클릭한 부분과 비슷한 색상을 가지고 있는 주위의 픽셀들만 지워주고, 체크하지 않으면 클릭한 부분과 비슷한 색상을 이미지 전체에서 찾아 모두 지워줍니다.

생동감 있는
노트북 광고 디자인 만들기

01

예제 파일 Sample\Theme03\Lesson03\바탕.psd, 노트북.psd, SKATING.jpg, 스케이트선수.jpg
완성 파일 Sample\Theme03\Lesson03\노트북-완성.jpg

키 워 드 문자 툴, [Curves] 적용, [Soft Light] 모드 적용, [Motion Blur] 필터 활용법
길라잡이 스케이트 선수의 시원한 움직임처럼 속도가 빠른 노트북을 소개하기 위한 디자인입니다.

STEP 01 | 새로운 이미지 불러오기

01 **01** 단축키 Ctrl+O를 누르면 나타나는 [Open] 대화상자에서 배경으로 작업할 이미지를 불러옵니다.

◉ 예제 파일
Sample\Theme03\Lesson03\바탕.psd

02 **02** 단축키 Ctrl+O를 누르면 나타나는 [Open] 대화상자에서 새로운 이미지를 불러옵니다. **03** 도구 상자에서 빠른 선택 툴( )을 이용하여 다음 그림처럼 '스케이트 Layer 1'을 선택합니다. **04** 옵션 바에서 [Refine Edge] 버튼을 클릭한 후 **05** 그림처럼 설정합니다.

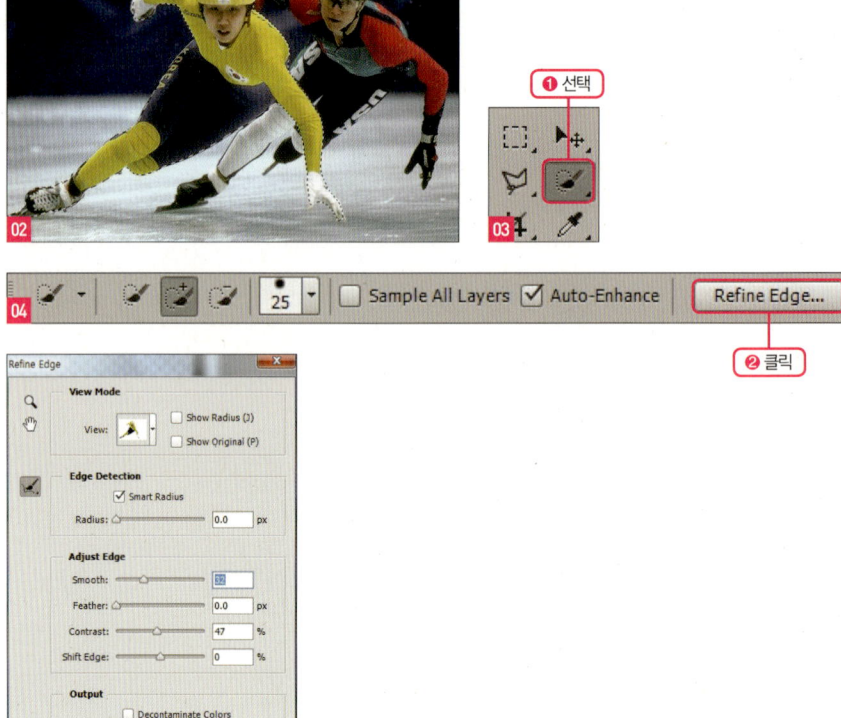

03 06 도구 상자에서 이동 툴(🔸)을 선택한 후 02에서 선택한 '스케이트 Layer 1' 이미지를 클릭, 드래그하여 1번에서 작업한 배경 이미지 창으로 이동하여 복사합니다. 단축키 Ctrl+T를 눌러 [Free Transform]을 실행합니다. 조절점을 드래그하여 '스케이트 Layer 1' 이미지를 축소한 후 그림처럼 이동하고 Enter 를 눌러 적용합니다.

STEP 02 이미지 반사 표현하기

01 01 'Layer 1' 이미지를 복제하기 위해 [Layers] 패널에서 'Layer 1' 레이어를 선택한 후 Ctrl+J를 눌러 레이어를 복사합니다. 02 '스케이트 Layer 1' 이미지를 수직으로 대칭하기 위해 단축키 Ctrl+T를 눌러 [Free Transform]을 실행한 후 마우스 오른쪽 버튼을 클릭하여 [Flip Vertical]을 선택합니다.

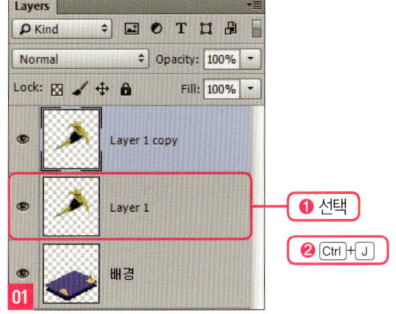

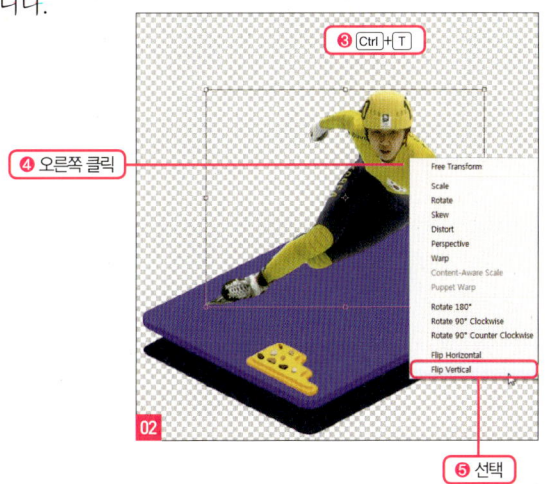

02 |03| [Layers] 패널에서 'Layer 1 copy' 레이어를 선택한 후 [블렌딩 모드]를 'Soft Light' [Opacity] 값을 '60%'로 설정합니다. |04| 빙판에 비치는 사람의 이미지를 좀 더 자연스럽게 조절합니다.

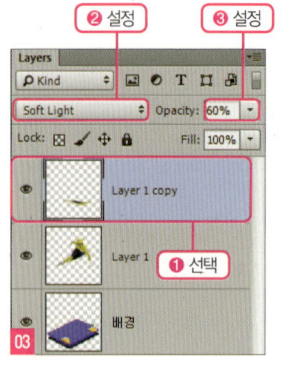

STEP 03 달리는 효과 표현하기

01 |01| 스케이트를 타는 사람의 이미지에 달리는 효과를 주기 위해 'Layer 1' 레이어를 선택한 후 Ctrl+J를 두 번 눌러 레이어를 두 개 복사합니다.

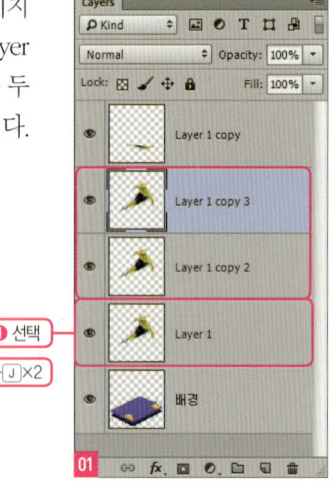

02 |02| 스케이트를 타는 사람의 이미지에 달리는 효과를 주기 위해 [Layers] 패널에서 'Layer 1 copy 2' 레이어를 선택한 후 메뉴의 [Filter-Blur-Motion Blur]를 클릭합니다.
|03| 그림처럼 [Motion] 효과 방향인 [Angle] 값은 달리는 방향을 잘 보고 잡아주어야 합니다. 여기에서 [Angle] 값은 '5°', [Distance] 값은 '80Pixels'로 설정합니다.

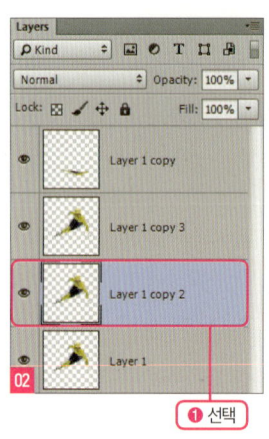
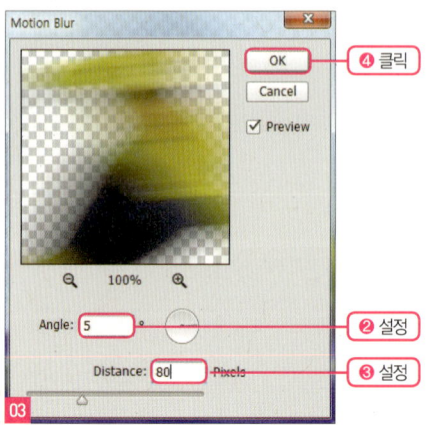

03 04 'Layer 1' 레이어를 선택한 후 다시 한 번 메뉴의 [Fillter-Blue-Motion Blue]를 선택합니다. 그림처럼 Angle 값은 '5°', Distance 값은 '100'으로 설정합니다.

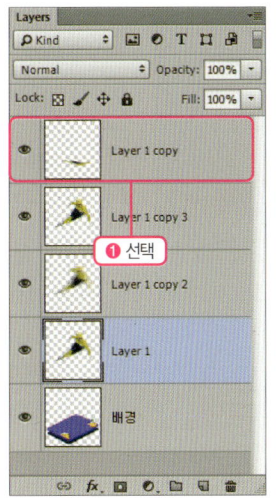 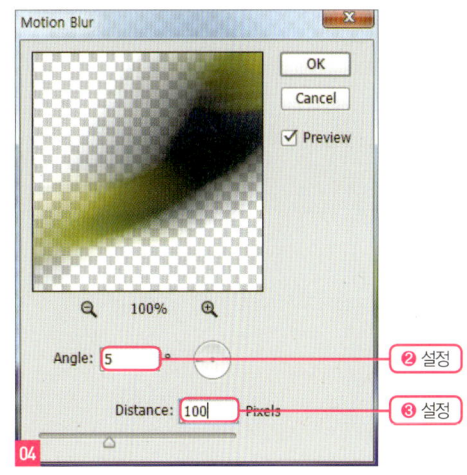

04 05 [Layers] 패널에서 'Layer 1' 레이어와 'Layer 1 copy2' 레이어를 클릭한 후 이동 툴을 선택하여 앞의 02번과 03번에서 작업한 Motion Blue 효과 이미지를 그림처럼 오른쪽으로 이동합니다. 그리고 06 그림처럼 Motion Blue 효과 이미지 주위를 다듬기 위해 지우개 툴(⌫)을 선택하여 자연스럽게 지워줍니다.

05 07 [Layers] 패널에서 모든 레이어를 선택한 후 08 Ctrl+E를 눌러 모든 레이어를 합칩니다.

 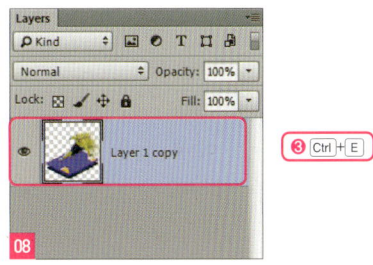

06 09 [Layers] 패널에서 'Layer 1' 레이어를 선택한 후 Ctrl+J를 눌러 레이어를 복사합니다. 'Layer 1 copy 2' 레이어를 선택한 후 [블렌딩 모드]를 'Soft Light' [Opacity] 값을 '50%'로 설정합니다.

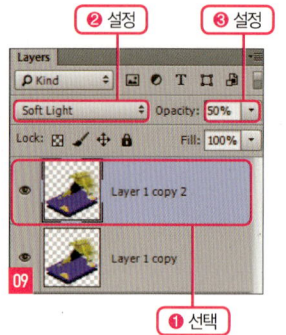

07 10 지금까지 작업한 이미지를 메뉴의 [File-Save As]를 클릭하여 저장합니다.

○ 완성 파일
Sample\Theme03\Lesson03\바탕선수.psd

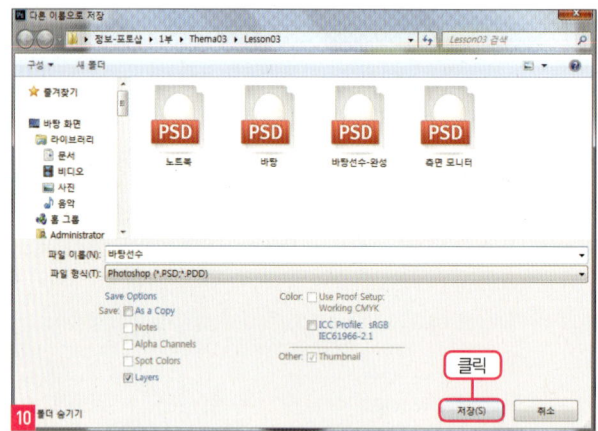

STEP 04 빈 문서 생성 및 이미지 파일 불러오기

01 01 메뉴의 [File-New]를 클릭합니다. 용지 사이즈는 '600×480', 해상도는 '72', [Mode]는 'RGB Color'로 설정하고 [OK] 버튼을 클릭합니다.

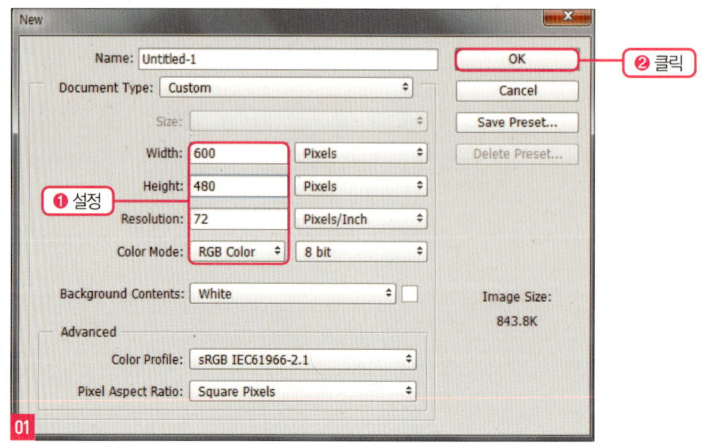

02 **02** 새로운 이미지를 불러오기 위해 단축키 Ctrl+O를 누르거나 메뉴의 [File-Open]을 클릭합니다. **03** 도구 상자에서 이동 툴(▶♣)을 선택한 후 이미지를 클릭, 드래그하여 복사합니다.

◉ 예제 파일
Sample\Theme03\Lesson03\스케이트선수.jpg

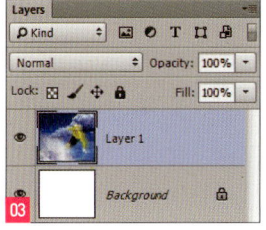

STEP 05 전체 이미지 수평 대칭하기

01 **01** 복사한 레이어를 선택한 후 메뉴의 [Edit-Transform-Flip Horizontal]을 클릭하고 배경 이미지를 수평 대칭으로 조절합니다.

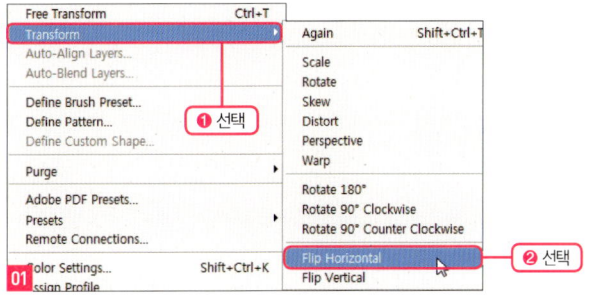

02 **02** [Opacity] 값을 '35%'로 낮춥니다.

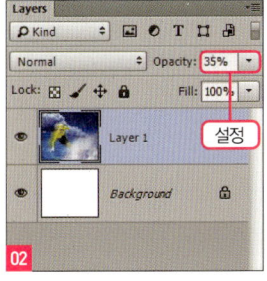

STEP 06 새로운 이미지 불러오기

01 메뉴의 [File-Open]을 클릭합니다. 도구 상자에서 이동 툴( )을 선택한 후 이미지를 클릭, 드래그하여 복사합니다.

● 예제 파일
Sample\Theme03\Lesson03\노트북.psd

02 삽입한 모니터 이미지의 가장자리 부분을 정리하기 위해 메뉴에서 [Layer-Matting-Defringe]를 클릭합니다. 그런 다음 [Width] 값에 '1Pixels' 입력하고 [OK] 버튼을 클릭합니다.

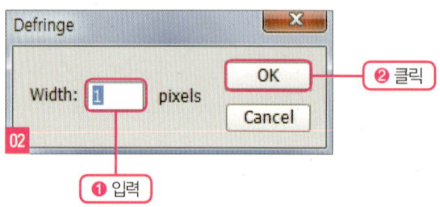

03 단축키 Ctrl+T를 눌러 [Free Transform]을 실행합니다. 조절점을 드래그하여 모니터 이미지를 축소한 후 그림처럼 이동하고 Enter를 눌러 적용합니다.

STEP 07 또 다른 새로운 이미지 불러오기

01 위에서 저장한 파일을 불러오기 위해 메뉴의 [File-Open]을 클릭합니다. 도구 상자에서 이동 툴( )을 선택한 후 이미지를 클릭, 드래그하여 복사합니다.

● 예제 파일
Sample\Theme03\Lesson03\바탕선수.psd

02 02 단축키 Ctrl+T를 눌러 [Free Transform]을 실행합니다.
03 조절점을 드래그하여 앞 01번에서 불러온 이미지를 축소한 후 그림처럼 이동하고 Enter를 눌러 적용합니다.

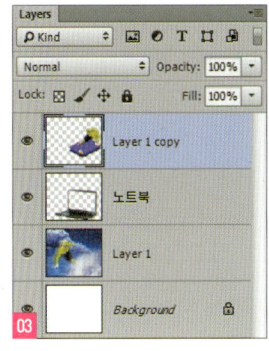

STEP 08 Layer 패널을 활용한 이미지 배치하기

01 01 [Layers] 패널에서 'Layer 1 copy' 레이어를 '노트북' 레이어 아래로 이동합니다.

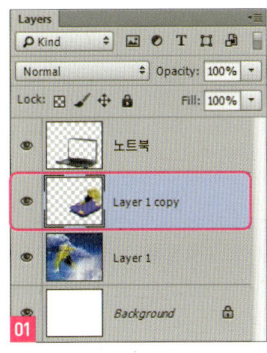

02 02 [Layers] 패널에서 '노트북' 레이어를 선택한 후 03 도구 상자의 다각형 툴(✶)을 이용해 04 그림처럼 노트북 위쪽의 일부분을 선택합니다.

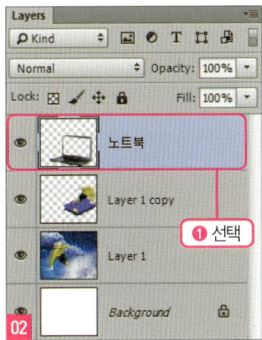
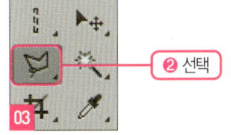

03 05 [Layers] 패널에서 '노트북' 레이어를 선택한 후 위에서 선택한 부분을 삭제하기 위해 Delete 를 누릅니다.
06 그런 다음 [Create new fill or adjustment layer] 버튼( )을 클릭하고 [Curves]를 선택합니다.

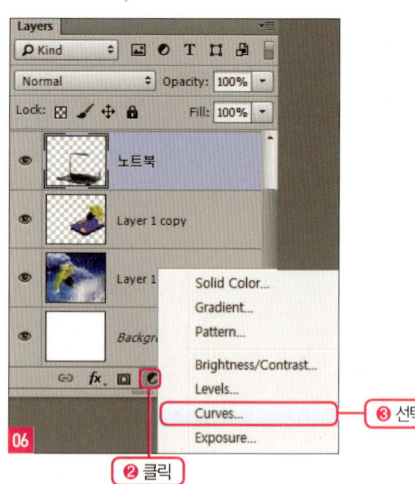

STEP 09 [Curves] 패널을 활용하여 마무리하기

01 01 [Layers] 패널에 새롭게 추가된 레이어를 확인할 수 있습니다.
02 [Properties-Curves] 패널을 연 후 S자 곡선을 만들어주면 멋진 이미지가 완성됩니다.

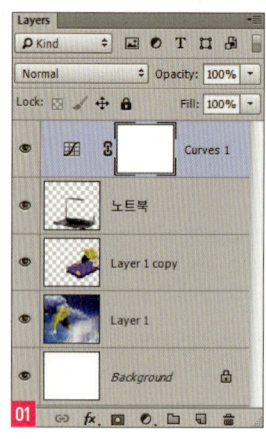
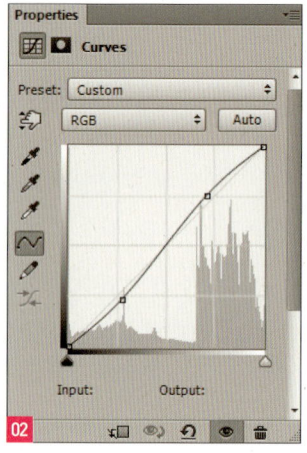

02 03 원본 이미지와 비교해보면 선명한 색상의 깊이감이 살아 있는 사진으로 보정된 것을 알 수 있습니다.

STEP 10 문자 입력하기

01 01 문자를 삽입하기 위해 문자 툴(T)을 이용하여 원하는 글자를 입력합니다. 문자 툴의 옵션 바에서 색상, 글꼴과 문자 크기를 지정한 후 입력합니다. 02 완성된 결과물을 확인할 수 있습니다.

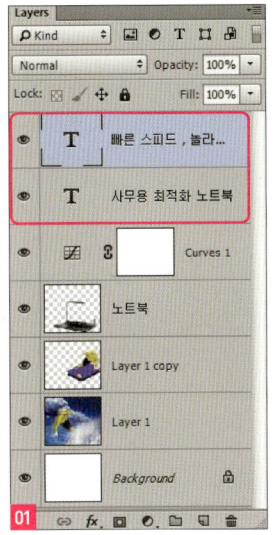

어느 각도에서나 뚜렷하게
178도 광시야각 ...

각도를 자유롭게 표현하는
모니터 광고 만들기

02

예제 파일 Sample\Theme03\Lesson03\그림.jpg, 측면 모니터.psd, 그리드.ai
완성 파일 Sample\Theme03\Lesson03\모니터-완성.jpg

키 워 드 일러스트 파일 불러오기, 마스크 레이어 활용, 문자 툴 활용법
길라잡이 일러스트로 작업한 그리드를 불러온 후 이미지를 그리드 영역에 맞추어 배치합니다. 정면, 측면에 위치한 이미지들을 바닥에 자연스럽게 반사 효과로 표현합니다.

STEP 01 빈 화면과 이미지 불러오기

01 01 메뉴의 [File-New]를 클릭합니다. 용지 사이즈는 '297×210', 해상도는 '72', [Mode]는 'RGB Color'로 설정하고 [OK] 버튼을 클릭합니다.

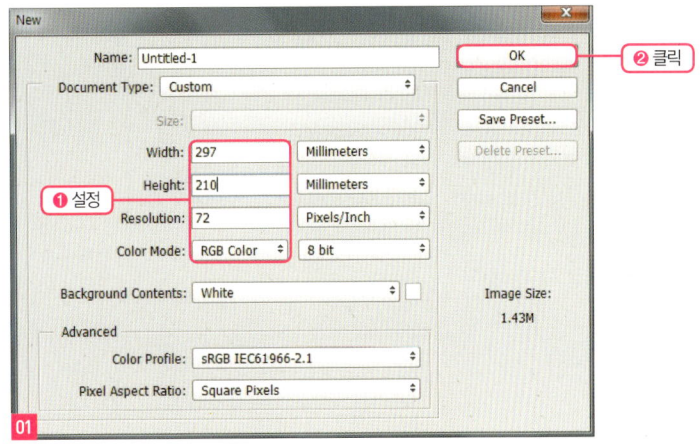

02 02 메뉴의 [File-Open]을 클릭합니다. 도구 상자에서 이동 툴(▸)을 선택한 후 이미지를 01에서 만든 새문서로 클릭, 드래그하여 복사합니다.

◉ 예제 파일
Sample\Theme03\Lesson03\측면 모니터.psd

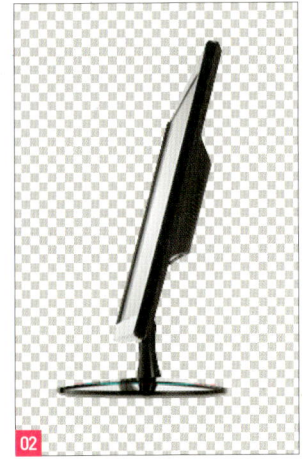

03 03 Ctrl+T를 눌러 [Free Transform]을 실행합니다. 조절점을 드래그하여 모니터 이미지를 축소한 후 그림처럼 이동하고 Enter를 눌러 적용합니다.

STEP 02 일러스트 파일 불러오기

01 **01** 일러스트레이터에서 작업한 그리드를 불러오기 위해 메뉴의 [File-Place Embedded]를 선택합니다.
02 [Open As Smart object] 대화상자의 [Crop To] 옵션에서 [Bounding Box]로 설정하여 불러옵니다. **03** 이미지 삽입 작업을 완료하기 위해 이동 툴( )을 선택한 후 이미지를 클릭, 드래그하여 이동합니다.

● 예제 파일
Sample\Theme03\Lesson03\그리드.ai

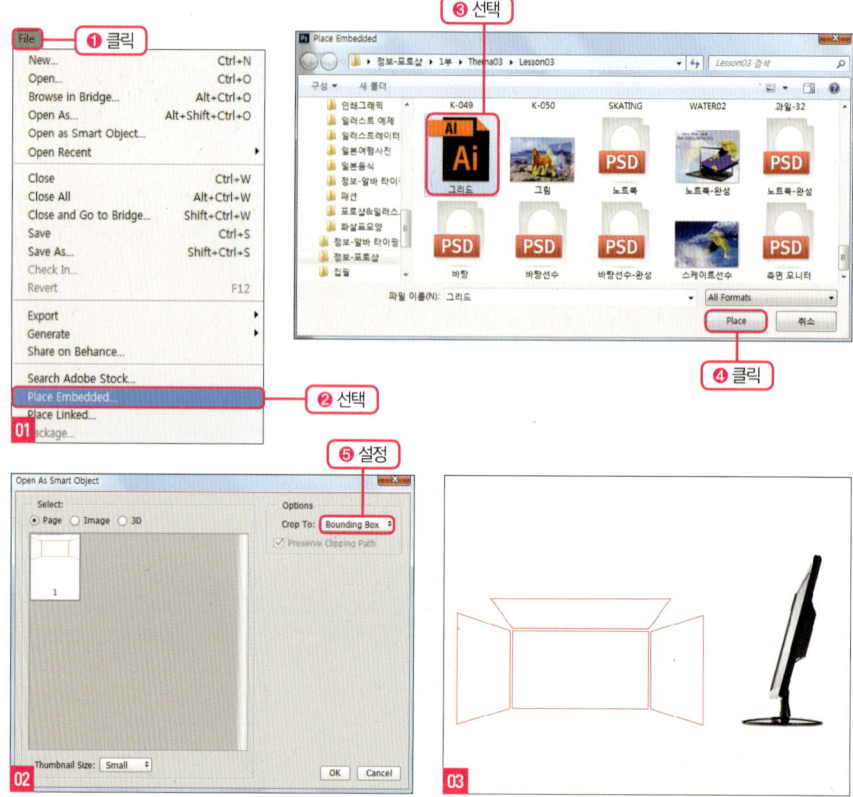

STEP 03 새로운 이미지 불러오기

01 **01** 메뉴의 [File-Open]을 클릭합니다. 도구 상자에서 이동 툴( )을 선택한 후 이미지를 클릭, 드래그하여 복사합니다.

● 예제 파일
Sample\Theme03\Lesson03\그림.jpg

02 **02** 단축키 Ctrl+T를 눌러 [Free Transform]을 실행합니다. 앞에서 불러온 그리드를 중심으로 조절점을 드래그하여 그림 이미지 크기를 그림처럼 조절한 후 Enter를 눌러 적용합니다.

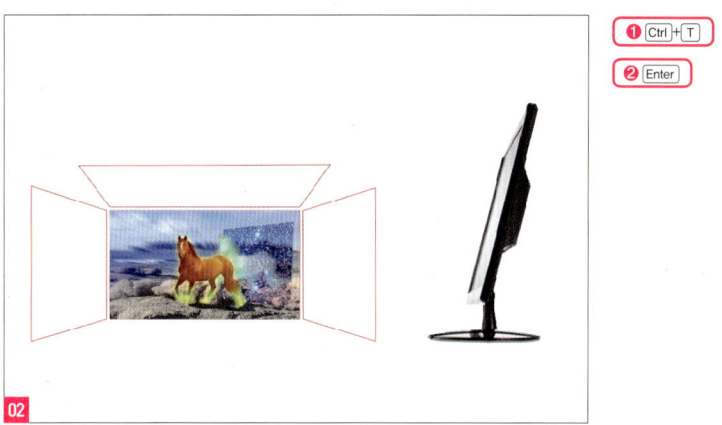

STEP 04 그리드 영역에 맞추어 크기 조절하기

01 **01** '스케이트 Layer 1' 이미지를 복제하기 위해 [Layers] 패널에서 'Layer 1' 레이어를 선택한 후 단축키 Ctrl+J를 세 번 눌러 레이어를 복사합니다.

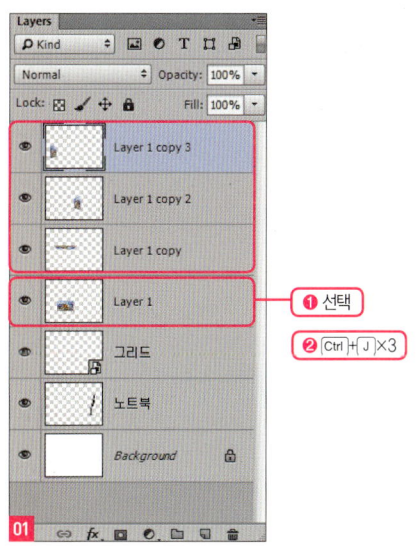

02 **02** 각 레이어를 클릭한 후 단축키 Ctrl+T를 눌러 [Free Transform]을 실행합니다. 앞에서 불러온 그리드를 중심으로 조절점을 드래그하여 그림 이미지의 크기를 조절한 후 Enter를 눌러 적용합니다.

STEP 05 이미지 반사 효과 표현하기

01 반사되는 이미지를 작업하기 위해 [Layers] 패널에서 'Layer 1' 레이어를 선택한 후 단축키 Ctrl+J를 눌러 레이어를 복사합니다. 01 'Layer 1 copy 4' 레이어를 선택한 후 이미지를 수직으로 대칭하기 위해 단축키 Ctrl+T를 눌러 [Free Transform]을 실행하고 마우스 오른쪽 버튼을 클릭하여 [Flip Vertical]을 선택합니다.

02 02 자연스러운 효과를 주기 위해 그레이던트 툴(▣)을 클릭한 후 전경색을 검은색으로 지정합니다. 그레이던트 편집 창에서 두 번째인 투명 그레이던트를 선택한 후 상단 옵션바에서 직선 그레이던트 도구를 선택합니다.

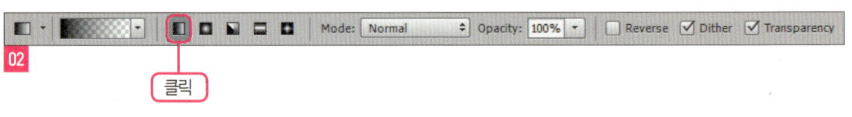

03 03 위에서 작업한 그림 이미지를 자연스럽게 표현하기 위해 레이어 창의 맨 하단에 있는 마스크 레이어 도구 상자(▣)를 클릭합니다. 04 그런 다음 그림처럼 그림 이미지를 아래에서 위로 클릭, 드래그하여 그레이던트 효과를 표현합니다. [Opacity] 값을 '35%'로 낮춥니다.

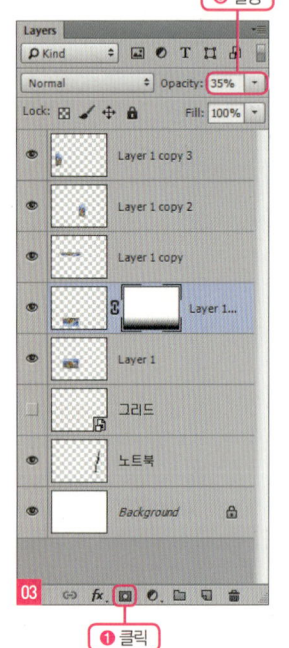
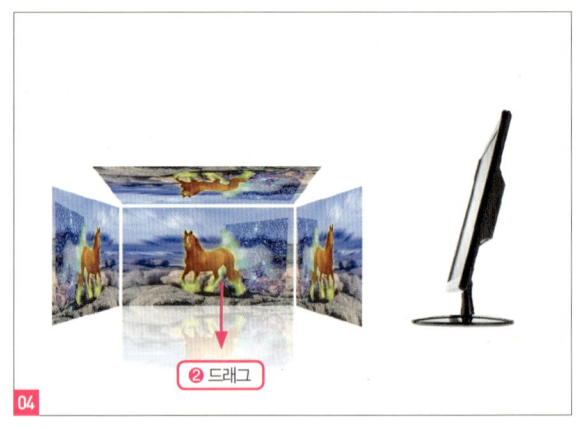

04 ⑤ 앞에서 배치한 이미지들을 각각의 레이어에 복제한 후 그림처럼 작업합니다. ⑥ 이미지를 아래에서 위로 클릭, 드래그하여 그레이디언트 효과를 표현합니다. [Opacity] 값을 '25%'로 낮춥니다.

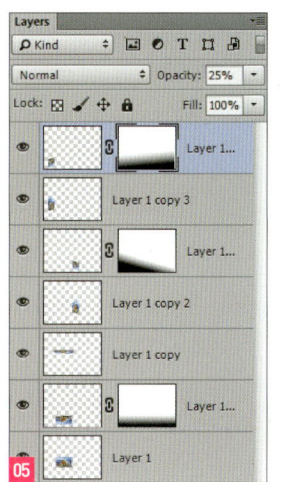

STEP 06 문자 입력하기

01 ① 문자를 삽입하기 위해 문자 툴(T.)을 이용하여 원하는 글자를 입력합니다. 문자 색을 '흰색'으로 지정한 후 문자 툴의 옵션 바에서 글꼴과 문자 크기를 설정합니다.

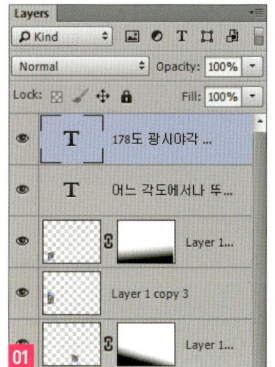

02 ② 완성된 것을 확인할 수 있습니다.

Transform 이해하기

선택된 이미지의 이동, 확대, 축소, 반전 등을 자유롭게 할 수 있습니다. [Free Transform]을 선택하면 선택 영역 주위에 있는 박스를 이용하여 확대, 축소가 가능합니다.

1 메뉴의 [Edit-Transform]을 클릭하거나 단축키 Ctrl + T 를 눌러 [Free Transform]을 실행합니다.

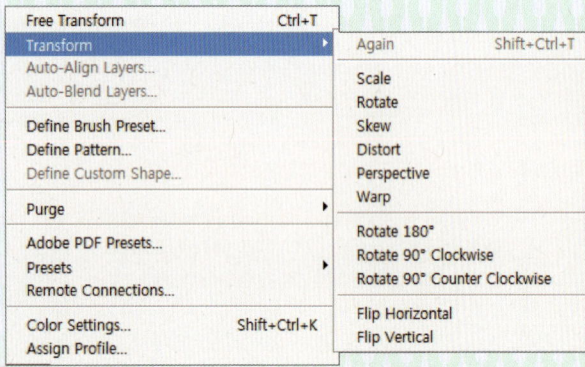

2 조절점을 드래그하여 크기나 형태를 조절한 후 더블클릭하거나 Enter 를 눌러 적용합니다.

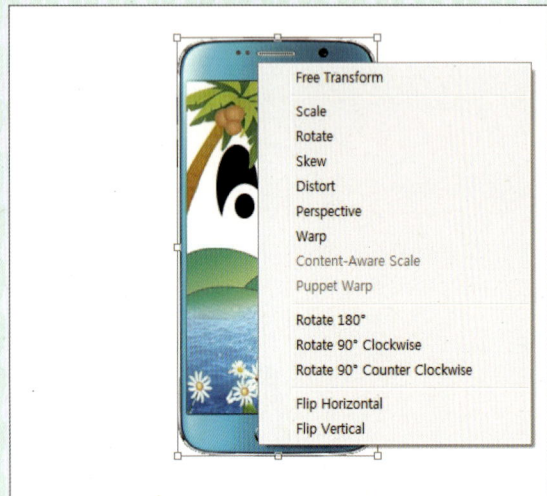

▲ Scale

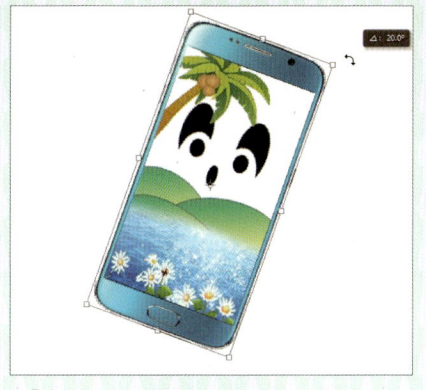
▲ Rotate

▲ Skew

▲ Distort

▲ Perspective

▲ Warp

▲ Rotate 180

▲ Rotate 90 CW

▲ Rotate 90 CCW

▲ Flip Horizontal

▲ Flip Vertical

LESSON 04 간판 디자인

카페로 들어오게 하는 마법의 주문 같은 것이 간판 디자인입니다. 아무리 예쁜 카페라도 어떤 것이 있는지 모르면 발길이 쉽게 닿지 않지요. 메뉴판을 밖에 놓아두면 훨씬 많은 사람을 끌어모을 수 있어요. 낡은 듯한 이미지나 고물 느낌을 전달하기 위해서는 세련되고 깔끔한 이미지보다 더 많은 손질이 필요합니다.

 레이어 스타일(Layer Style) 알아보기

- 레이어 스타일(Layer Style)은 다양한 효과가 레이어 이미지에 링크된 상태로 존재하며, 이미지에 변형이 가해지면 자동으로 변화에 적응된 상태로 유지됩니다.
- 레이어에 레이어 스타일을 적용하면 레이어 이름의 우측에 'f'라는 아이콘이 표시됩니다.
- 레이어에 적용된 레이어 스타일들은 레이어 하단에 리스트로 나열되며, Style 이름을 더블클릭하면 옵션을 수정할 수 있습니다.

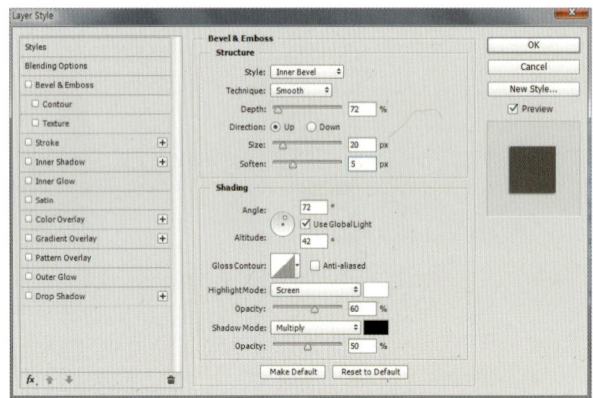

예제 파일 Sample\Theme03\Lesson04\스타일.psd

❶ **Bevel & Emboss** 하이라이트와 그림자로 인한 다양한 효과를 이미지에 적용합니다. 선택한 레이어 이미지에 다양한 입체 효과를 만듭니다.

ⓐ **Contour** 다양한 윤곽을 지정할 수 있습니다.

ⓑ **Texture** 다양한 재질감을 지정할 수 있습니다.

❷ **Stroke** 작업 중인 레이어에 외곽선을 만들 수 있습니다.

❸ **Inner Shadow** 선택한 레이어의 이미지 내부에 그림자 스타일을 적용합니다. 문자 레이어에 많이 사용합니다.

❹ **Inner Glow** 레이어의 외곽 테두리에 외부 광선 스타일을 적용합니다.

❺ **Satin** 레이어 표면에 광택 효과를 만듭니다. [Contour] 옵션을 조절하면 부드러운 광택 효과를 얻을 수 있습니다.

❻ **Color Overlay** 작업 중인 레이어에 색상을 덮어씌웁니다. 블렌드 모드와 투명도를 조절하여 색상 그대로를 덮어씌우거나 부드럽게 덮어씌울 수 있습니다.

❼ **Gradient Overlay** 작업 중인 레이어에 그라데이션 색상을 덮어씌웁니다. 블렌드 모드와 투명도를 조절하여 그라데이션 색상을 덮어씌울 수 있습니다.

❽ **Pattern Overlay** 작업 중인 레이어에 패턴을 채웁니다.

❾ **Outer Glow** 레이어의 외곽 테두리에 외부 광선 스타일을 적용합니다.

❿ **Drop Shadow** 선택한 레이어에 그림자 스타일을 적용합니다.

01
커피숍 메뉴판 디자인 만들기

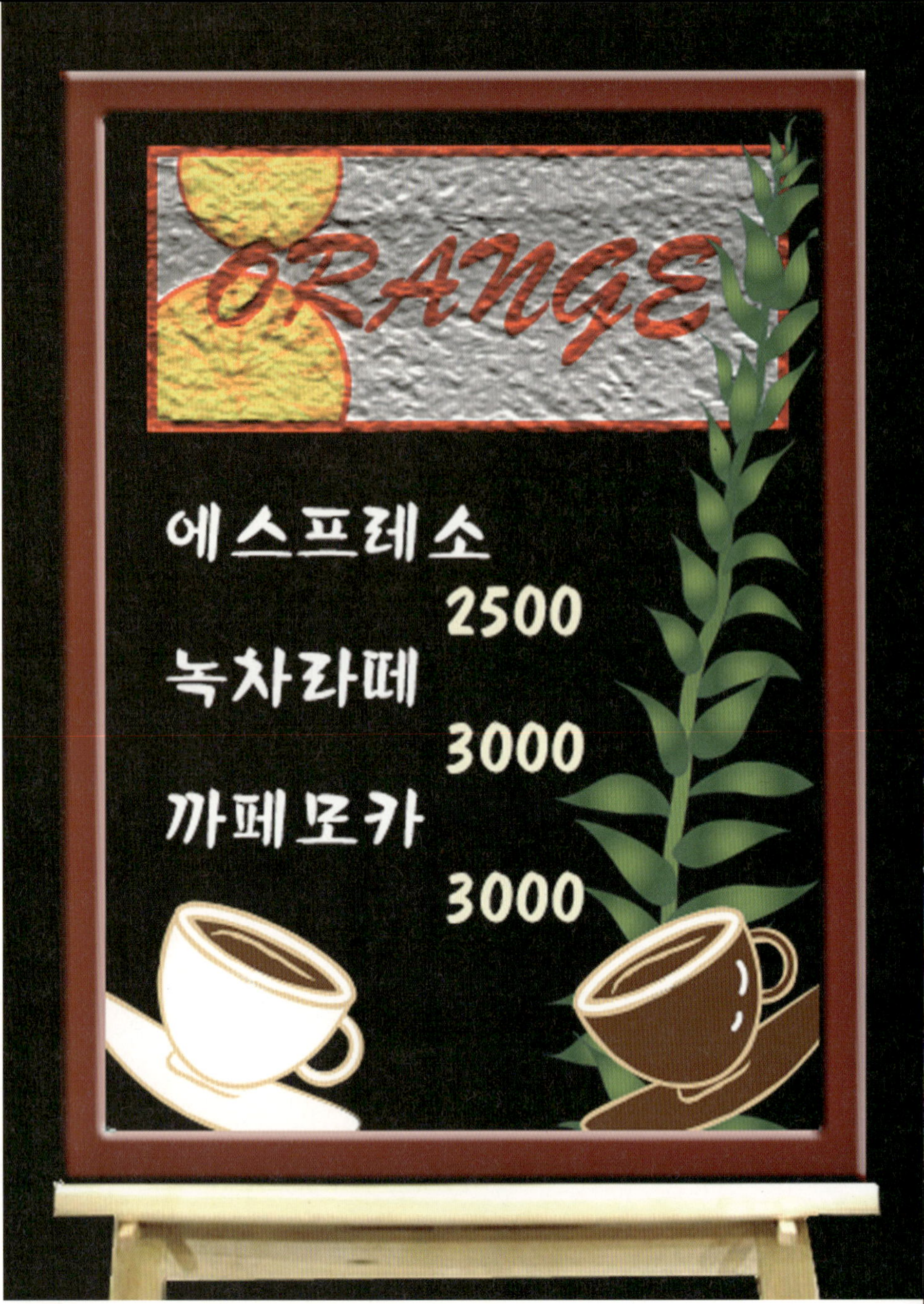

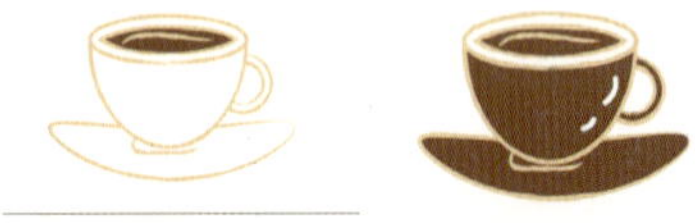

예제 파일 Sample\Theme03\Lesson04\메뉴판.psd, orange.psd, 물잎.psd, cafe-1.ai, cafe-2.ai
완성 파일 Sample\Theme03\Lesson04\메뉴판-완성.jpg

키 워 드 [Brightness/Contrast] 적용, [Clouds], [Bas Relief], [Texturizer], [Craquelure] 필터 활용, 일러스트 파일 사용하기
길라잡이 좀 더 낡아 보여야 하고, 더욱 지저분할 필요가 있는 이미지에 오래된 고철 질감을 표현하기 위한 필터 조합 과정을 살펴봅니다.

STEP 01 [Clouds] 필터 적용하기

01 **01** 메뉴의 [File-New]를 클릭합니다. 용지 사이즈에 '800×600', 해상도에 '72', [Color Mode]는 'RGB Color'를 선택합니다. [OK] 버튼을 클릭합니다.

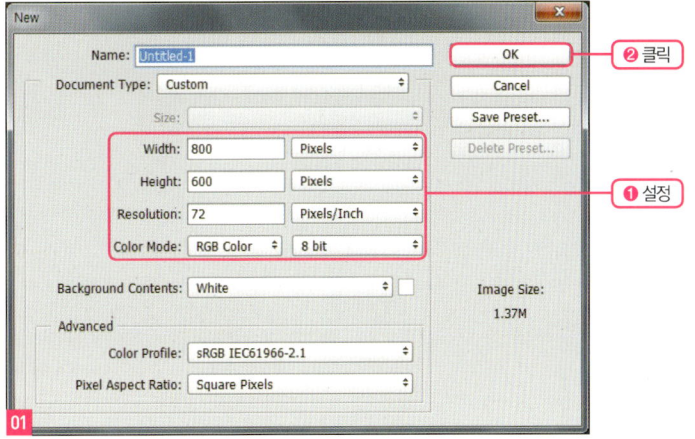

02 **02** 도구 상자에서 전경색과 배경색을 기본색으로 지정합니다. 그런 다음 **03** 메뉴의 [Filter-Render-Clouds]를 선택합니다.

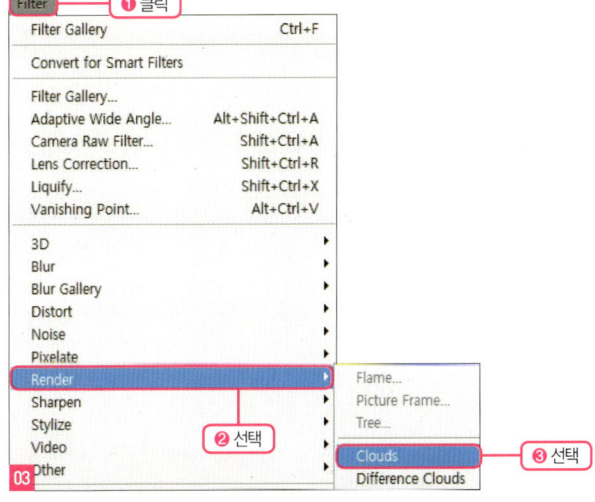

구름 효과 만들기

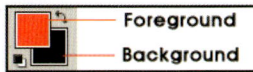

전경색(Foreground): 작업 화면에 페인팅 작업을 했을 때 나타나는 색상
배경색(Background): 지우개 툴 또는 Delete 로 지웠을 때 나타나는 색상

[Filter-Render-Clouds] 명령
전경색과 배경색을 섞어 구름 효과를 만들어줍니다. 미리 선택 영역을 만들어두면 그 영역에만 효과가 적용됩니다.

STEP 02 [Bas Relief] 필터 적용하기

01 **01** 메뉴의 [Filter-Sketch-Bas Relief]를 클릭합니다.
02 그런 다음 메뉴의 [File-Save As]를 클릭하여 완성된 이미지를 'pattern.psd' 파일로 저장합니다.

● 예제 파일
Sample\Theme03\Lesson04\pattern.psd

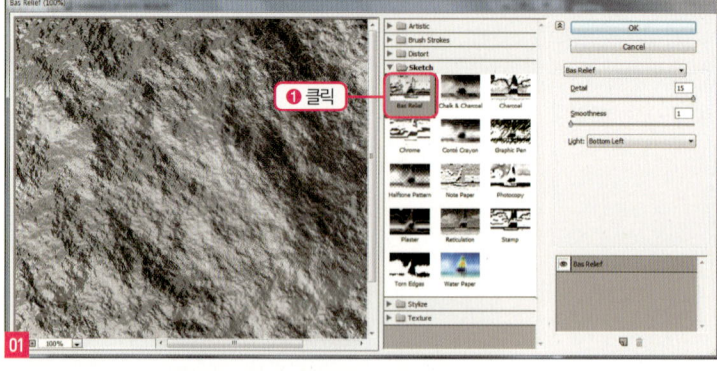

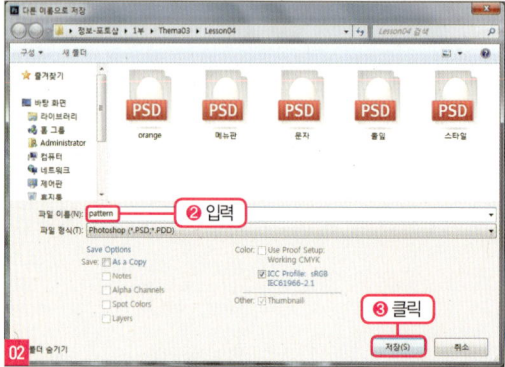

TIP
[Filter-Sketch-Bas Relief] 메뉴
이미지의 명암 차이에 의해 조각칼로 파낸 듯 입체 효과를 표현합니다.

STEP 03 [Texturizer] 필터 적용하기

01 **01** 새로운 이미지를 불러오기 위해 단축키 Ctrl+O를 누르면 나타나는 [Open] 대화상자에서 표지판 제목으로 작업할 이미지를 불러옵니다.

● 예제 파일
Sample\Theme03\Lesson04\orange.psd

02 02 메뉴의 [Filter-Filter Gallery]를 실행한 후 [Filter Gallery] 대화상자의 [Texture-Texturizer]를 선택합니다.

[Texture] 옵션 설정의 화살표 버튼(▶)으로 [Load Texture] 명령을 실행합니다. 03 [Load Texture] 대화상자에서 'pattern.psd' 파일을 소스로 불러들입니다. 04 [OK] 버튼으로 효과를 적용합니다.

◉ 예제 파일
Sample\Theme03\Lesson04\pattern.psd

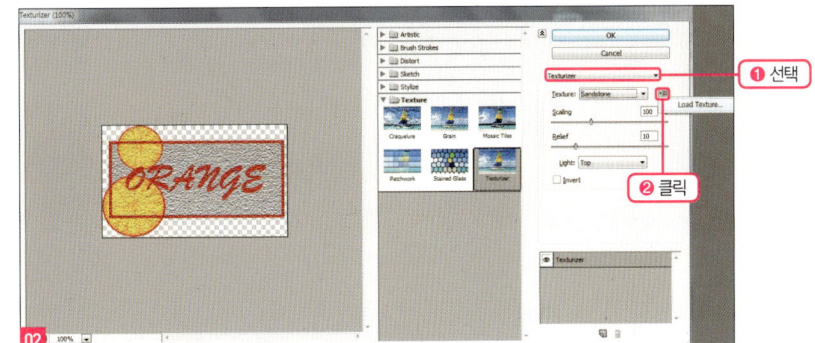

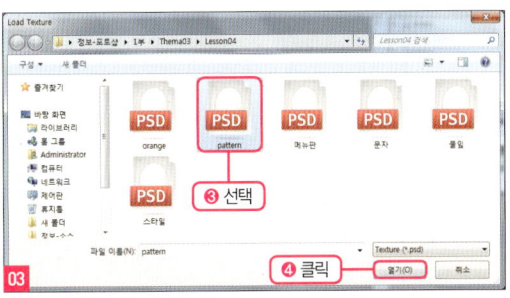

[Texture-Texturizer] 메뉴
사용자가 원하는 질감을 만들어 적용할 수 있습니다. 예를 들어 벽돌, 삼베, 캔버스 등의 질감을 낼 수 있습니다.

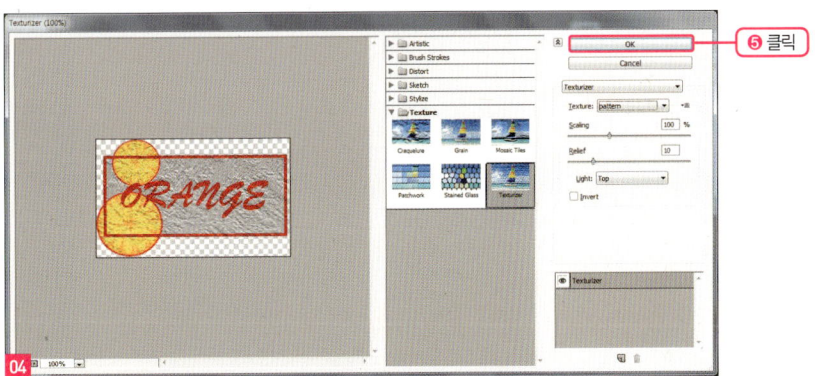

03 05 중간 부분이 자연스럽게 우그러져 접혀진 느낌을 표현하기 위해 올가미 툴(◯)로 06 그림처럼 선택합니다.

STEP 04 이미지의 색상 밝기 및 선명도 조절하기

01 메뉴의 [Image-Adjustments-Brightness/Contrast]를 선택합니다.

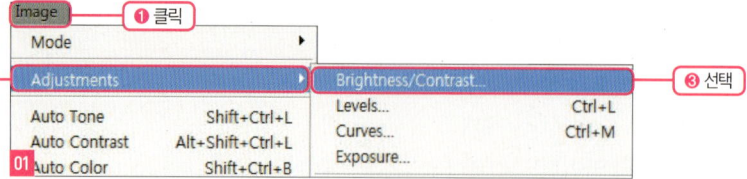

02 [Brightness/Contrast] 대화상자의 [Brightness]에 '-30'을 입력하고 [OK] 버튼을 클릭합니다.

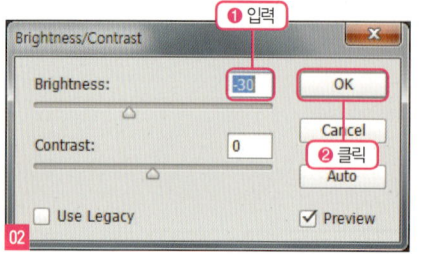

STEP 05 [Craquelure] 필터 적용하기

01 단축키 Ctrl+D를 눌러 선택 영역을 해제합니다. 메뉴의 [Filter-Filter Gallery]를 실행한 후 [Filter Gallery] 대화상자의 [Texture-Craquelure]를 선택합니다.

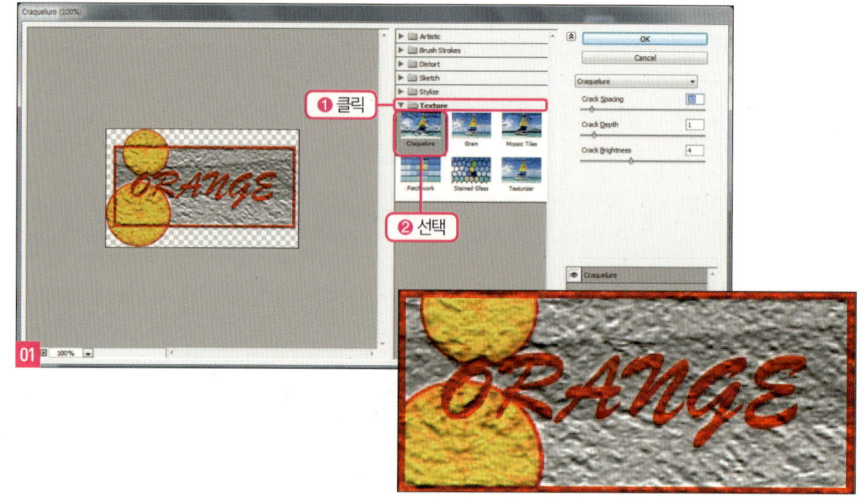

02 **02** [File-Save As]를 선택한 후 파일 형식은 'JPEG(*.Jpg)'를 선택하고, 완성된 이미지를 'orange.jpg' 파일로 저장합니다.

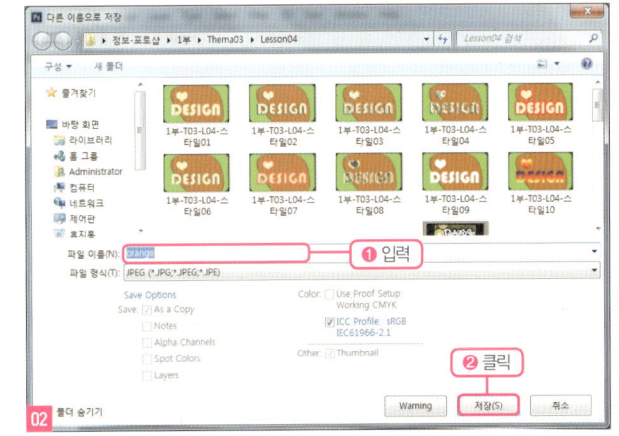

[Texture-Craquelure] 메뉴
작업 이미지의 표면에 균열이 생긴 것처럼 만들어줍니다. 벽에 바른 진흙이 말라 균열이 생긴 질감을 표현합니다.

STEP 06 새로운 포토샵 파일 불러오기 및 배치하기

01 **01** 새로운 이미지를 불러오기 위해 Ctrl+O를 누르거나 메뉴의 [File-Open]을 클릭합니다.

◎예제 파일
Sample\Theme03\Lesson04\메뉴판.psd

02 **02** 다시 한 번 앞에서 저장한 파일을 불러오기 위해 Ctrl+O를 눌러 파도 이미지를 불러옵니다. **03** 이동 툴()을 선택한 후 이미지를 클릭, 드래그하여 복사합니다. Ctrl+T를 눌러 [Free Transform]을 실행한 후 조절점을 드래그하여 크기를 조절하고 그림처럼 이동하고 Enter↵를 눌러 적용합니다.

◎예제 파일
Sample\Theme03\Lesson04\orange.jpg

STEP 07 일러스트 파일 불러와 문자 입력하기

01 **01** 일러스트레이터 파일을 불러오기 위해 메뉴의 [File-Place Embedded]를 선택합니다. **02** [Open As Smart object] 대화상자의 [Crop To] 옵션에서 [Bounding Box]로 설정하여 불러옵니다. 이미지 삽입 작업을 완료하기 위해 이동 툴(⊕)을 선택한 후 이미지를 클릭, 드래그하여 이동합니다.

● 예제 파일
Sample\Theme03\Lesson04\cafe-1.ai

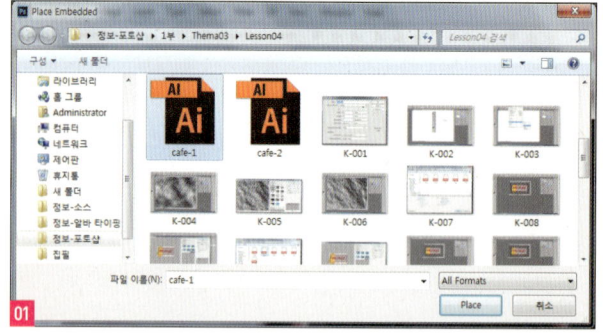

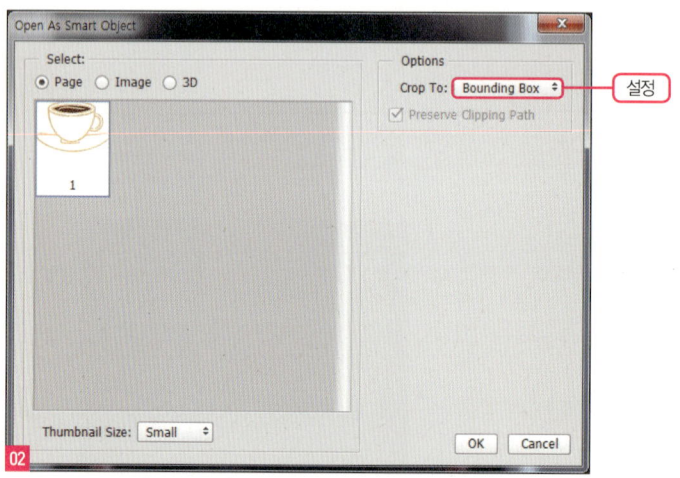

02 **03** Ctrl+T를 눌러 [Free Transform]을 실행합니다. 조절점을 드래그하여 커피잔 이미지를 축소한 후 그림처럼 이동하고 Enter↲를 눌러 적용합니다.

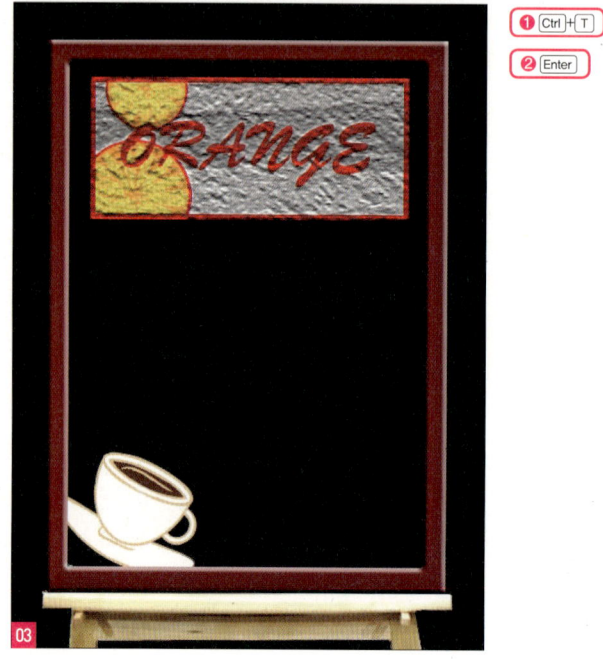

03 ⁰⁴ 01, 02를 반복한 후 ⁰⁵ 일러스트레이터 파일과 포토샵 파일을 불러와 ⁰⁶ 그림처럼 배치합니다.

◎ 예제 파일
Sample\Theme03\Lesson04\cafe-2.ai, 물 잎.psd

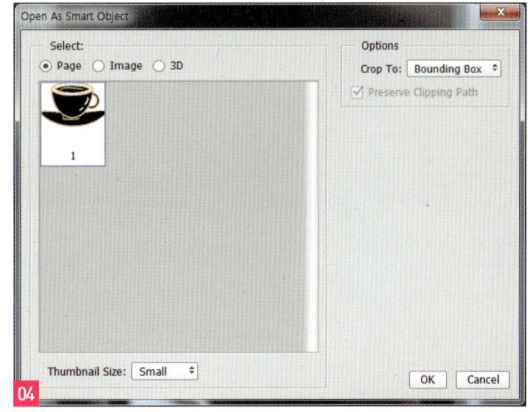

04 ⁰⁷ 문자를 삽입하기 위해 문자 툴(T)을 이용하여 원하는 글자를 입력합니다. 문자 색을 흰색으로 지정한 후 문자 툴의 옵션 바에서 글꼴과 문자 크기를 설정합니다. 완성된 것을 확인할 수 있습니다.

카페 로고 만들기

02

예제 파일 Sample\Theme03\Lesson04\cafe-1.ai, 간판.jpg, 문자.psd
완성 파일 Sample\Theme03\Lesson04\간판-완성.jpg

키 워 드 [Gradient Overlay], [Bevel & Emboss], [Inner Glow], [Drop Shadow] 스타일 적용, 스타일 복사 및 붙여 넣기, 일러스트 파일 불러오기

길라잡이 [Gradient Overlay] 효과로 채색하고, [Bevel & Emboss]로 볼륨감을 표현합니다. [Inner Glow]로 두 겹으로 이루어진 고무 효과를 만들고, [Drop Shadow]로 그림자를 만듭니다.

STEP 01 포토샵 파일 불러오기

01 **01** 새로운 이미지를 불러오기 위해 Ctrl+O를 누르거나 메뉴의 [File-Open]을 선택합니다.

◎ 예제 파일
Sample\Theme03\Lesson04\문자.psd

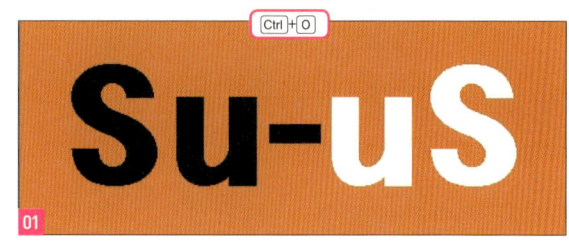

02 **02** [Layers] 패널에서 'us' 레이어를 선택합니다.

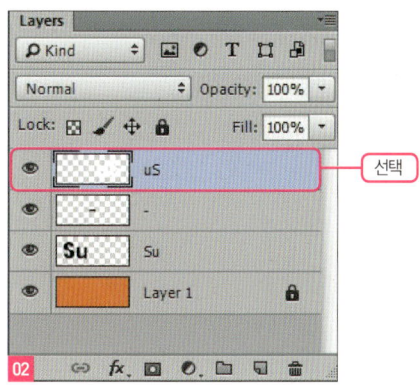

STEP 02 [Gradient Overlay] 스타일 적용하기

01 **01** [Layers] 패널에서 'su' 레이어를 선택한 후 레이어 창의 하단에서 **02** [Layer Effect] 도구 상자(fx.)를 클릭하고 [Gradient Overlay]를 선택합니다.

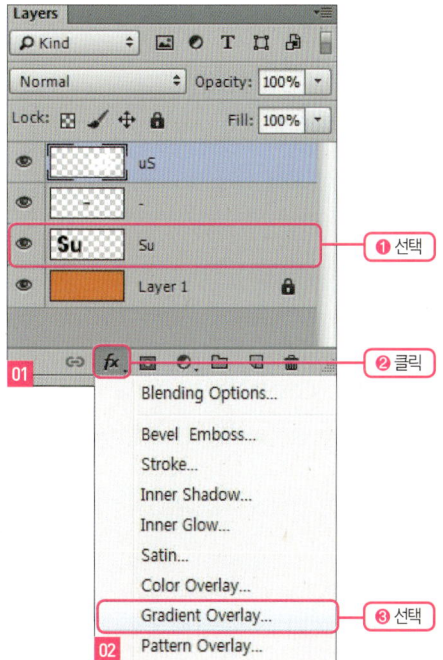

02 03 [Gradient Editor] 대화상자에서 그림처럼 그라데이션 색을 설정합니다. 그런 다음 04 레이어 스타일에서 [Gradient Overlay] 옵션에 [Angle]을 '-90°'로 적용합니다.

TIP
[Angle] 지정과 [Reverse]의 혼용
[Gradient Overlay] 옵션의 [Reverse] 기능은 진행 방향을 반대로 바꿔줍니다. [Angle] 지정과 [Reverse] 기능을 필요에 따라 선택적으로 사용합니다.

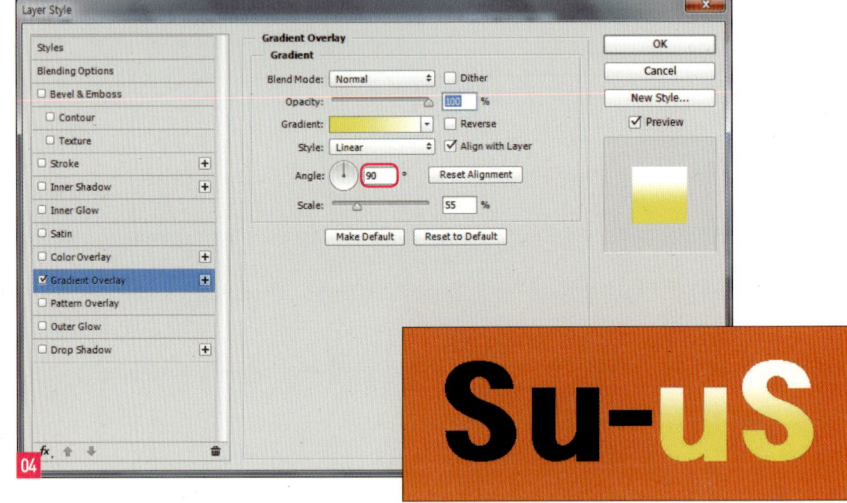

STEP 03 [Bevel & Emboss] 스타일 적용하기

01 01 [Layer Style] 대화상자의 좌측 리스트에서 [Bevel & Emboss]를 적용합니다.

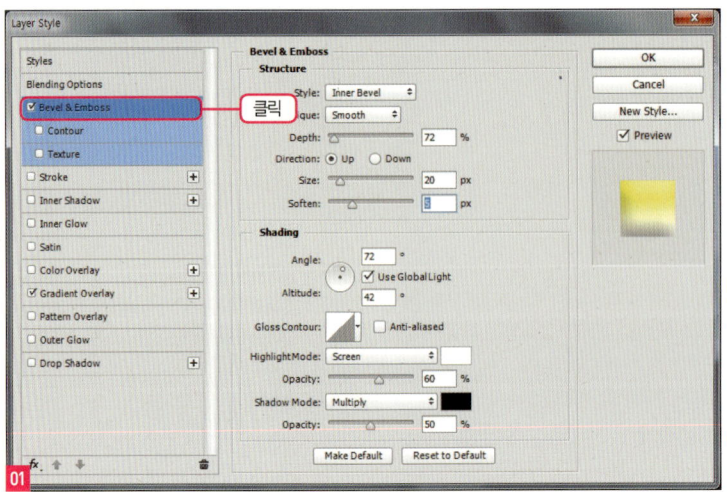

02 　02 [Layer Style] 대화상자의 좌측 리스트에서 [Bevel & Emboss] 하단의 [Contour]를 선택합니다. [Contour] 옵션 설정에서 [Contour: Half Range]를 적용합니다.

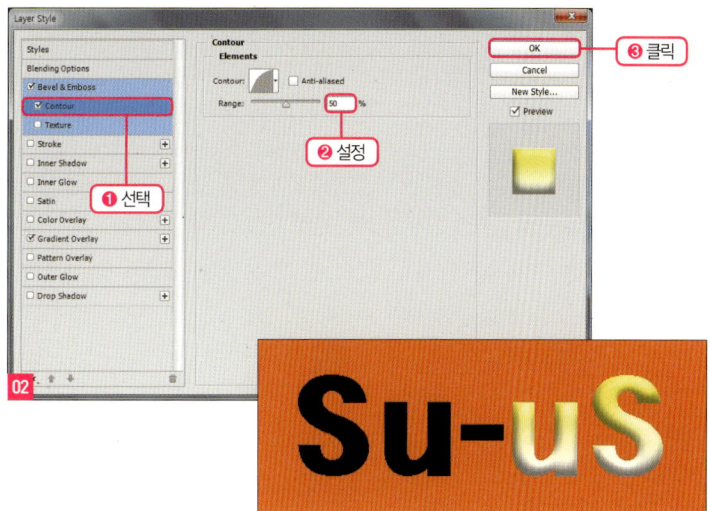

STEP 04 [Inner Glow] 스타일 적용하기

01 　01 [Layer Style] 대화상자의 [Inner Glow]를 선택합니다. [Inner Glow] 옵션의 [Gradient] 색상 막대를 클릭하여 [Gradient Editor] 대화상자를 엽니다.

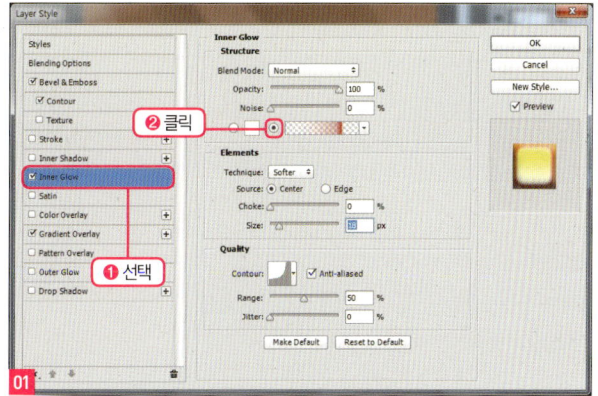

02 　02 [Gradient Editor] 대화상자의 [Gradient] 편집 막대에서 '0%' 지점에 백색(#FFFFFF) [Color Stop], '100%' 지점에 Brown 계열색(R: 211, G: 0, B: 0, #D30000) [Color Stop]을 넣습니다. '0', '75%' 지점에 '0%' [Opacity Stop]를 만들고, '72%' 지점에 '100%' [Opacity Stop]을 추가합니다. [OK] 버튼을 클릭하여 [Gradient]를 적용합니다.

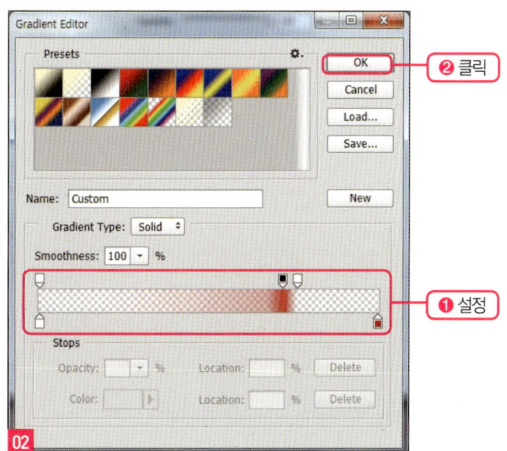

STEP 05 [Drop Shadow] 스타일을 적용하고 레이어 스타일 복사 및 붙여 넣기

01 **01** [Layer Style] 대화상자의 좌측 리스트에서 [Drop Shadow]를 선택합니다.

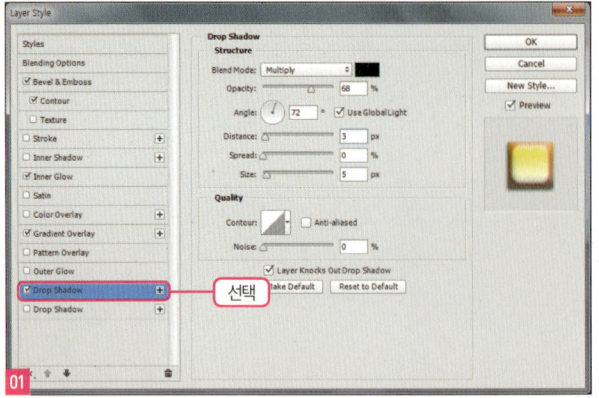

02 **02** [Layers] 패널의 'us' 레이어에 마우스 오른쪽 버튼을 클릭한 후 [Copy Layer Style]을 선택하여 지금까지 작업한 레이어 스타일을 복사합니다. **03** [Layers] 패널의 'su' 레이어에 마우스 오른쪽 버튼을 클릭한 후 [Paste Layer Style]을 선택하여 레이어 스타일을 붙여 넣습니다.

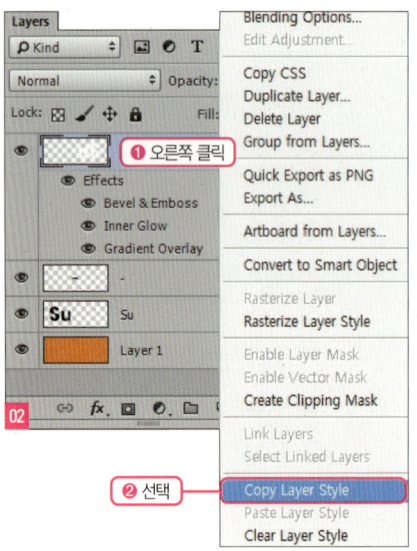

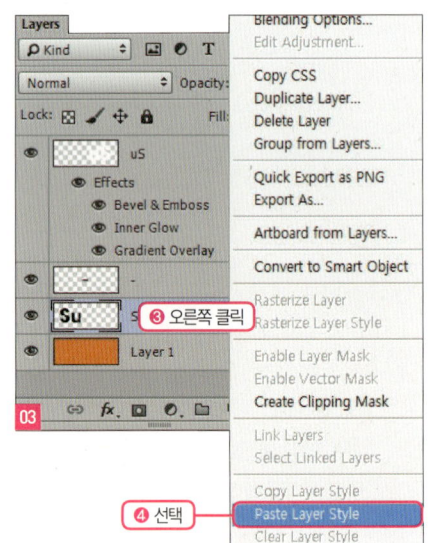

STEP 06 각 레이어 스타일 수정하기

01 　01 [Layers] 패널의 'su' 레이어 하단 [Effects] 리스트에서 [Gradient Overlay]를 더블클릭하여 [Layer Style] 대화상자를 엽니다.
[Gradient] 색상을 [Deepskyblue] 계열색(R: 0, G: 168, B: 255, #00A8FF)에서 백색(#FFFFFF)으로 이루어진 [Gradient]로 교체합니다.

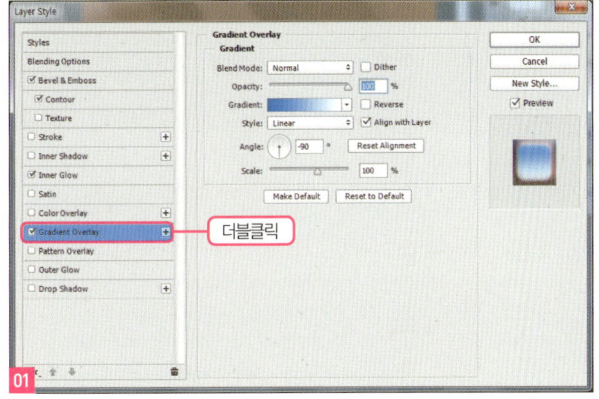

02 　02 [Bevel & Emboss] 옵션에서 [Shadow Mode] 색상을 [Darkblue] 계열색(R: 0, G: 31, B: 133 #001F85)으로 교체합니다.

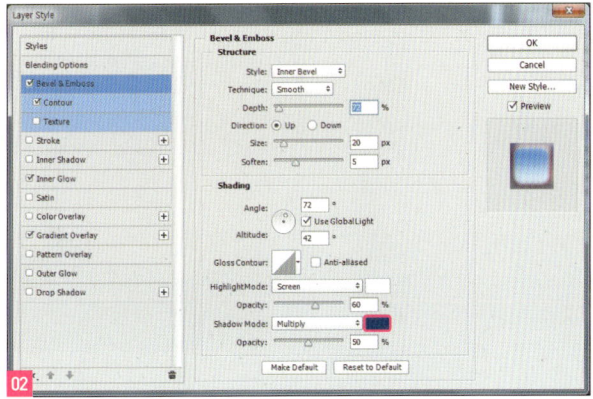

03 　03 [Layer Style] 대화상자의 좌측 리스트에서 [Inner Glow]를 선택하여 옵션을 수정합니다. 04 [Inner Glow]에 사용된 [Gradient]를 'black opacity wave'로 교체하여 수정을 마칩니다.

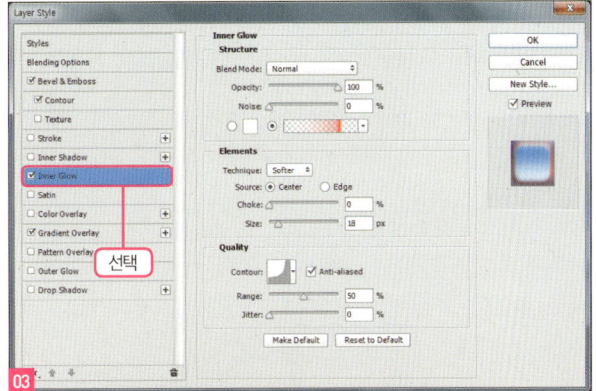

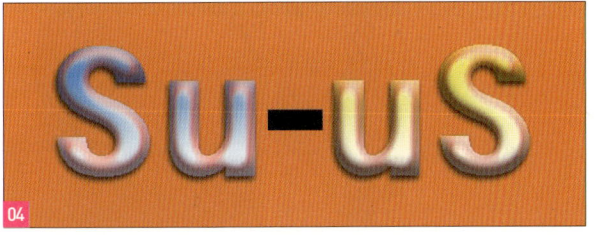

STEP 07 작업 파일을 저장하고 이미지 파일들을 불러와 배치하기

01 **01** 메뉴의 [File-Save As]를 클릭한 후 완성된 이미지를 '문자-완성.psd' 파일로 저장합니다.

◉ 예제 파일
Sample\Theme03\Lesson04\문자-완성.psd

02 **02** 새로운 파일을 불러오기 위해 Ctrl+O를 누르거나 메뉴의 [File-Open]을 선택합니다.

◉ 예제 파일
Sample\Theme03\Lesson04\간판.jpg

03 **03** Ctrl+O를 눌러 '문자-완성.jpg' 파일을 불러옵니다. 이동 툴(▶)을 선택한 후 이미지를 클릭, 드래그하여 복사합니다.

◉ 예제 파일
Sample\Theme03\Lesson04\문자-완성.jpg

04 **04** Ctrl+T를 눌러 [Free Transform]을 실행한 후 조절점을 드래그하여 크기를 조절하고 그림처럼 이동한 다음 Enter를 눌러 적용합니다.

STEP 08 [Drop Shadow] 스타일을 적용하고 일러스트 파일 불러오기

01 **01** [Layer Style] 대화상자의 좌측 리스트에서 [Drop Shadow]를 선택합니다.

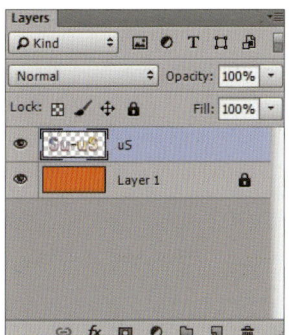 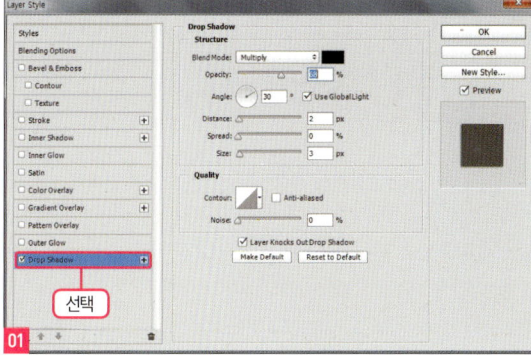

02 일러스트레이터 파일을 불러오기 위해 메뉴의 [File-Place Embedded]를 선택합니다.
02 [Open As Smart object] 대화상자의 [Crop To] 옵션에서 [Bounding Box]로 설정하여 불러옵니다. **03** 이미지 삽입 작업을 완료하기 위해 이동 툴( )을 선택한 후 이미지를 클릭, 드래그하여 이동합니다. 완성된 이미지를 확인할 수 있습니다.

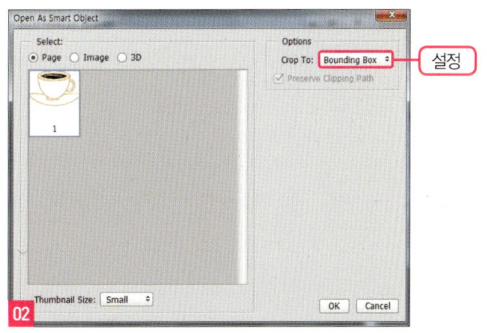

[Brightness/Contrast] 명령 이해하기

이미지 색상의 밝기와 선명도를 조절하는 간단한 기능입니다. 색상을 손쉽게 조절할 수 있지만, 섬세하지는 못하기 때문에 간단한 작업을 할 때 많이 사용합니다.

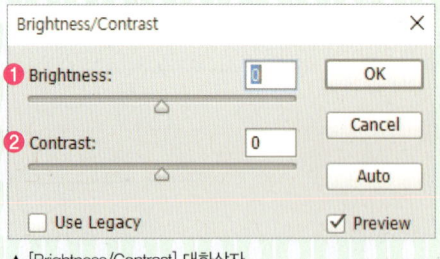

▲ [Brightness/Contrast] 대화상자

▲ 원본 이미지

❶ **Brightness** 이미지의 밝기를 조절합니다. 슬라이더의 수치가 높을수록 밝아집니다.
❷ **Contrast** 이미지의 선명도를 조절합니다. 슬라이더의 수치가 높을수록 선명해집니다.

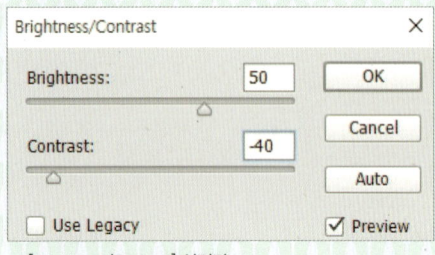

▲ [Brightness/Contrast] 설정값

▲ 적용된 이미지

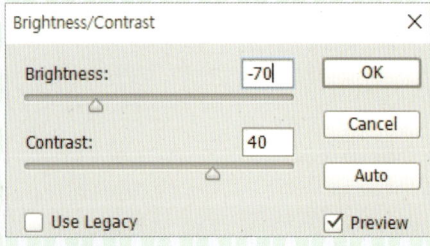

▲ [Brightness/Contrast] 설정값

▲ 적용된 이미지

LESSON 05 포스터 디자인

이번에는 시간이 흐르면서 낡아버린 포스터 이미지를 만들어 보겠습니다. 흠집도 생기고, 거친 흐름을 표현하는 [Grungy look] 이라는 트렌드를 통해 자주 접하는 그래픽 스타일입니다. 낡아서 더욱 매력적인 오래된 포스터를 표현해봅니다.

 채널(Channels) 알아보기

● 예제 파일
Sample\Theme03\Lesson05
\채널.jpg

포토샵으로 제작한 이미지는 이미지의 색상 정보를 포함하고 있는 채널을 가지고 있습니다. 예를 들어 [RGB Color] 모드 이미지는 빛의 3원소로 표현되는 이미지이기 때문에 빛의 3원소인 빨강, 녹색, 파랑이라는 색상 채널을 가지고 있습니다. 채널 패널은 색상에 대한 정보와 선택 영역을 저장하는 두 가지 용도로 사용합니다.

 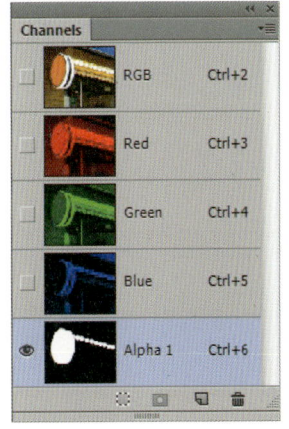

TIP
색상별 채널 표시
이미지에 레이어가 있는 경우, 각 레이어 별로 채널을 가지고 있습니다.

채널 패널에 색상 적용하기

01 [Channels] 패널에서 각 채널이 흑백으로 나타날 때 컬러로 보이게 하려면 메뉴의 [Edit-Preference-Interface]를 선택합니다.

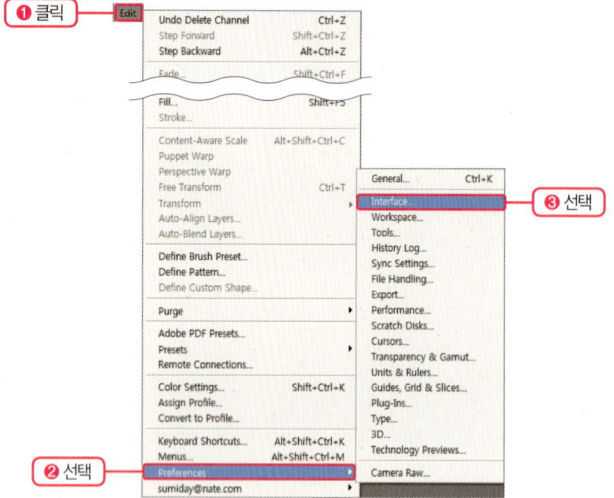

02 [Preference-Interface] 대화상자의 [Show Channels in Color]에 체크합니다.

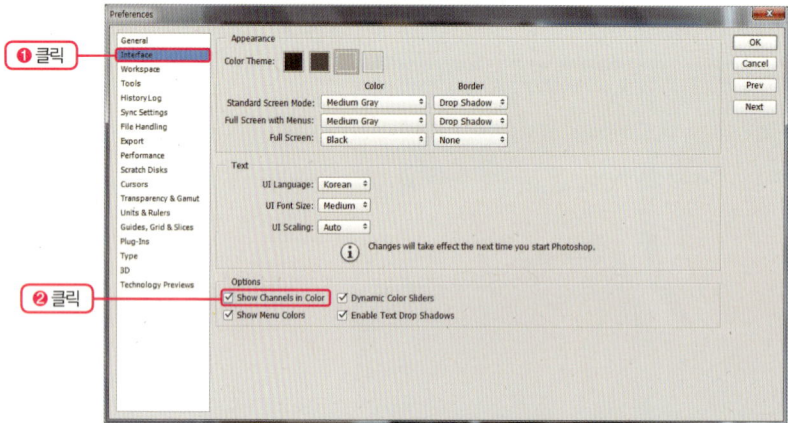

03 대화상자에서 해당 요소에 체크하면 [Channels] 패널에 적용된 모습을 확인할 수 있습니다.

 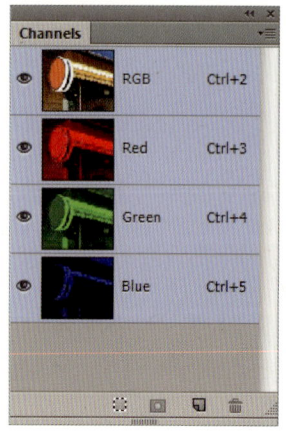

04 채널을 선택하면 이미지가 각 채널의 색상으로 나타납니다. 여러 개의 채널을 동시에 선택하려면 Shift를 누른 채 클릭합니다.

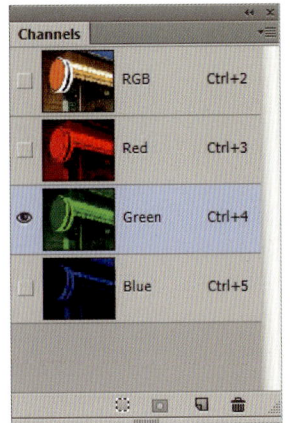 

TIP

채널 숨기기, 보이기
[Channels] 패널의 왼쪽 칸에 눈 아이콘()이 있어야만 채널을 화면에서 볼 수 있습니다. 즉, 눈 아이콘()을 클릭할 때마다 채널이 보이거나 감춰집니다.

:: 알파 채널 만들기

● 예제 파일
Sample\Theme03\Lesson05
\과일.jpg

선택 도구 상자를 이용해 이미지를 선택한 후 채널로 저장하기

01 도구 상자에서 선택 툴을 클릭해 작업 공간에 있는 이미지의 선택 영역을 지정합니다. 이미지에 선택 영역을 지정한 후 메뉴의 [Select-Save Selection] 명령을 실행합니다. 그리고 [Save Selection] 대화상자에서 채널 'Name'에 '조각사과'를 입력하고 [OK] 버튼을 클릭합니다.

 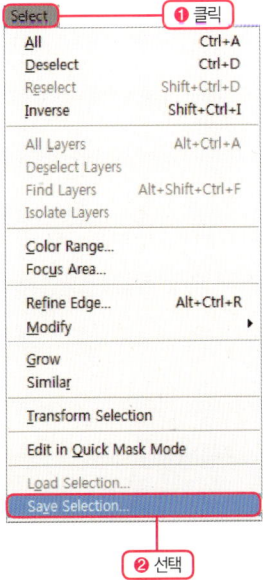 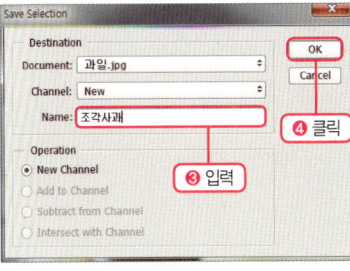

02 [Channels] 패널의 선택 영역이 새로운 알파 채널로 저장됩니다. 또 다른 오브젝트 역시 지금까지의 과정처럼 선택 영역으로 지정해 채널로 저장해봅니다.

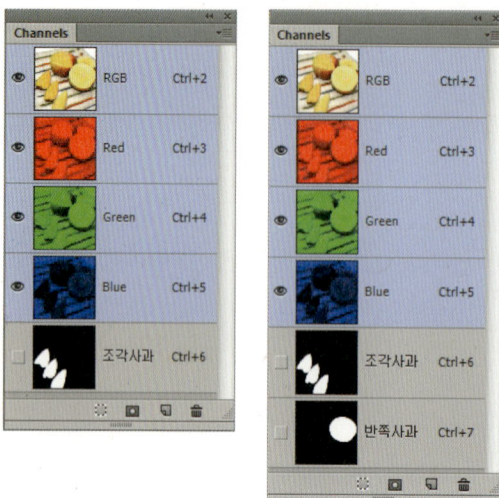

03 [Channels] 패널에 등록된 선택 영역을 불러오기 위해 메뉴의 [Select-Load Selection] 명령을 실행하여 '조각사과' 채널을 선택합니다.

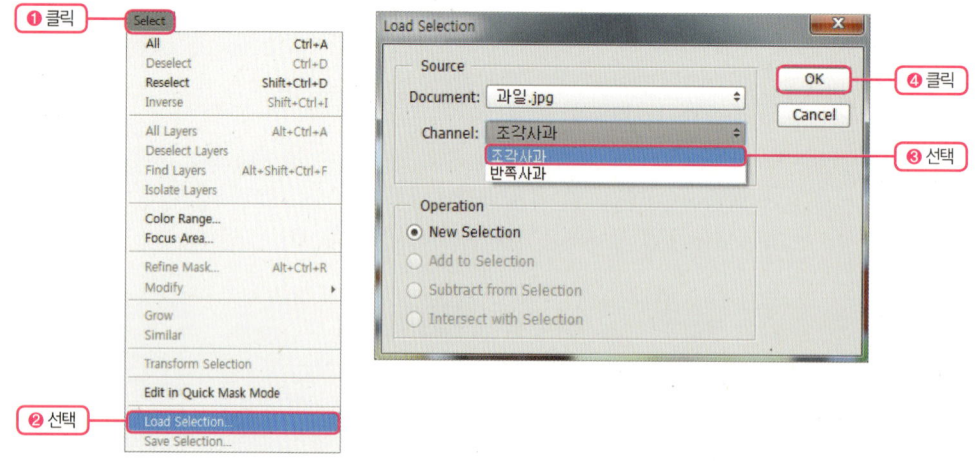

04 다음과 같이 '조각사과' 채널 중 흰색에 해당하는 부분이 선택 영역으로 불러집니다.

[Channels] 패널에서 직접 새로운 알파 채널을 만들어 저장하기

01 [Channels] 패널에서 상단 오른쪽의 ▼ 버튼을 클릭한 후 [New Channel]을 선택합니다.

02 [New Channel] 대화상자가 나타납니다. 이 대화상자의 [Name] 항목에 원하는 알파 채널 이름을 입력합니다.

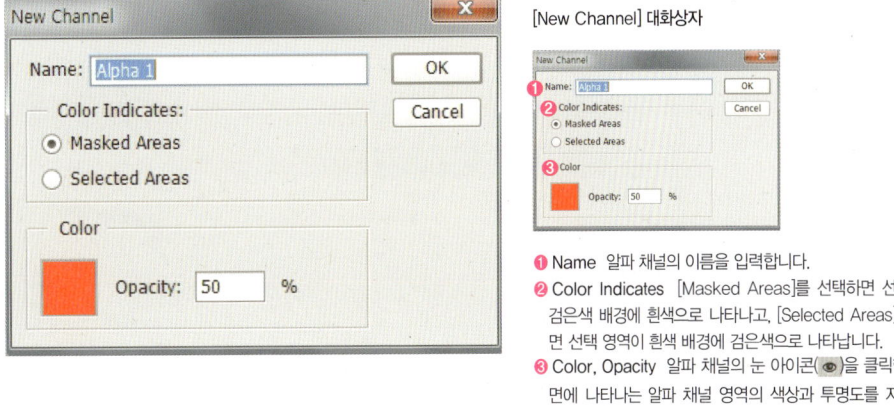

[New Channel] 대화상자

❶ Name 알파 채널의 이름을 입력합니다.
❷ Color Indicates [Masked Areas]를 선택하면 선택 영역이 검은색 배경에 흰색으로 나타나고, [Selected Areas]를 선택하면 선택 영역이 흰색 배경에 검은색으로 나타납니다.
❸ Color, Opacity 알파 채널의 눈 아이콘(👁)을 클릭했을 때 화면에 나타나는 알파 채널 영역의 색상과 투명도를 지정합니다. 기본색은 빨간색으로 지정되어 있습니다.

03 새로 만든 [Alpha 1] 채널을 선택한 후 사용자 원형 선택 툴(◯)을 이용해 그림처럼 원 모양을 그려줍니다. 이때 선택 영역 안은 반드시 흰색으로 채워져야 합니다.

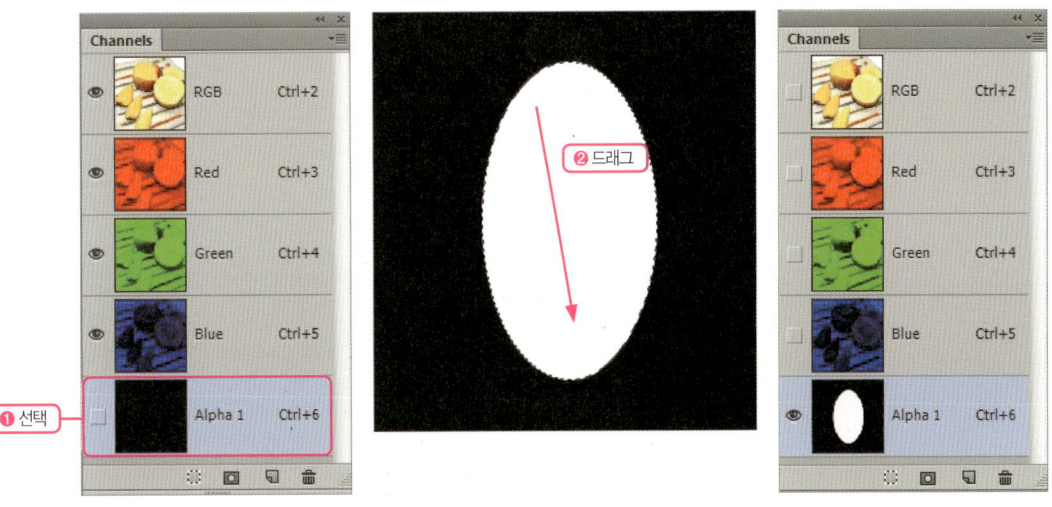

04 [Channels] 패널에서 [RGB] 채널을 선택합니다. 그러면 그림처럼 [Alpha 1] 채널을 제외한 모든 채널의 눈 아이콘(👁)이 켜집니다.

05 메뉴의 [Select-Load Selection] 명령을 실행하여 [Alpha 1] 채널을 불러오면 다음과 같이 알파 채널 중에서 흰색에 해당하는 부분이 선택 영역으로 불러집니다.

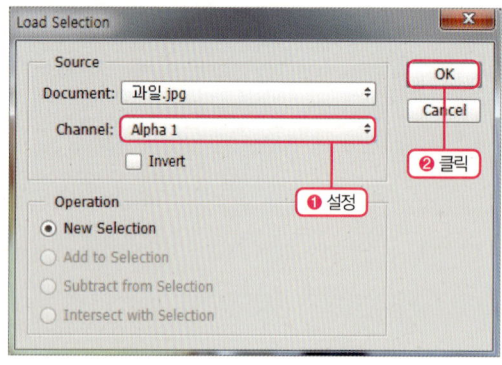

01
피자 포스터 디자인 만들기

예제 파일 Sample\Theme03\Lesson05\간판-02.psd, 나무.ai, 피자.ai, 나뭇잎.ai
완성 파일 Sample\Theme03\Lesson05\간판-02-완성.psd

키 워 드 문자 툴, 채널 활용, 레이어 마스크 적용, [Brightness/Contrast], [Solid Color] 이미지 보정, [Multiply] 모드, [Torn Edges], [Color Halftone], [Cloud], [Posterize], [Clipping Mask], [Halftone Pattern], [Clouds], [Grain], [Mezzotint] 필터 활용법

길라잡이 [Halftone Pattern]으로 망점을 표현하고, [Cloud], [Grain] 필터를 조합하여 지저분한 종이 표면을 표현합니다.

STEP 01 포토샵 파일 불러오기

01 **01** 새로운 이미지를 불러오기 위해 Ctrl+O를 누르면 나타나는 [Open] 대화상자에서 배경으로 작업할 이미지를 불러옵니다.

◎ 예제 파일
Sample\Theme03\Lesson05\간판-02.psd

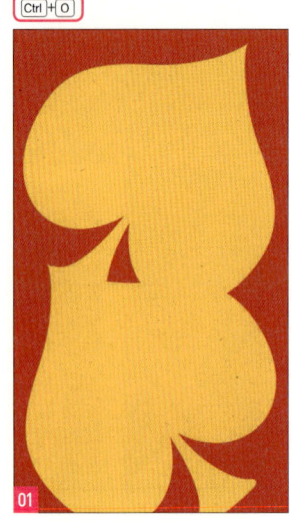
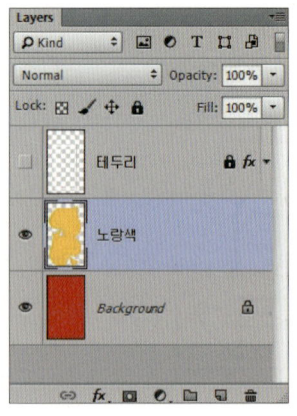

02 **02** 도구 상자에서 [Default Foreground and Background Colors] 버튼을 클릭하여 전경색과 배경색을 기본 색상으로 전환합니다.

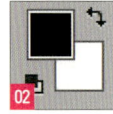

STEP 02 노란색 이미지 채널 등록하기

01 **01** 스페이드 이미지의 경계를 불규칙하게 잘라낸 것처럼 표현하기 위해 [Layers] 패널에서 Ctrl을 누른 채 '노랑색' 레이어를 선택하여 **02** 선택 영역을 지정한 후 **03** 메뉴에서 [Select-Save Selection] 명령을 실행합니다.

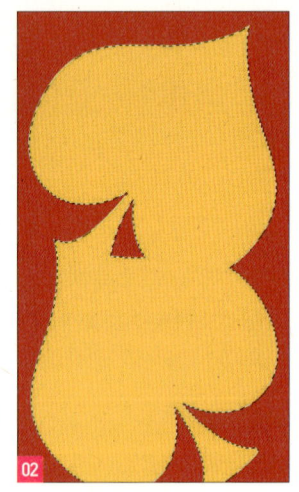
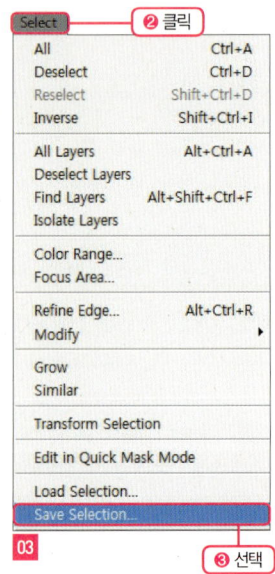

02 04 [Name] 항목에 '노랑색'을 입력합니다. Ctrl+D를 누른 후 선택 영역을 해제합니다.

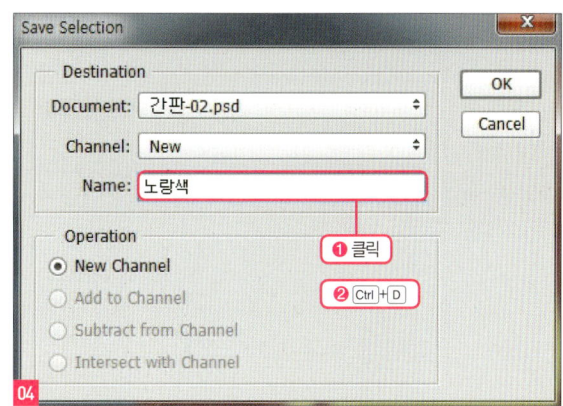

STEP 03 [Torn Edges] 필터 적용하기

01 01 [Channels] 패널을 열고 '노랑색' 채널을 선택합니다. 02 메뉴에서 [Filter-Filter Gallery]를 실행한 후 [Filter Gallery] 대화상자의 [Sketch-Torn Edges] 필터를 선택하고, 그림처럼 설정합니다.

[Torn Edges] 필터
메뉴의 [Filter-Filter Gallery]의 [Sketch-Torn Edges] 명령은 이미지의 형태를 파서 도장으로 찍어낸 것 같은 효과입니다.

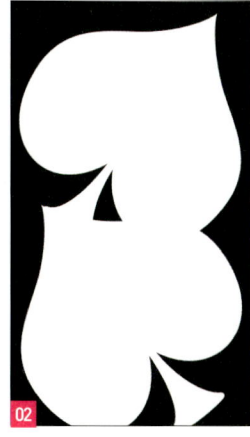

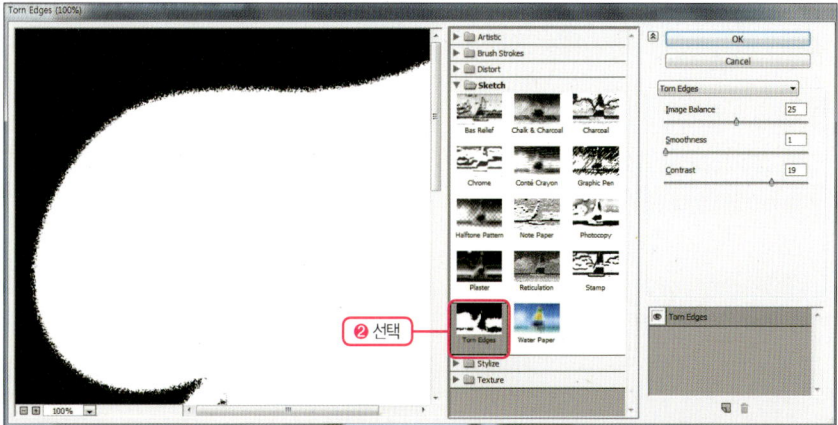

STEP 04 레이어 마스크로 전환하기

01 **01** [Channels] 패널에서 노란색 채널을 Ctrl을 누른 채 선택하여 선택 영역을 추출합니다. **02** [Layers] 패널을 열고 '노랑색' 레이어를 선택합니다.

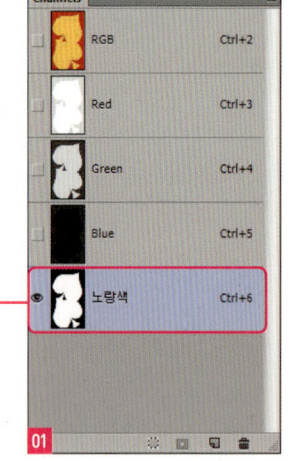
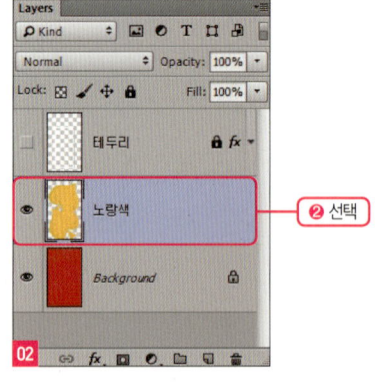

02 **03** [Add layer mask] 버튼( )을 클릭한 후 선택 영역을 마스크로 전환합니다.

STEP 05 새로운 채널 만들기

01 **01** 얼룩진 망점 효과를 표현하기 위해 [Channels] 패널을 연 후 [Create new channel] 버튼( )으로 새 채널을 만들고 채널명을 'dot'으로 변경합니다.

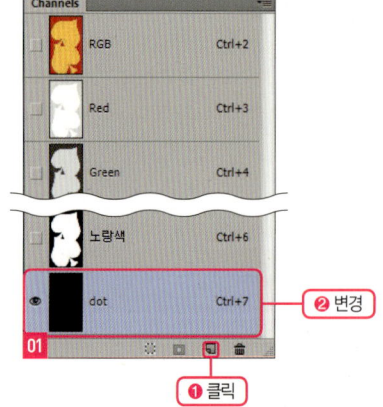

02 　02 도구 상자의 전경색을 50% 회색 (#808080)으로 지정하고, 03 Alt + Delete 로 'dot' 채널에 회색을 채웁니다.

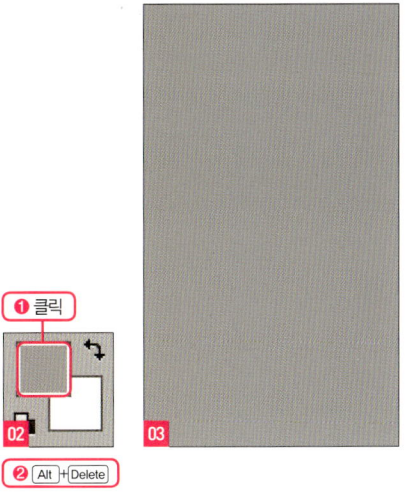

STEP 06 [Color Halftone] 필터 적용하기

01 　01 메뉴의 [Filter-Pixelate-Color Halftone] 명령을 적용합니다.

02 　02 [Color Halftone] 대화상자에서 기본 값으로 '8'을 적용하고 [OK] 버튼으로 효과를 적용합니다.

[Color Halftone] 필터
메뉴의 [Filter-Pixelate-Color Halftone] 명령은 픽셀들을 망점화, 이미지가 세분화되는 효과를 표현합니다.

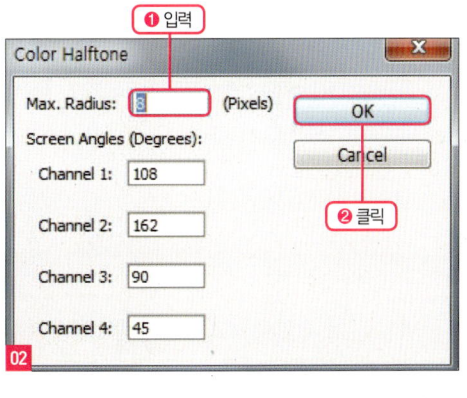

STEP 07 : 새로운 채널 생성 및 [Cloud] 필터 적용하기

01 01 [Channels] 패널을 연 후 [Create new channel] 버튼(🗔)으로 새 채널을 만듭니다. 채널명을 'stain'으로 변경합니다. 02 도구 상자에서 [Default Foreground and Background Colors] 버튼을 눌러 전경색과 배경색을 기본 색상으로 전환합니다.

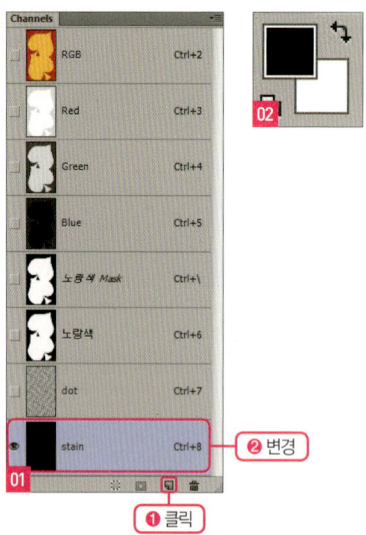

02 03 메뉴의 [Filter-Render-Cloud] 명령을 적용합니다.

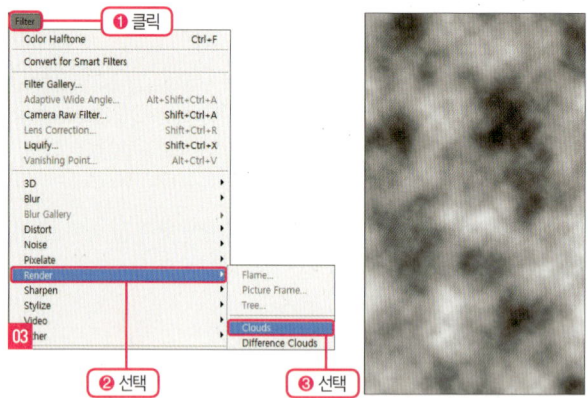

[Cloud] 필터
메뉴의 [Filter-Render-Cloud] 명령은 이미지의 선택 영역에 구름무늬 효과를 나타냅니다.

STEP 08 : [Posterize] 이미지 보정하기

01 01 메뉴의 [Image-Adjustments-Posterize] 명령을 실행합니다. 02 [Posterize] 대화상자에서 'Levels'에 '4'를 입력하고, [OK] 버튼으로 명령을 적용합니다.

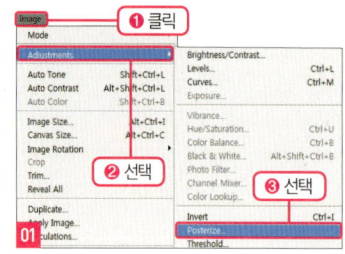

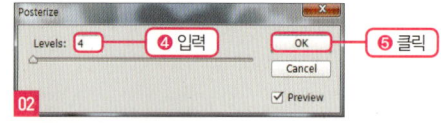

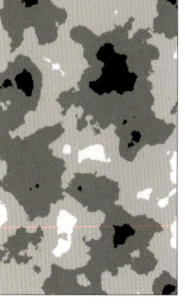

[Image-Adjustments-Posterize] 명령
이미지의 형태와 색상을 단순화시키는 효과입니다. [Levels]를 입력하여 각 채널에 사용되는 색상을 제어합니다. 예를 들어 [RGB] 모드의 이미지에서 [Posterize] 명령 옵션으로 [Levels: 2]를 주었다면 여섯 개의 색상으로 단순화된 이미지를 표현합니다. 여섯 개의 색상은 [Red Channel: 2], [Green Channel: 2], [Blue Channel: 2]로 구성됩니다.

02 03 [Channels] 패널에서 'stain' 채널을 Ctrl 을 누른 채 클릭하여 04 선택 영역을 추출합니다.
05 'dot' 채널을 선택하고 06 Delete 를 눌러 이미지를 삭제합니다.

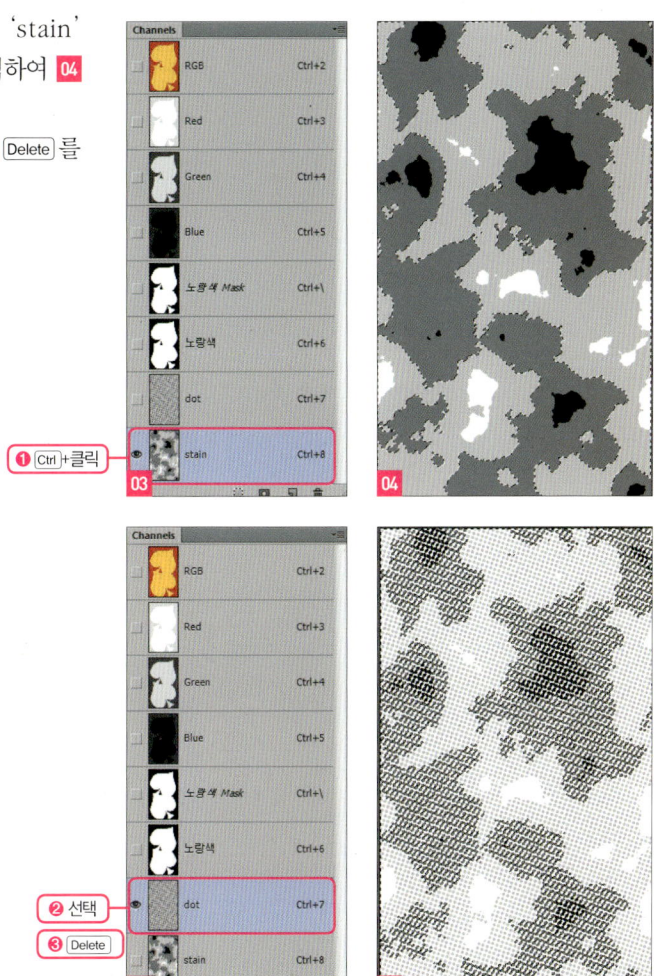

STEP 09 [Clipping Mask] 활용하기

01 01 [Channels] 패널에서 'dot' 채널을 Ctrl 을 누른 채 클릭하여 02 선택 영역을 추출합니다. 03 [Layers] 패널을 열고 [Create new fill or adjustment layer] 버튼(●)을 클릭하여 [Solid Color]를 선택합니다.

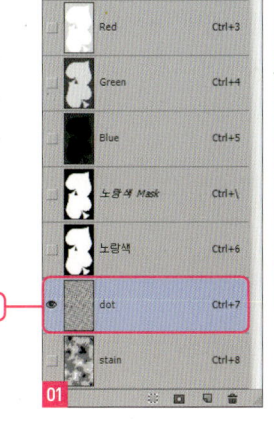

02 04 [Color Picker] 대화상자의 [orange] 계열색(R: 237, G: 194, B: 61, #EDC23D)을 선택한 후 [OK] 버튼으로 새 레이어를 생성합니다. 05 [Layers] 패널을 연 후 'Color Fill 1' 레이어를 선택하고 마우스 오른쪽 버튼을 클릭한 다음 [Create Clipping Mask] 명령을 선택하여 '노란색' 레이어 그룹에 포함시킵니다.

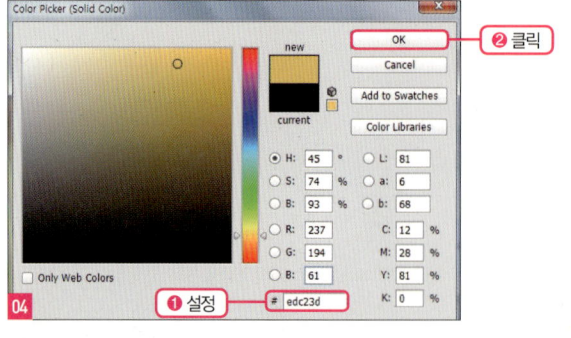

Photoshop CC의 마스크 종류
도구 상자의 [Quick Mask]는 브러시 도구를 이용하여 부드러운 형태의 선택 영역을 만드는 데 효과적으로 사용됩니다. [Layers] 패널에서 [Layer Mask]와 [Vector Mask]로 이미지에 마스크 효과를 적용할 수 있으며, [Clipping Mask]를 이용하면 레이어 자체를 마스크로 활용할 수도 있습니다. 여러 레이어를 [Clipping Mask] 영역에 포함시킬 수 있어 다중 레이어를 제어하는 마스크로 활용할 수 있습니다.

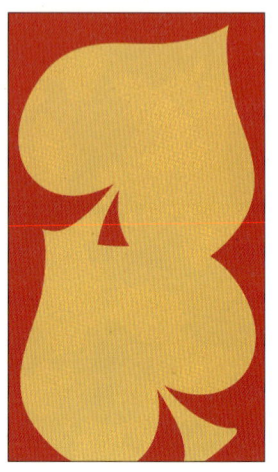

STEP 10 [Halftone Pattern] 필터 적용하기

01 01 작은 망점 효과를 주기 위해 [Channels] 패널을 연 후, [Create new channel] 버튼( )으로 새 채널을 만들고 채널명을 'small dot'로 변경합니다. 02 도구 상자의 전경색을 50% 회색(#808080)으로 지정하고, 03 [Alt]+[Delete]로 'small dot' 채널에 회색을 채웁니다.

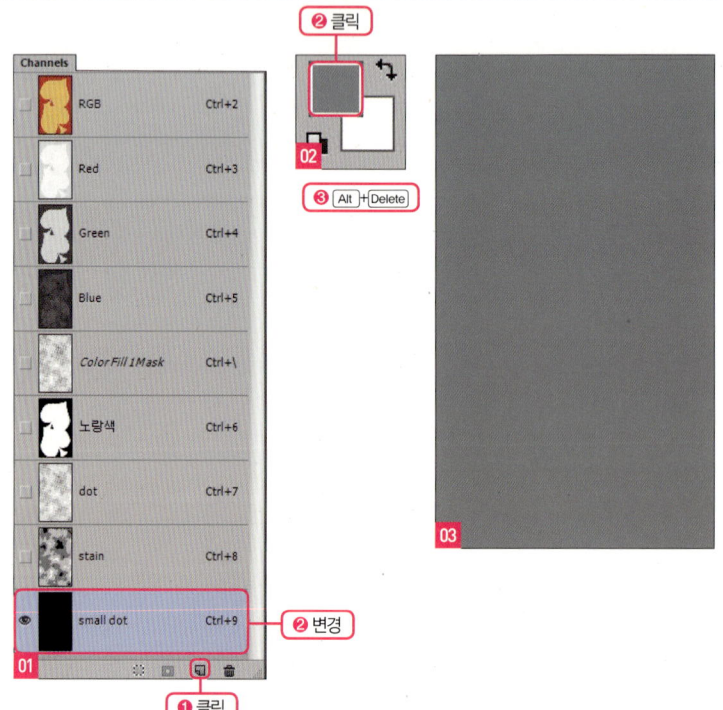

02 메뉴의 [Filter-Sketch-Halftone Pattern] 명령을 적용하고, 그림처럼 설정합니다.

[Halftone Pattern] 필터
메뉴의 [Filter-Sketch-Halftone Pattern] 명령은 전경색과 배경색을 섞어 사용함으로써 중간 톤을 만들어 망판 형식으로 표현합니다.

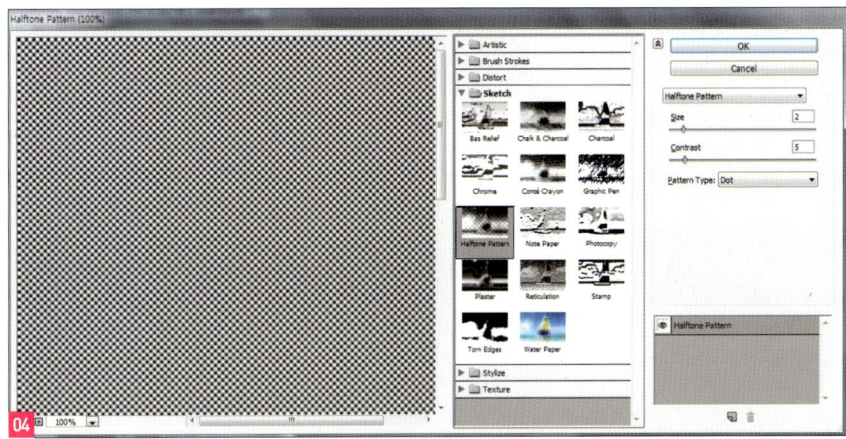

STEP 11 [Brightness/Contrast] 이미지 보정 설정하기

01 메뉴의 [Image-Adjustments-Brightness/Contrast] 명령을 실행합니다.

02 [Brightness/Contrast] 대화상자에서 'Brightness'에 '20', 'Contrast'에 '100'을 입력하고, [OK] 버튼으로 명령을 적용합니다.

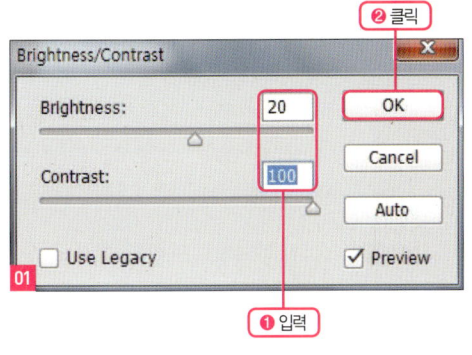

STEP 12 반전 영역 선택 및 [Solid Color] 이미지 보정하기

01 01 [Channels] 패널에서 'small dot' 채널을 Ctrl을 누른 채 클릭하여 선택 영역을 추출합니다.
02 메뉴에서 [Select-Inverse] 명령으로 선택 영역을 반전시킵니다.
03 [Layers] 패널을 열고 [Create new fill or adjustment layer] 버튼(◉)으로 [Solid Color]를 선택합니다.

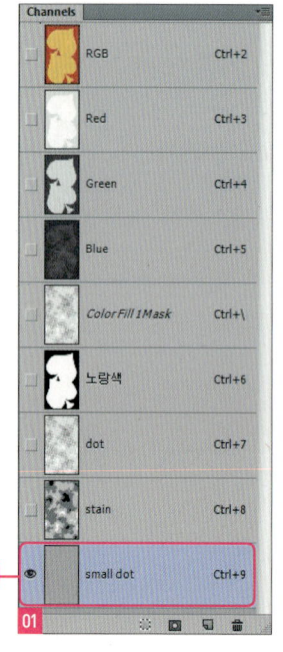
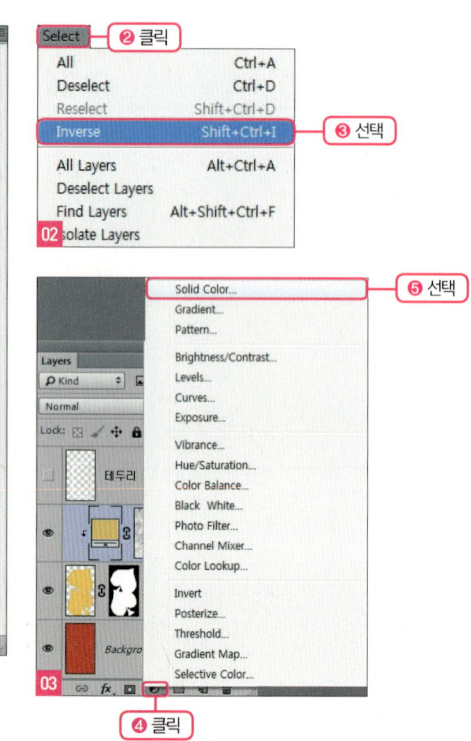

02 04 [Color Picker] 대화상자에서 84% 회색(#D5D5D5)을 선택하고 [OK] 버튼으로 새 레이어를 생성합니다. 05 [Blend Mode]를 [Multiply]로 전환합니다.

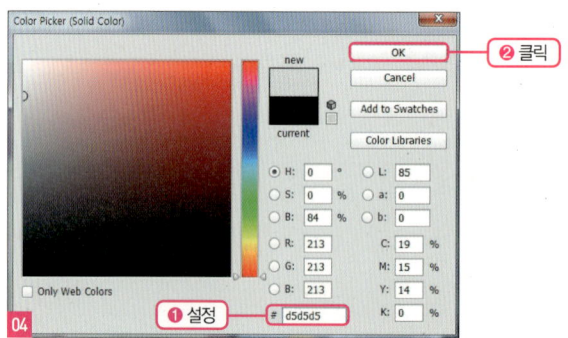
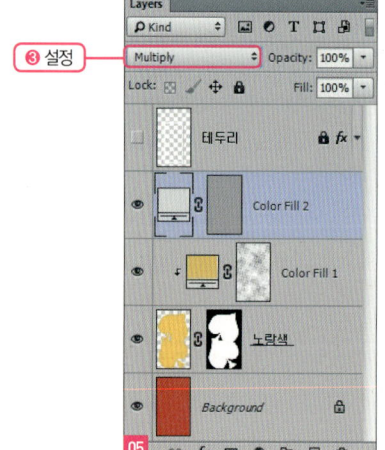

STEP 13 새로운 채널 생성 및 [Clouds] 필터 적용하기

01 **01** 흠집과 변색된 효과를 표현하기 위해 [Channels] 패널을 열고, [Create new channel] 버튼( )으로 새 채널을 만들어 채널명을 'grain'으로 변경합니다.

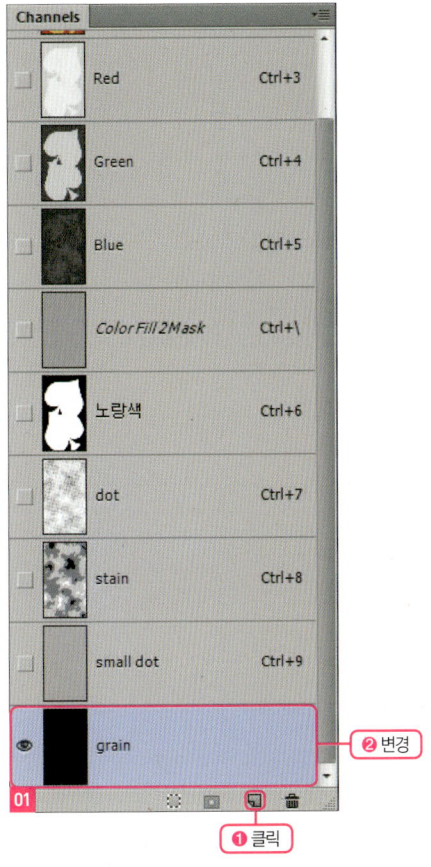

02 **02** 도구 상자에서 [Default Foreground and Background Colors] 버튼을 클릭하여 전경색과 배경색을 기본 색상으로 전환합니다. **03** 메뉴의 [Filter-Render-Clouds] 명령을 적용합니다.

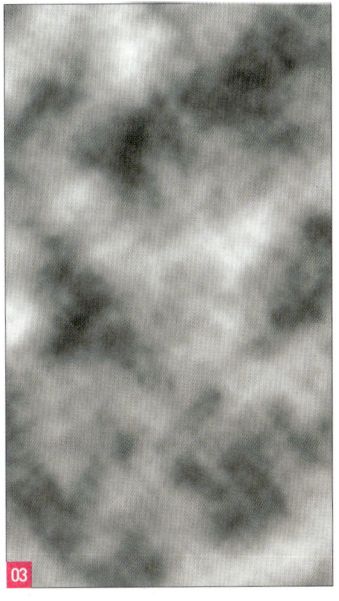

STEP 14 [Grain] 필터와 [Mezzotint] 필터 적용하기

01 메뉴의 [Filter-Texture-Grain] 명령을 적용합니다.

TIP

[Grain] 필터
메뉴의 [Filter-Texture-Grain] 명령은 이미지 위에 고운 입자를 뿌려 놓은 듯한 질감을 표현합니다.

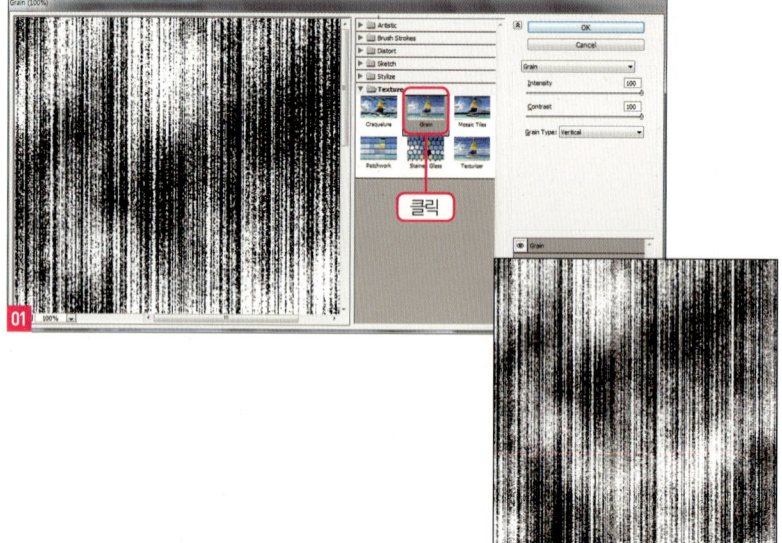

02 메뉴의 [Filter-Pixelate-Mezzotint] 명령을 실행하고 [Mezzotint] 대화상자의 [Type: Short Lines]를 적용합니다. [OK] 버튼으로 효과를 적용합니다.

TIP

[Mezzotint] 필터
메뉴의 [Filter-Pixelate-Mezzotint] 명령은 동판화의 기법처럼 직선 스크래치 느낌을 줍니다.

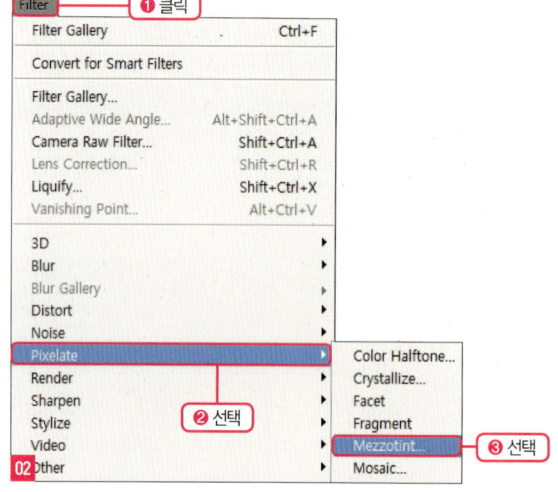

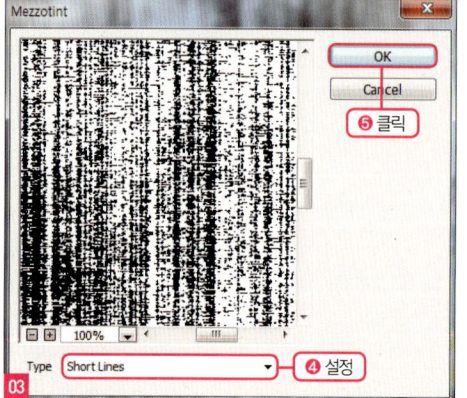 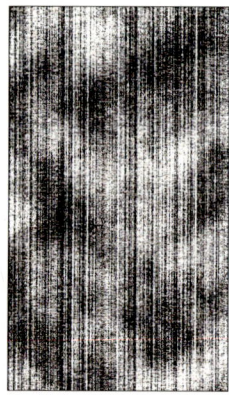

03 04 [Channels] 패널에서 'grain' 채널을 Ctrl을 누른 채 클릭하여 선택 영역을 추출합니다. 05 [Layers] 패널을 열고 [Create new fill or adjustment layer] 버튼( )으로 [Solid Color]를 실행합니다.

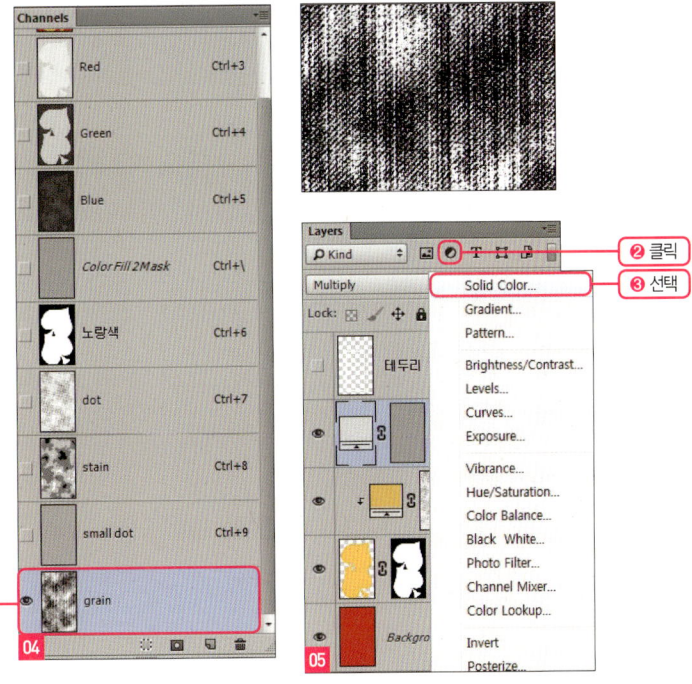

STEP 15 [Multiply] 블렌드 모드 적용하기

01 01 [Color Picker] 대화상자의 [yellow] 계열색(R: 237, G: 194, B: 61, #edc23d)을 선택한 후 [OK] 버튼으로 02 새 레이어를 생성하고 레이어 블렌드 모드를 'Multiply'로 전환합니다.

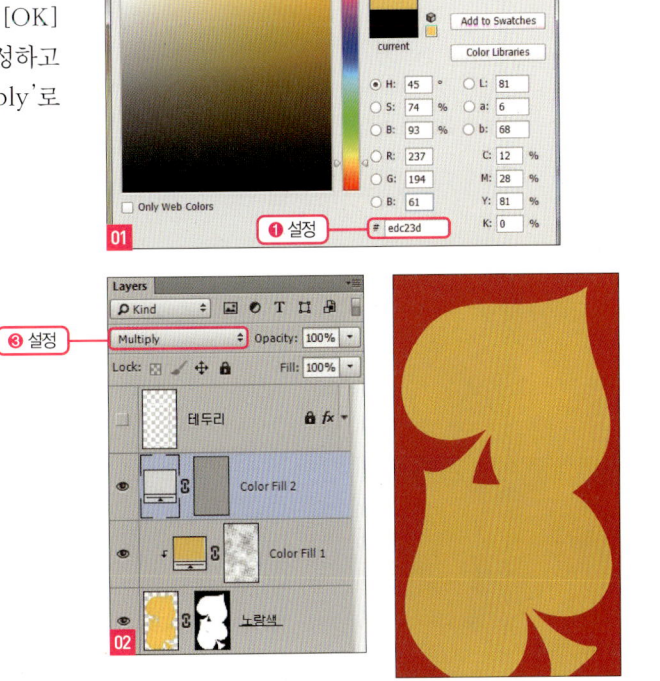

02 03 [Layers] 패널에서 '테두리' 레이어의 눈 아이콘(👁)을 체크하면 모든 레이어가 켜진 상태를 확인할 수 있습니다.

STEP 16 일러스트 파일 불러오기

01 01 일러스트레이터 파일을 불러오기 위해 메뉴의 [File-Place Embedded]를 선택합니다.

02 [Open As Smart object] 대화상자의 [Crop To] 옵션에서 [Bounding Box]로 설정하여 불러옵니다.

○ 예제 파일
Sample\Theme03\Lesson05\피자.ai

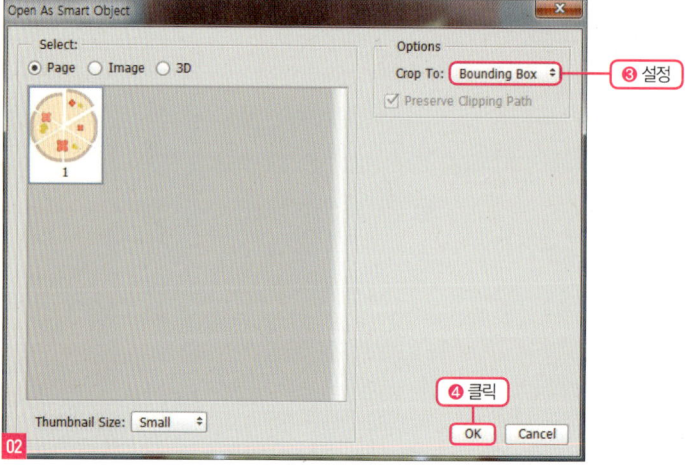

02 **03** 이미지 삽입 작업을 완료하기 위해 Ctrl+T를 눌러 [Free Transform]을 실행하여 크기를 조절합니다.

03 **04** 일러스트레이터 파일을 불러오기 위해 메뉴의 [File-Place Embedded]를 선택합니다.
05 그런 다음 [Open As Smart object] 대화상자의 [Crop To] 옵션에서 [Bounding Box]로 설정하여 불러옵니다. Ctrl+T를 눌러 [Free Transform]을 실행하여 크기를 조절합니다.

◉ 예제 파일
Sample\Theme03\Lesson05\나뭇잎.ai

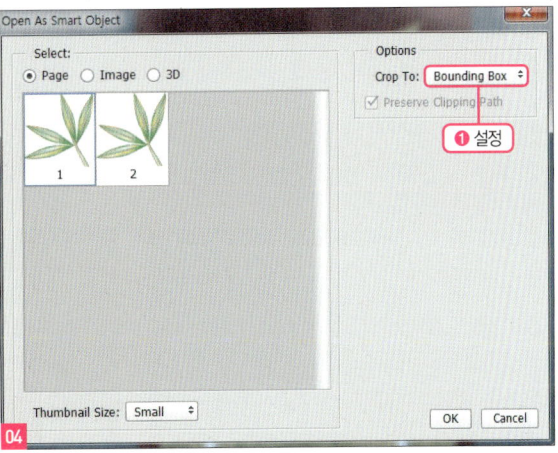

04 일러스트레이터 파일을 불러오기 위해 메뉴의 [File-Place Embedded]를 선택합니다. **06** 그런 다음 [Open As Smart object] 대화상자의 [Crop To] 옵션에서 [Bounding Box]로 설정하여 불러옵니다. **07** Ctrl+T를 눌러 [Free Transform]을 실행하여 크기를 조절합니다.

◉ 예제 파일
Sample\Theme03\Lesson05\나무.ai

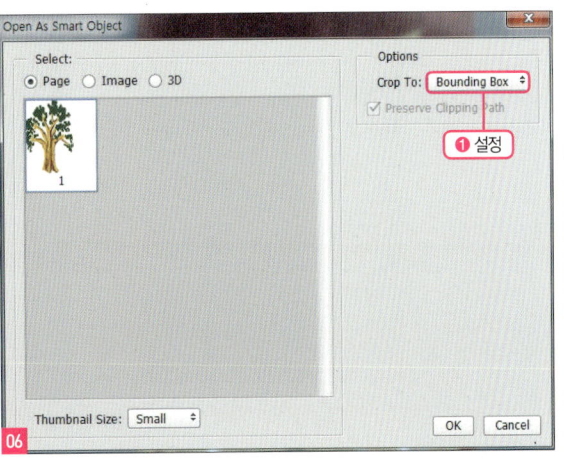

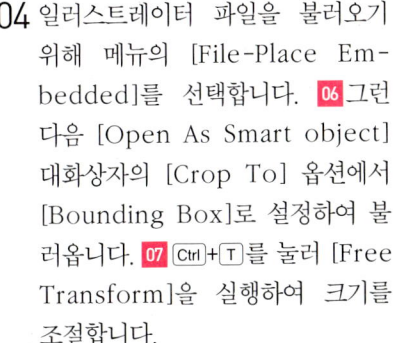

05 **08** [Layers] 패널에서 '피자' 레이어를 선택한 후 Ctrl+J를 3번 눌러 레이어를 복사합니다. 이미지 삽입 작업을 완료하기 위해 이동 툴( )을 선택한 후 이미지를 클릭, 드래그하여 이동합니다. **09** Ctrl+T를 눌러 [Free Transform]을 실행하여 크기를 조절합니다.

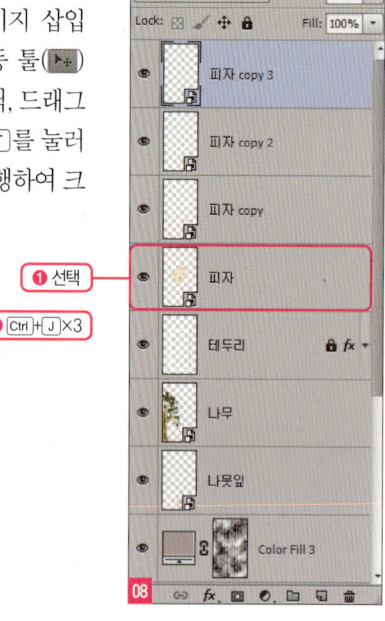

STEP 17 문자 입력하기

01 **01** 간판 제목에 문자를 삽입하기 위해 문자 툴(T)을 이용하여 원하는 글자를 입력합니다.
레이어 창의 하단에서 [Layer Effect] 도구 상자(fx.)를 선택한 후 [Drop Shadow]를 선택하여 그림자 효과를 표현합니다. **02** 완성된 결과물을 확인할 수 있습니다.

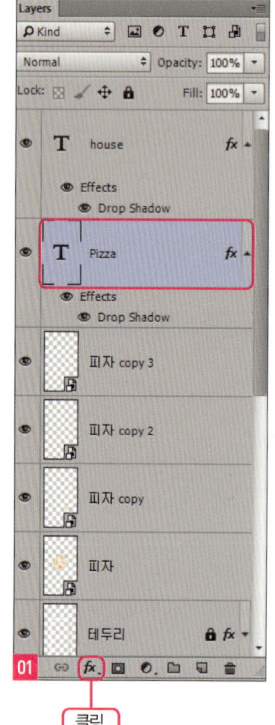

[Halftone Pattern] 필터를 이용한 도트 패턴 이미지 제작하기

포토샵 필터 갤러리의 하프톤 패턴(Halftone Pattern)을 사용하면 도트 이미지를 만들 수 있습니다. 이때 전경색으로 설정된 색상으로 만들어지는데, 레이어 또는 마스크와 [Opacity] 등을 활용하면 색상이 들어간 도트 느낌이 만들어집니다.

■ **패턴 1** [Dot] 패턴 적용하기

- 사진을 불러오기 위해 Ctrl+O를 누르거나 메뉴의 [File-Open]을 선택합니다. [Layers] 패널에서 'Background' 레이어를 선택한 후 Ctrl+J를 눌러 레이어를 복사합니다. 전경색을 브라운색으로 설정합니다.

【예제 파일】 Sample\Theme03\Lesson05\하프톤[1].jpg

[Halftone Pattern] 필터에서 [Dot] 일 때
Size 항목의 수치를 늘리면 해당 [Pattern Type]의 입자를 크게 할 수 있으며, [Contrast] 설정으로 대비를 높일 수도 있습니다.

- [Layers] 패널에서 'Layer 1' 레이어를 선택한 후 메뉴의 [Filter-Filter Gallery]를 실행합니다. [Sketch-Halftone Pattern]을 선택한 후 그림처럼 우측 패널에서 [Size], [Contrast], [Pattern Type]을 설정할 수 있습니다. 여기에서는 [Dot] 패턴을 선택합니다.

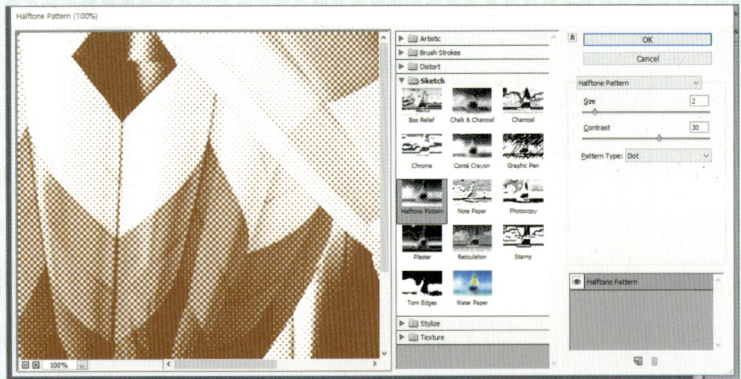

- 필터 기능만으로 전경색의 색상으로 설정된 도트 이미지가 만들어졌습니다.

- 이제 점차 사라져 가는 효과를 조금 적용하여 깊이가 있는 듯한 효과를 적용해보려고 합니다. 이 효과를 적용하기 위해서는 레이어 마스크를 사용해야 합니다. 'Layer 1' 레이어를 선택한 상태에서 [Add layer mask] 아이콘( )을 클릭합니다. 전경색을 검은색, 배경색을 흰색으로 설정한 후 컨트롤 패널에서 직선 그레이던트 모드( )를 클릭합니다.

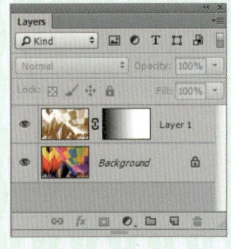 

- 'Layer 1' 레이어의 마스크 부분에서 클릭한 후 왼쪽에서 사진 중앙까지 드래그합니다. 이제 오른쪽으로 점차 사라지는 효과를 적용합니다.

【완성 파일】 Sample\Theme03\Lesson05\하프톤[1]-보정.jpg

■ 패턴 2 [Line] 패턴 적용하기

- 사진을 불러오기 위해 Ctrl+O를 누르거나 메뉴의 [File-Open]을 선택합니다. 전경색을 군청색으로 설정합니다.

【예제 파일】 Sample\Theme03\Lesson05\하프톤[2].jpg

- 메뉴의 [Filter-Filter Gallery]를 실행한 후 [Sketch-Halftone Pattern]을 선택하고 그림처럼 우측 패널에서 [Size], [Contrast], [Pattern Type]을 설정합니다. 여기에서는 [Line] 패턴을 선택합니다.

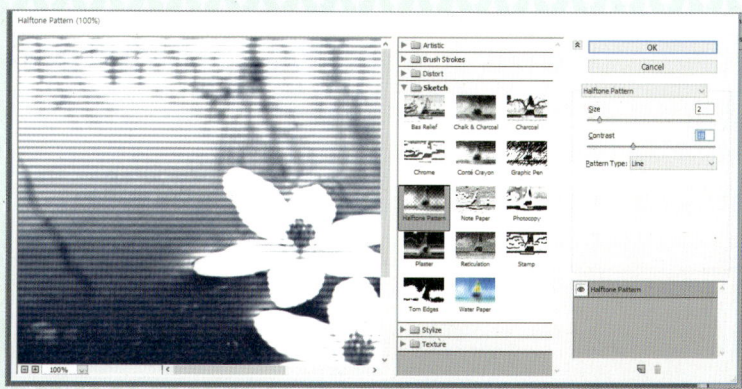

[Halftone Pattern]에서 [Line]일 때
Contrast 수치를 늘리면 사진의 느낌이 많이 사라집니다. 사진에 나타나는 입자의 크기는 이미지 해상도에 영향을 받으며 고해상도일수록 Size의 수치를 늘려야 합니다.

• [Pattern Type] 항목을 [Line]으로 설정했을 때의 결과입니다.

【완성 파일】 Sample\Theme03\Lesson05\하프톤[2]-보정.jpg

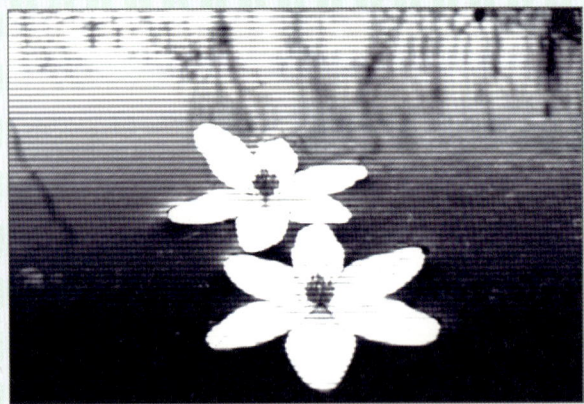

■ **패턴 3** [Circle] 패턴 적용하기

• 사진을 불러오기 위해 Ctrl+O를 누르거나 메뉴의 [File-Open]을 선택합니다. [Layers] 패널에서 'Background' 레이어를 선택한 후 Ctrl+J를 눌러 레이어를 복사합니다. 전경색을 검은색으로 설정합니다.

【예제 파일】 Sample\Theme03\Lesson05\하프톤[3].jpg

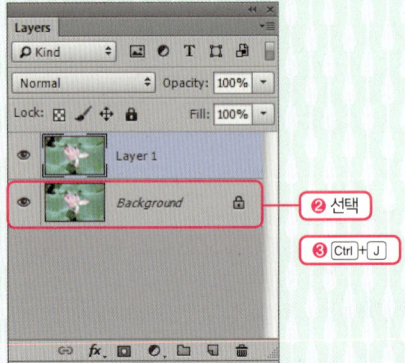

- [Layers] 패널에서 'Layer 1' 레이어를 선택한 후 메뉴의 [Filter-Filter Gallery]를 실행합니다. [Sketch-Halftone Pattern]을 선택하고 그림처럼 우측 패널에서 [Size], [Contrast], [Pattern Type]을 설정할 수 있습니다. 여기에서는 [Circle] 패턴을 선택합니다.

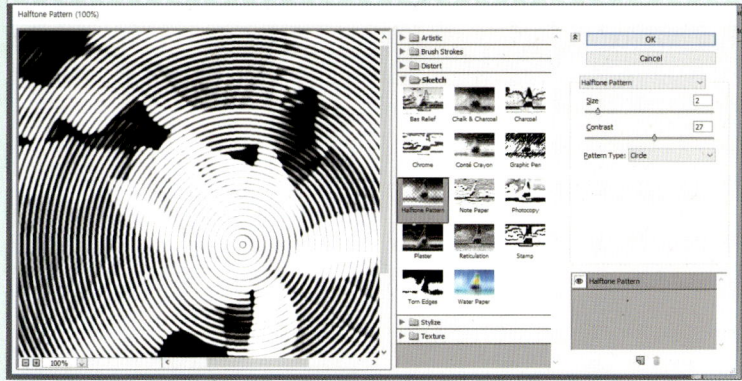

- 필터 기능만으로 패턴 타입을 [Circle]로 적용한 결과입니다.

- [Layers] 패널에서 'Layer 1' 레이어를 선택한 후 블렌딩 모드를 [Soft Light] 설정하면 이 결과처럼 원본의 색을 유지한 채 패턴의 무늬만 넣을 수 있습니다.

【완성 파일】Sample\Theme03\Lesson05\하프톤[3]-보정.jpg

LESSON 06 옥외 간판 디자인

사람들이 붐비는 곳이면 어디든 빠질 수 없는 것이 바로 이 대형 광고 간판들입니다. 지나가는 사람들의 이목을 끌기 위한 옥외 광고는 사이즈뿐만 아니라 강렬한 임펙트와 개성이 중요합니다.

핵심기능 ▶ 특별한 이미지에 사용하는 필터 효과들 알아보기

포토샵에서 필터(Filter)가 차지하는 비중은 매우 높습니다. 이미지의 보정이나 회화적 표현, 기존의 이미지들을 전혀 다른 느낌의 이미지로 재창조할 수 있습니다.

❖ Filter / Artistic(이미지에 붓으로 직접 그린 듯한 효과)

- Colored Pencil: 색연필로 그림을 그린 듯한 효과를 줍니다.
- Cutout: 색상을 줄여 이미지를 단순화시킵니다.

▲ Colored Pencil

▲ Cutout

- Dry Brush: 원본 이미지를 마른 붓으로 문지른 효과가 납니다.
- Film Grain: 까칠까칠한 표면의 필름을 입힌 것처럼 표현합니다.

▲ Dry Brush

▲ Film Grain

- Fresco: 갓 칠한 회벽에 수채화로 그리는 화법을 나타냅니다.
- Neon Glow: 네온 빛을 뿜는 듯한 효과가 납니다.

▲ Fresco   ▲ Neon Glow

- Paint Daubs: 이미지에 회반죽을 바른 듯이 거친 느낌이 듭니다.
- Palette Knife: 유화에서 쓰는 패널 나이프로 그린 듯한 효과를 냅니다.

▲ Paint Daubs   ▲ Palette Knife

- Plastic Wrap: 플라스틱 랩으로 포장한 듯한 느낌을 줍니다.
- Poster Edges: 이미지의 경계선에 검은색을 추가하여 포스터 같은 느낌을 줍니다.

▲ Plastic Wrap   ▲ Poster Edges

- Rough Pastels: 파스텔로 그린 듯한 느낌이 듭니다.
- Smudge Sitck: 물감으로 그린 후 덧칠하여 얼룩진 듯한 느낌을 줍니다.

▲ Rough Pastels

▲ Smudge Sitck

- Sponge: 스폰지로 그림을 문지른 듯한 효과를 냅니다.
- Underpainting: 파스텔에 덧칠하여 번진 느낌의 효과를 표현합니다.

▲ Sponge

▲ Underpainting

- WaterColor: 수채화 느낌의 효과를 표현합니다.

▲ WaterColor

∷ Filter / Blur(이미지를 흐리게 만드는 효과)

- **Average**: 선택된 영역, 이미지에 분포되어 있는 컬러의 평균 색으로 이미지를 채워주는 필터입니다.
- **Blur**: 아주 적은 양으로 이미지를 흐리게 만드는 효과입니다.

▲ Average   ▲ Blur

- **Blur More**: Blur를 두세 번 적용한 효과입니다.
- **Gaussian Blur**: 이미지 흐림 필터입니다.

▲ Blur More   ▲ Gaussian Blur

- **Lens Blur**: 카메라 렌즈의 초점이 맞지 않아 흐릿하게 보이는 효과를 비롯하여 흐릿해진 부분을 디테일하게 조절하여 색다른 효과를 줄 수 있습니다.
- **Motion Blur**: 이미지에 운동감이 있도록 각도를 조절하여 흐림을 주는 효과입니다.

▲ Lens Blur   ▲ Motion Blur

- Radial Blur: 이미지를 빠르게 회전시켜 줌 아웃(Zoom-out)한 형태를 나타냅니다.
- Smart Blur: 이미지의 윤곽을 보호하면서 블러(Blur)를 적용합니다.

▲ Radial Blur

▲ Smart Blur

▪ Filter / Brush Strokes(이미지 위에 붓으로 덧칠한 효과의 회화적인 느낌)

- Accentde Edges: 이미지의 경계선을 강조하는 효과를 냅니다.
- Angled Strokes: 이미지의 경계선을 따라 빗살무늬 효과가 납니다.

▲ Accentde Edges

▲ Angled Strokes

- Crosshatch: 이미지에 그물 모양의 음영이 들어간 효과를 냅니다.
- Dark Strokes: 검은색 붓으로 이미지의 윤곽선을 따라 덧칠하는 효과를 나타냅니다.

▲ Crosshatch

▲ Dark Strokes

- Ink Outlines: 검은색 잉크로 이미지의 윤곽선을 덧칠한 효과입니다.
- Spatter: 그림 위에 물방울을 떨어뜨려 방울이 번지는 효과가 납니다.

▲ Ink Outlines

▲ Spatter

- Sprayed Strokes: 스프레이를 뿌린 듯한 효과가 납니다.
- Sumie: 이미지의 경계선을 따라 빗살무늬 효과가 납니다.

▲ Sprayed Strokes

▲ Sumie

❖ Filter / Distort(자연 현상을 도구로 사용하여 이미지에 적용)

- Diffuse Glow: 밝은 부분을 더욱 밝게 하여 발광되도록 합니다.
- Displace: Displacememt Map의 이미지에 따라 원래 이미지에 변형을 가합니다. 대화상자가 나타나면 [OK] 버튼을 클릭합니다. 원하는 PSD 파일을 불러오면 원본 이미지와 합성되면서 변합니다.

▲ Diffuse Glow

▲ Displace

- Glass: 굴절 유리를 통해 이미지를 보는 것 같은 효과를 냅니다.
- Ocean Ripple: 약간의 물결이 일어나는 듯한 느낌을 줍니다.

▲ Glass

▲ Ocean Ripple

- Pinch: 오목 렌즈나 볼록 렌즈로 들여다보는 것 같은 느낌을 줍니다.
- Polar Coordinates: 바닷물의 소용돌이 현상이 일어납니다.

▲ Pinch

▲ Polar Coordinates

- Ripple: 한 방향으로 잔잔한 물결이 일어나는 효과입니다.
- Shear: 이미지를 직선이나 곡선으로 굴절시킵니다.

▲ Ripple

▲ Shear

- Spherize: 렌즈를 이용한 것처럼 팽창하거나 수축시킵니다.
- Twirl: 회오리 바람처럼 나선형으로 이미지를 회전시킵니다.

▲ Spherize

▲ Twirl

- Wave: 이미지에 출렁이는 파도를 일으키는 효과를 냅니다.
- ZigZag: 지그재그 형태로 이미지를 굴절시킵니다. 수면에 작은 돌이 떨어질 때 생기는 동심원 물결을 표현할 때 주로 쓰입니다.

▲ Wave

▲ ZigZag

Filter / Noise (이미지의 잡티인 'Noise'를 추가하거나 제거하여 이미지를 보정)

- Add Noise: 이미지와 유사한 색상의 노이즈를 추가합니다.
- Despeckle: 이미지에 노이즈를 제거합니다. 노이즈를 주변의 색으로 바꾸기 때문에 작은 노이즈를 제거하는 데 효과적입니다.

▲ Add Noise

▲ Despeckle

- Dust & Scratches: 지정하는 픽셀 영역 내에서 중심 색상을 찾아 노이즈를 제거합니다.
- Median: 지정하는 픽셀 영역 내에서 색상과 명도의 평균값을 찾아 노이즈를 대체합니다.

▲ Dust & Scratches

▲ Median

❚❚ Filter / Pixelate(이미지의 픽셀들을 변형시키거나 이동)

- Color Halftone: 픽셀들을 망점화시켜 이미지가 세분화되는 효과가 납니다.
- Crystallize: 픽셀들을 크리스털 모양의 결정체로 변형시켜줍니다.

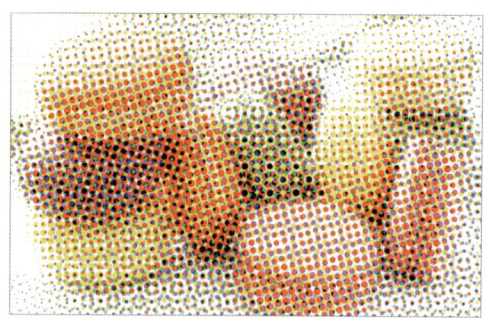

▲ Color Halftone

▲ Crystallize

- Facet: 이미지의 윤곽선을 단순화시켜 붓으로 그린 듯한 효과가 납니다.
- Fragment: 이미지가 진동하듯이 흔들리는 효과가 납니다.

▲ Facet

▲ Fragment

- **Mezzotint**: 동판화의 기법처럼 직선 스크래치 느낌을 줍니다.
- **Mosaic**: 이미지를 모자이크 처리할 때 유용합니다.

▲ Mezzotint

▲ Mosaic

- **Pointillize**: 점묘법을 이용하여 이미지를 점으로 표현합니다.

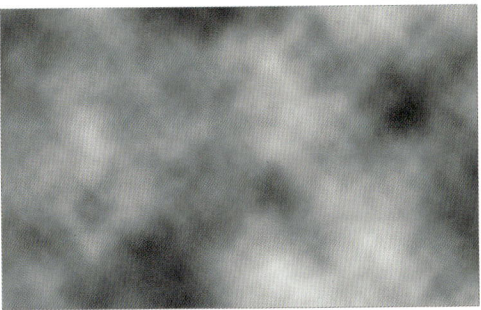
▲ Pointillize

Filter / Render(이미지에 사실감을 주는 효과)

- **Clouds**: 이미지의 선택 영역에 구름무늬 효과를 나타냅니다.
- **Difference Clouds**: 현재의 전경색과 배경색을 반전시킨 색상을 이용하여 구름무늬를 표현합니다.

▲ Clouds   ▲ Difference Clouds

- Fibers: 전경색과 배경색을 배합하여 이미지를 섬유 조직처럼 보이게 합니다.
- Lens Flare: 태양을 넣은 것처럼 밝은 섬광을 넣을 수 있습니다.

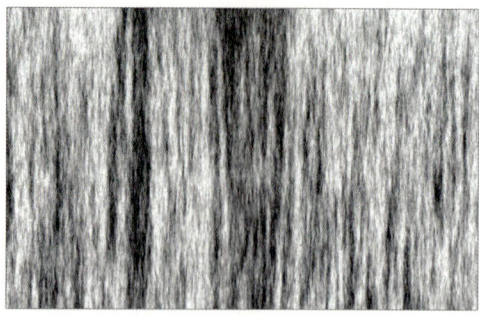

▲ Fibers

▲ Lens Flare

- Lighting Effects: 이미지에 조명 효과를 줍니다.

▲ Lighting Effects

01
의류 옥외 간판 디자인 만들기

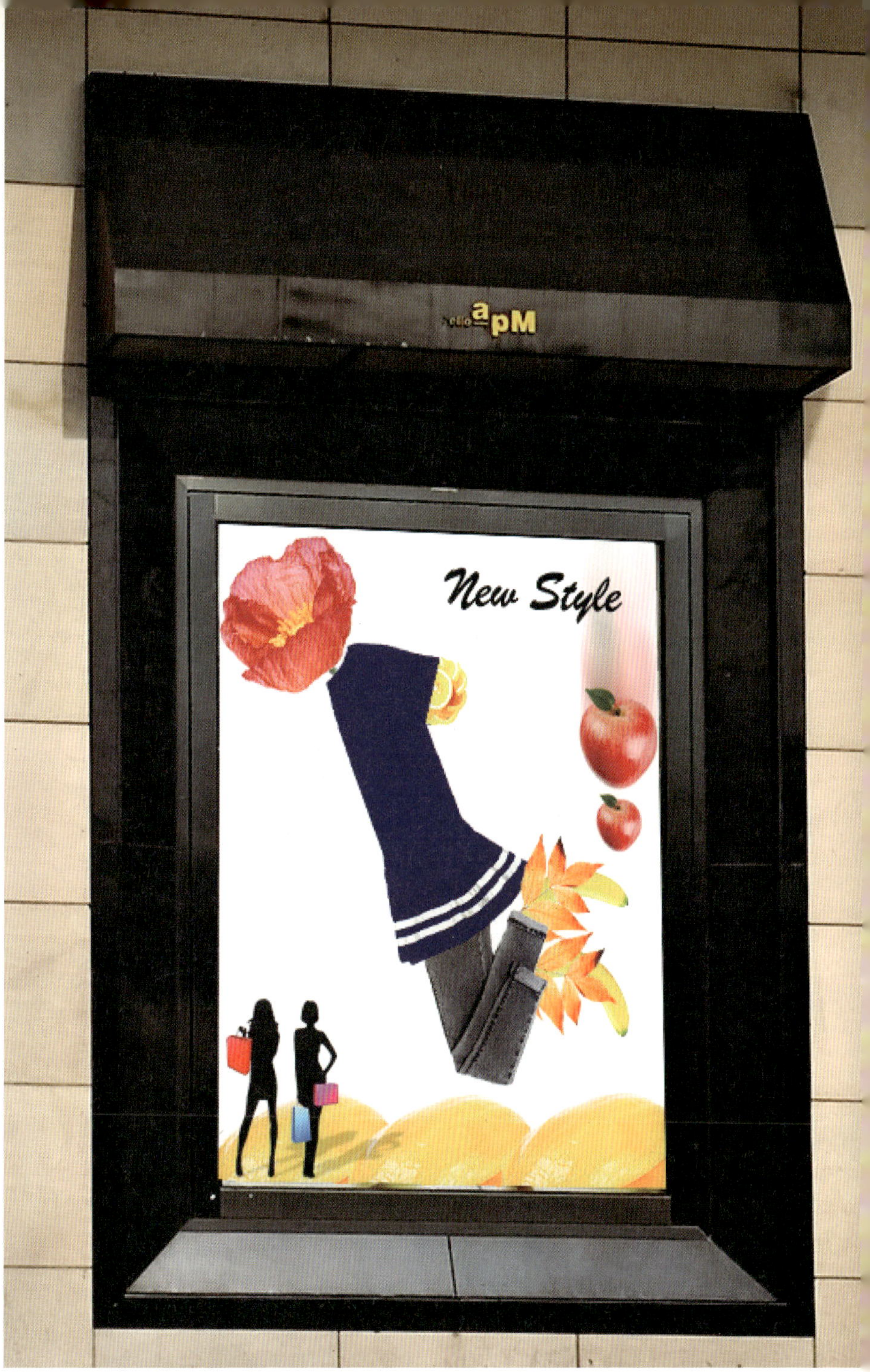

예제 파일 Sample\Theme03\Lesson06\옷.psd, 소스.psd, 과일.psd, 간판.jpg
완성 파일 Sample\Theme03\Lesson06\완성-간판.psd

키 워 드 채널 등록하기, [Soft Light] 모드 적용, [Unsharp Mask], [Gaussian Blur], [Motion Blur] 필터 활용, [Curves] 패널 적용, 그림자 만들기, 문자 툴, [Paste Into] 적용

길라잡이 의상이라고 해서 다양한 패션 물품을 사용하는 것이 아니라 과일과 식물로 의상을 살려주는 효과를 다양하게 표현해봅니다.

STEP 01 빈 문서와 포토샵 파일 불러오기

01 **01** Ctrl+N을 누르면 나타나는 [New] 대화상자에서 새 문서를 생성합니다. [New] 대화상자에서 각각 '400×500'을 입력하고 해상도는 '72'를 입력합니다. Mode는 'RGB Color'를 선택합니다.

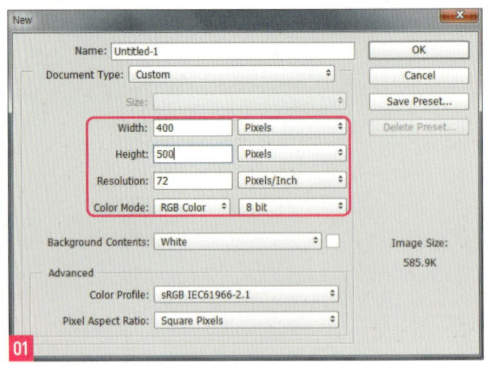

02 **02** 새로운 이미지를 불러오기 위해 Ctrl+O를 누르거나 메뉴의 [File-Open]을 선택합니다. 도구 상자에서 이동 툴을 선택한 후 이미지를 클릭, 드래그하여 복사합니다.

◉ 예제 파일
Sample\Theme03\Lesson06\옷.psd

03 **03** Ctrl+T를 눌러 [Free Transform]을 실행합니다. 조절점을 드래그하여 옷을 축소한 후 **04** 그림처럼 이동하고 Enter.↵를 눌러 적용합니다.

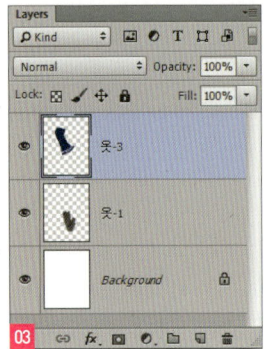

STEP 02 '파란옷', '바지' 이미지를 채널 등록하기

01 ①Ctrl+클릭으로 '옷-3' 레이어를 선택한 후 ②메뉴의 [Select-Save Selection] 명령을 실행합니다.
③그리고 [Save Selection] 대화상자에서 채널 이름에 '파란옷'을 입력하고 [OK] 버튼을 클릭합니다.

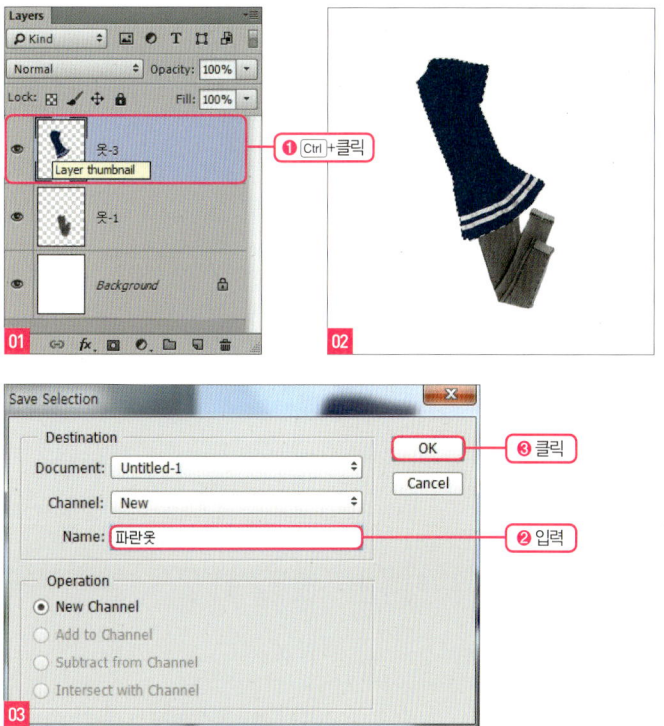

02 ④앞에서 작업한 방법으로 '옷-1' 레이어를 선택한 후 '바지' 채널로 등록합니다. [Channels] 패널에 등록된 것을 확인할 수 있습니다.

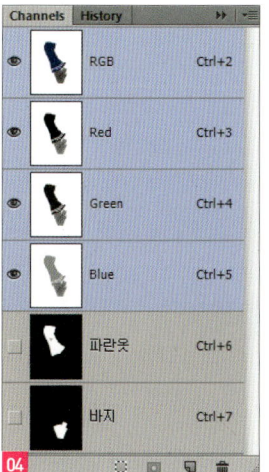

STEP 03 새로운 이미지를 불러와 배치하기

01 **01** [Layers] 패널로 이동한 후 새로운 이미지를 불러오기 위해 Ctrl+O를 누르거나 메뉴의 [File-Open]을 선택합니다. 도구 상자에서 이동 툴(▶+)을 선택한 후 이미지를 클릭, 드래그하여 복사합니다. Ctrl+T를 눌러 [Free Transform]을 실행합니다. 조절점을 드래그하여 이미지를 축소한 후 그림처럼 이동하고 Enter↵를 눌러 적용합니다.

◎ 예제 파일.
Sample\Theme03\Lesson06\소스.psd

02 **02** [Layers] 패널에서 'Layer 2 copy' 레이어를 선택한 후 **03** Ctrl+T를 눌러 바로 밑의 'Layer 2' 레이어와 합칩니다.

 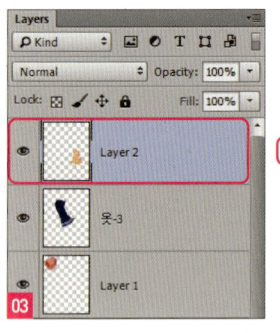

STEP 04 '바지' 채널 불러오기

01 **01** [Layers] 패널에서 'Layer 2' 레이어를 선택한 후 [Channels] 패널에 등록된 선택 영역을 불러오기 위해 메뉴의 [Select-Load Selection] 명령을 실행하여 '바지' 채널을 선택합니다.

02 **02** Delete로 나뭇잎을 삭제하여 나뭇잎이 바지 뒤에 있는 것처럼 표현합니다.

STEP 05 이미지들을 불러온 후 화면에 배치하기

01 **01** [Layers] 패널로 이동하여 새로운 두 개의 이미지를 불러온 후 도구 상자에서 이동 툴(🔁)을 클릭, 드래그하여 복사합니다. **02** Ctrl+T를 눌러 이미지를 축소한 후 그림처럼 배치합니다. **03** '망고' 레이어를 선택한 후 Ctrl+J를 두 번 눌러 레이어를 복사하고 그림처럼 배치합니다.

◎ 예제 파일
Sample\Theme03\Lesson06\과일.psd

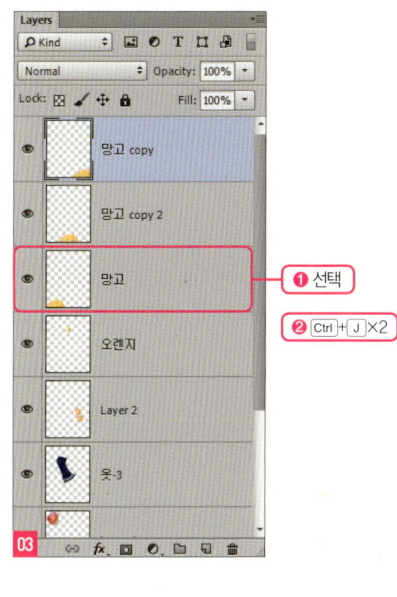

02 **04** [Layers] 패널의 '망고', '망고 copy', '망고 copy 2' 레이어를 선택한 후 **05** Ctrl+E를 눌러 세 개의 레이어를 하나로 합칩니다.

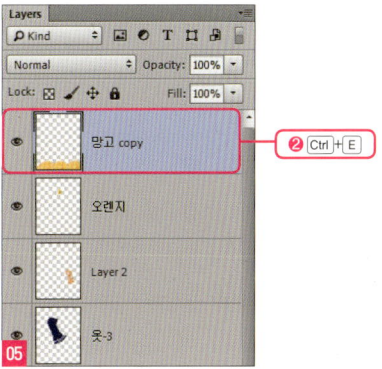

STEP 06 '바나나' 이미지 배치하기

01 **01** [Layers] 패널로 이동한 후 새로운 이미지를 불러오고 도구 상자에서 이동 툴( )을 클릭, 드래그하여 복사합니다. Ctrl+T를 눌러 이미지를 축소한 후 그림처럼 배치합니다.

◎ 예제 파일
Sample\Theme03\Lesson06\소스.psd

02 **02** 앞에서 불러온 바나나 이미지에서 Ctrl+J를 눌러 레이어를 복사합니다. Ctrl+E를 눌러 바나나 이미지가 포함된 두 개의 레이어를 합칩니다.

STEP 07 '바나나' 이미지 수정 및 위치 변경하기

01 **01** [Layers] 패널에서 'Layer 3 copy' 레이어를 선택한 후 [Channels] 패널에 등록된 선택 영역을 불러오기 위해 메뉴의 [Select-Load Selection] 명령을 실행하여 '바지' 채널을 선택합니다.

02 Delete로 바나나를 삭제하여 바지 뒤에 있는 것처럼 표현합니다. 'Layer 3 copy' 레이어를 선택한 후 'Layer 2' 레이어의 아래로 이동합니다.

02 03 [Layers] 패널의 'Background' 레이어를 제외한 모든 레이어들을 선택한 후 04 Ctrl+E를 눌러 모든 레이어를 합칩니다.

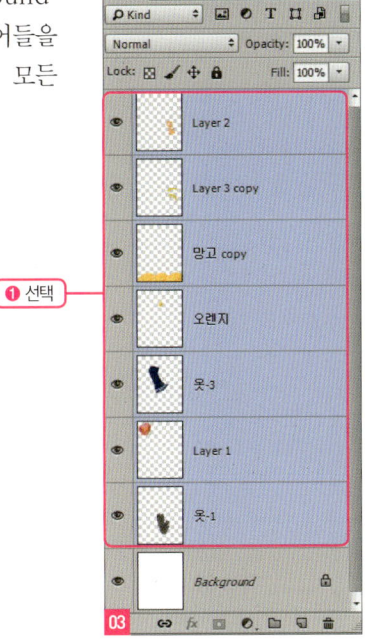

STEP 08 블렌드 모드 적용하기

01 01 [Layers] 패널에서 'Layer 2' 레이어를 선택한 후 Ctrl+J를 눌러 레이어를 복사합니다.

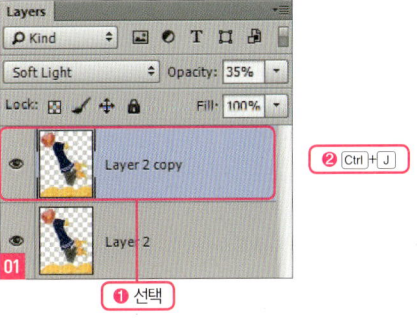

02 02 'Layer 2 copy' 레이어의 블렌딩 모드를 [Soft Light], [Opacity] '35%'로 설정합니다.

STEP 09 [Unsharp Mask] 필터 적용하기

01 **01** Ctrl+E를 눌러 레이어를 합친 후 메뉴의 [Filter-Shapen-Unsharp Mask]를 클릭합니다.

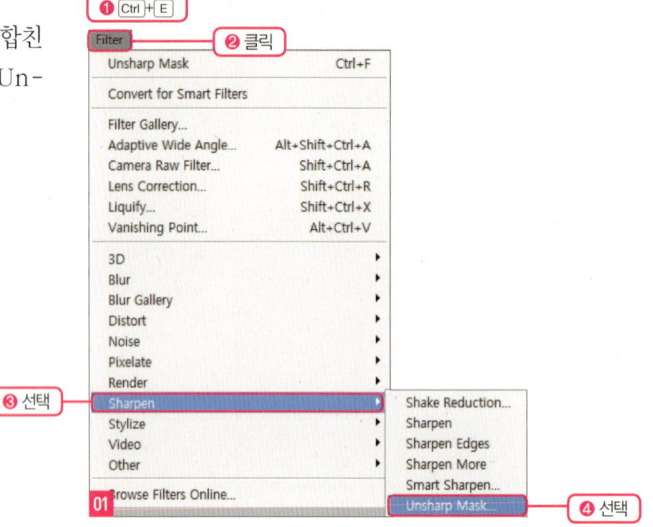

02 **02** [Unsharp Mask] 대화상자가 나타나면 [Amount]와 [Radius]에 값을 입력한 후 [OK] 버튼을 클릭합니다.

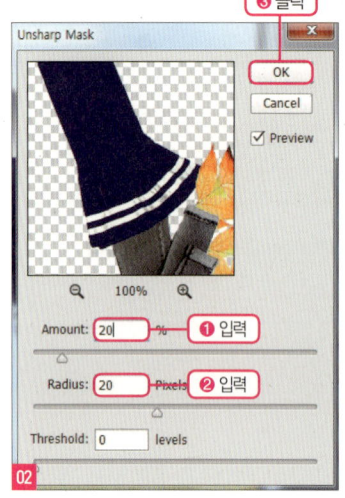

STEP 10 [Curves] 이미지 보정 설정하기

01 **01** [Layers] 패널에서 'Layer 2' 레이어를 선택한 후 메뉴의 [Image-Adjustment-Curves]를 선택합니다.

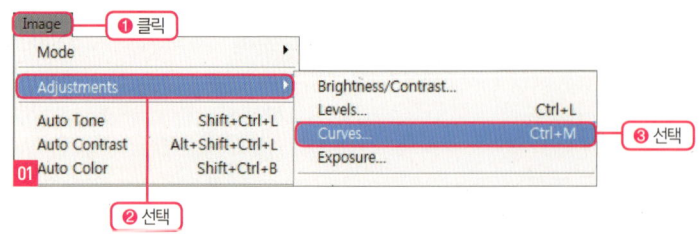

02 **02** [Curves] 패널을 연 후 S자 곡선을 만들면 멋진 이미지가 완성됩니다. 원본 이미지와 비교해보면 선명한 색상의 깊이감이 살아 있는 사진으로 보정된 것을 알 수 있습니다.

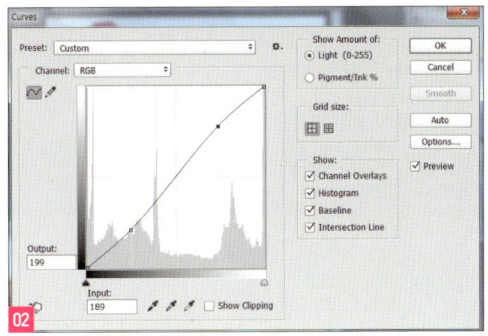

STEP 11 새로운 이미지 배치한 후 합치기

01 **01** 새로운 이미지를 불러오기 위해 Ctrl+O를 누르거나 메뉴의 [File-Open]을 선택합니다. 도구 상자에서 이동 툴(▶)을 선택한 후 이미지를 클릭, 드래그하여 복사합니다. Ctrl+T를 눌러 [Free Transform]을 실행한 후 사람 이미지를 축소하여 그림처럼 이동하고 Enter를 눌러 적용합니다.

◉ 예제 파일
Sample\Theme03\Lesson06\소스.psd

02 **02** [Layers] 패널에서 'Layer 4' 레이어를 선택한 후 **03** Ctrl+E를 눌러 아래에 위치한 'Layer 3' 레이어와 합칩니다.

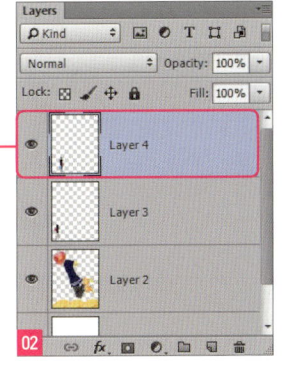
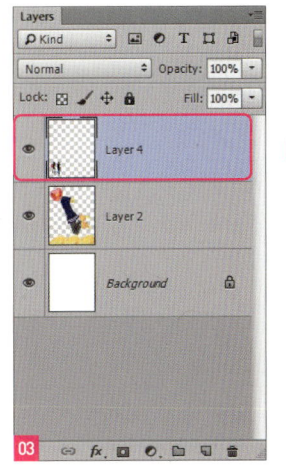

STEP 12 사람 이미지에 그림자 만들기

01 **01** 그림자 효과를 주기 위해 [Layers] 패널에서 'Layer 4' 레이어를 선택한 후 Ctrl+J를 눌러 레이어를 복사합니다. **02** 그리고 'Layer 4 copy' 레이어를 선택한 후 수직으로 대칭하기 위해 Ctrl+T를 눌러 [Free Transform]을 실행하고, 마우스 오른쪽 버튼을 클릭하여 [Distort]를 선택합니다. **03** 그림처럼 위치를 조절한 후 Enter를 눌러 적용합니다.

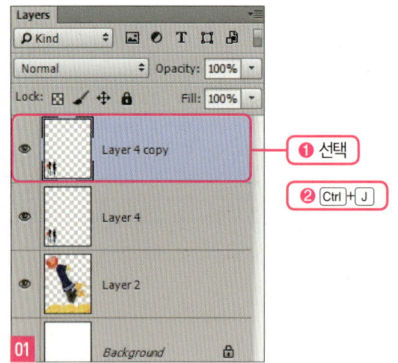

02 **04** [Layers] 패널에서 'Layer 4 copy' 레이어를 아래로 이동시킨 후 'Layer 4 copy' 레이어를 Ctrl을 누른 채 선택하여 그림자 영역을 선택합니다. **05** 전경색을 검은색으로 설정해 놓고 Alt+Delete를 눌러 색을 적용합니다. **06** 그런 다음 단축키 Ctrl+D를 눌러 선택 영역을 해제합니다.

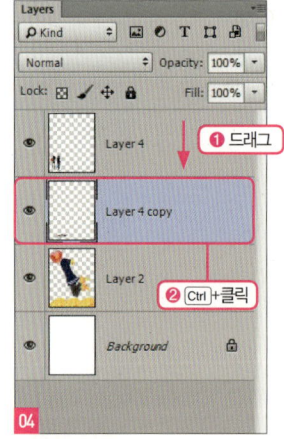

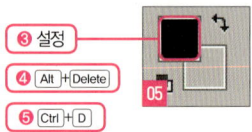

03 07 좀 더 자연스러운 그림자 효과를 주기 위해 메뉴의 [Filter-Blur-Gaussian Blur]를 클릭하여 Radius를 '0.5Pixels'로 설정하고, [OK] 버튼을 클릭합니다.

08 그림자를 부드럽게 보이기 위해 'Opacity' 값을 '15%'로 설정합니다.

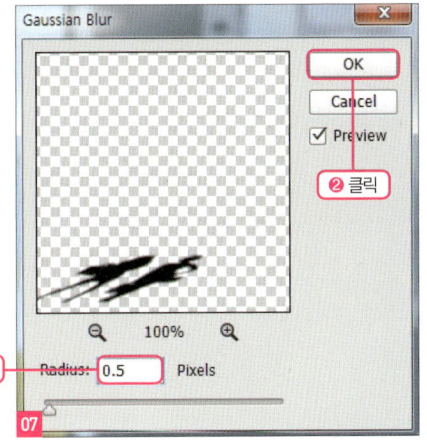
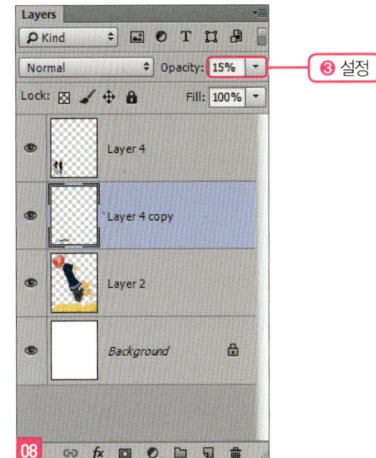

STEP 13 새로운 이미지 배치하기

01 01 새로운 이미지를 불러오기 위해 Ctrl+O를 누르거나 메뉴의 [File-Open]을 선택합니다.

02 02 도구 상자에서 이동 툴(▶⊕)을 선택한 후 이미지를 클릭, 드래그하여 복사합니다. Ctrl+T를 눌러 [Free Transform]을 실행한 후 조절점을 드래그하여 사과 이미지를 축소하고 그림처럼 이동한 다음 Enter↵를 눌러 적용합니다.

● 예제 파일
Sample\Theme03\Lesson06\과일.psd

STEP 14 떨어지는 사과 효과 작업하기

01 01 사과가 떨어지는 효과를 주기 위해 '사과' 레이어를 선택한 후 Ctrl+J를 두 번 눌러 레이어를 두 개 복사합니다.
02 [Layers] 패널에서 '사과 copy' 레이어를 선택한 후 메뉴의 [Filter-Blur-Motion Blur]를 선택합니다. 그림처럼 [Angle] 값을 '90°', [Distance] 값을 '70Pixels'로 설정합니다.

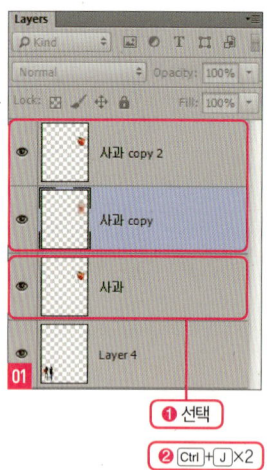 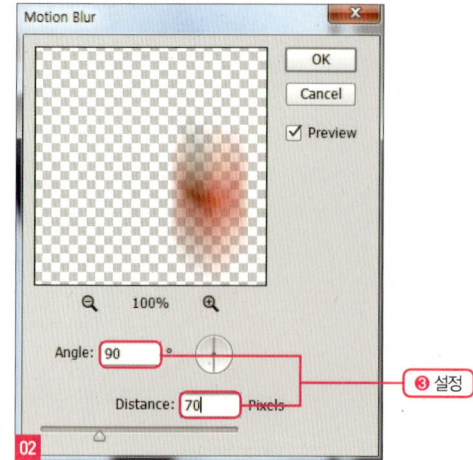

02 03 [Layers] 패널에서 '사과' 레이어를 선택한 후 04 메뉴의 [Filter-Blur-Motion Blur]를 선택합니다. 그림처럼 [Angle] 값을 '90°', [Distance] 값을 '100Pixels'로 설정합니다.

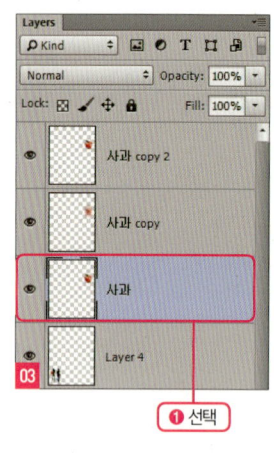 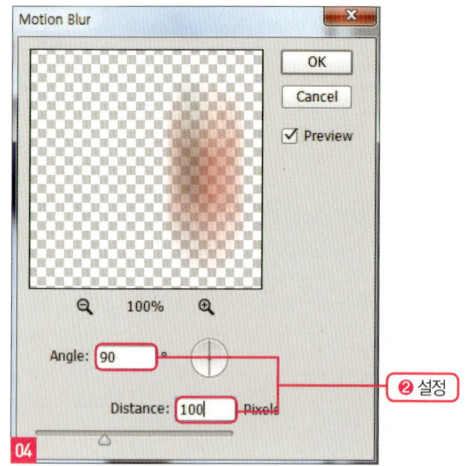

03 05 이동 툴을 선택한 후 [Layers] 패널의 '사과 copy', '사과' 레이어 이미지를 클릭, 드래그하여 그림처럼 아래로 떨어지는 효과를 주기 위해 이동합니다.

STEP 15 사람 이미지에 그림자 만들기

01 **01** 떨어지는 효과를 좀 더 부드럽게 표현하기 위해 [Layers] 패널에서 '사과 copy' 레이어를 선택한 후 [Opacity] 값을 '60%'로 설정합니다. **02** 그리고 '사과' 레이어를 선택한 후 [Opacity] 값을 '30%'로 설정합니다.

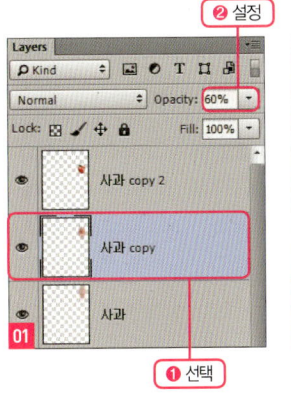
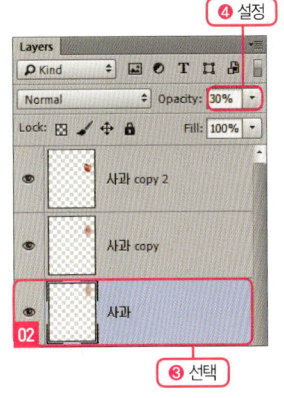

02 **03** [Layers] 패널에서 '사과 copy 2' 레이어를 선택한 후 Ctrl+J를 눌러 레이어를 복사합니다. **04** Ctrl+T를 눌러 [Free Transform]을 실행합니다. 조절점을 드래그하여 사과 이미지를 축소한 후 그림처럼 이동하고 Enter를 눌러 적용합니다.

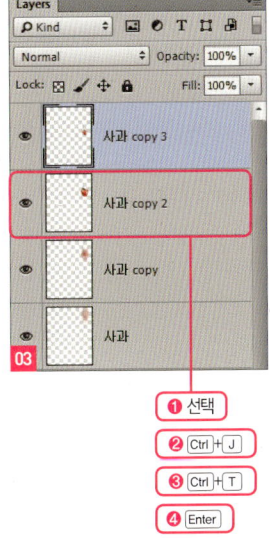

STEP 16 문자 입력하기

01 **01** 문자를 삽입하기 위해 문자 툴(T)을 이용하여 원하는 글자를 입력합니다.

02 **02** 문자 툴의 옵션 바에서 글꼴과 문자 크기를 지정합니다.

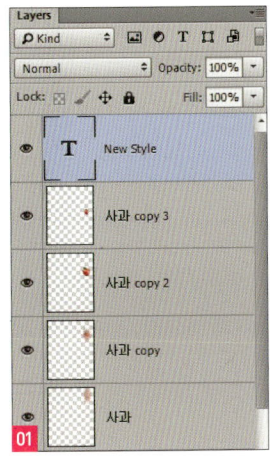

STEP 17 모든 레이어들을 합친 후 복사하기

01 **01** [Layers] 패널의 모든 레이어들을 선택한 후 Ctrl+E를 눌러 모든 레이어를 합칩니다.

02 **02** Ctrl+A를 눌러 전체 이미지를 선택한 후 메뉴의 [Edit-Copy]를 선택합니다.

STEP 18 새로운 이미지 불러오기

01 새로운 이미지를 불러오기 위해 Ctrl+O를 누르거나 메뉴의 [File-Open]을 선택합니다.

02 그림처럼 마술봉 툴(　)을 이용해 간판 화면 영역을 선택합니다.

◉ 예제 파일
Sample\Theme03\Lesson06\간판.jpg

STEP 19 [Paste Into] 명령 적용하기

01 메뉴의 [Edit-Paste Special-Paste Into]를 선택합니다.

02 완성된 이미지를 확인할 수 있습니다.

02
신발 옥외 광고 디자인 만들기

예제 파일 Sample\Theme03\Lesson06\기타.psd, 과일.psd, 신발.psd, 간판-1.psd
완성 파일 Sample\Theme03\Lesson06\완성-간판-1.psd

키 워 드 문자 툴, [Soft Light] 모드 적용, 채널 등록하기, 일러스트 파일 불러오기, [Unsharp Mask] 필터 적용, [Paste Into] 활용
길라잡이 과일과 식물들을 이용하여 신발 광고를 색다르게 표현합니다.

STEP 01 빈 문서 생성 및 이미지 불러오기

01 **01** 새 문서를 생성하기 위해 Ctrl+N을 누르거나 메뉴의 [File-New]를 선택합니다. [New] 대화상자에서 각각 '400×500'을 입력하고 해상도는 '72'를 입력합니다. Mode는 'RGB Color'를 선택합니다. 원하는 용지 사이즈인 새 문서 창이 생성된 것을 확인할 수 있습니다.

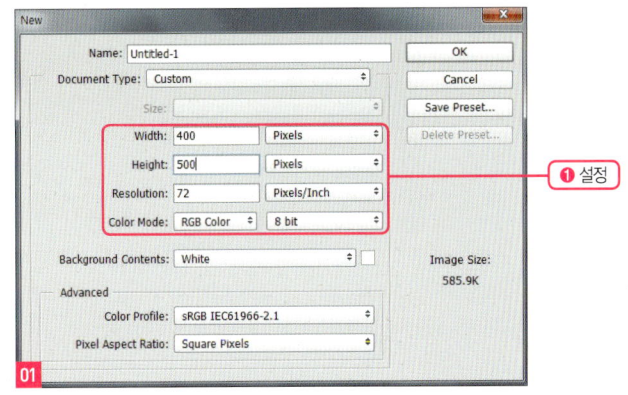

02 **02** 새로운 이미지를 불러오기 위해 Ctrl+O를 누르거나 메뉴의 [File-Open]을 선택합니다. 도구 상자에서 이동 툴()을 선택한 후 이미지를 클릭, 드래그하여 복사합니다. Ctrl+T를 눌러 [Free Transform]을 실행합니다. **03** 조절점을 드래그하여 입술 이미지를 축소한 후 그림처럼 이동하고 Enter를 눌러 적용합니다.

◎ 예제 파일
Sample\Theme03\Lesson06\기타.psd

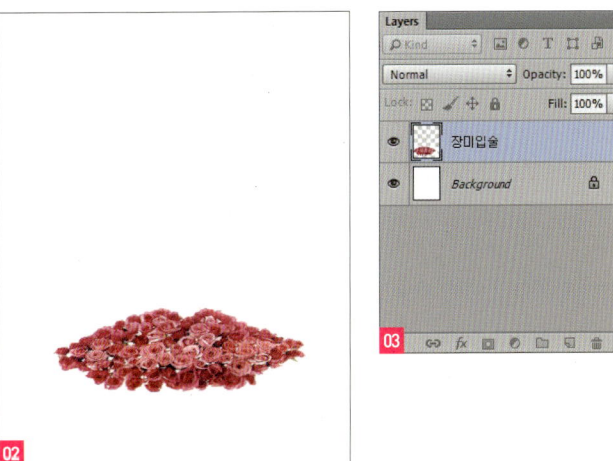

STEP 02 [Soft Light] 모드 적용하기

01 **01** [Layers] 패널에서 '장미입술 copy' 레이어를 선택한 후 Ctrl+J를 눌러 레이어를 복사합니다. '장미입술 copy' 레이어의 블렌딩 모드를 'Soft Light', [Opacity] 값을 '100%'로 설정합니다.

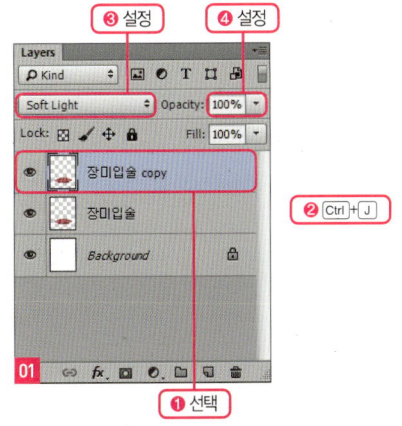

02 **02** Ctrl+E를 눌러 '장미입술' 레이어와 합칩니다.

STEP 03 주인공인 신발 이미지 배치하기

01 **01** 메뉴의 [File-Open]을 선택하여 이미지를 불러온 후 이동 툴( )을 이용해 이미지를 이동하여 복사합니다. Ctrl+T를 눌러 이미지를 크기를 조절하여 그림처럼 배치합니다.

◉ 예제 파일
Sample\Theme03\Lesson06\신발.psd

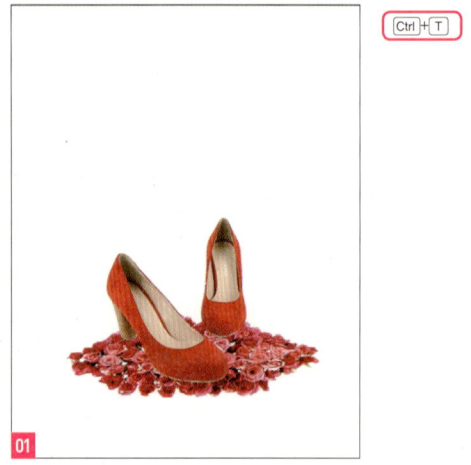

02 **02** 삽입한 구두 이미지의 가장자리 부분을 정리하기 위해 메뉴의 [Layer-Matting-Defringe]를 선택한 후 Width 값에 '1Pixels'를 입력하고 [OK] 버튼을 클릭합니다.

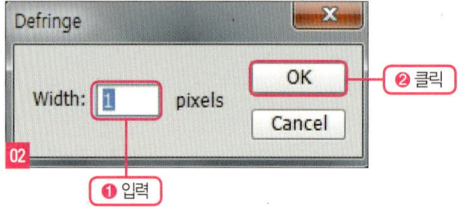

03 **03** [Layers] 패널에서 '신발-3' 레이어를 선택한 후 도구 상자에서 마술봉 툴( )을 클릭합니다. **04** 그림처럼 빨간색 영역을 선택합니다.

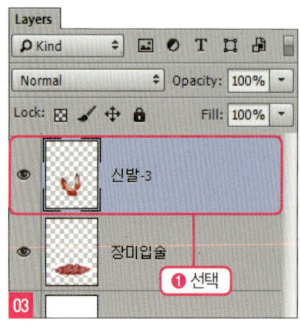

STEP 04 선택한 신발 앞부분을 하나씩 채널 등록하기

01 01 메뉴의 [Select-Save Selection] 명령을 실행합니다. 그리고 [Save Selection] 대화상자에서 채널 [Name]에 '신발'을 입력하고 [OK] 버튼을 클릭합니다.

02 뒤쪽 신발의 앞부분을 선택한 후 이름을 '신발-1'로 채널을 등록합니다.

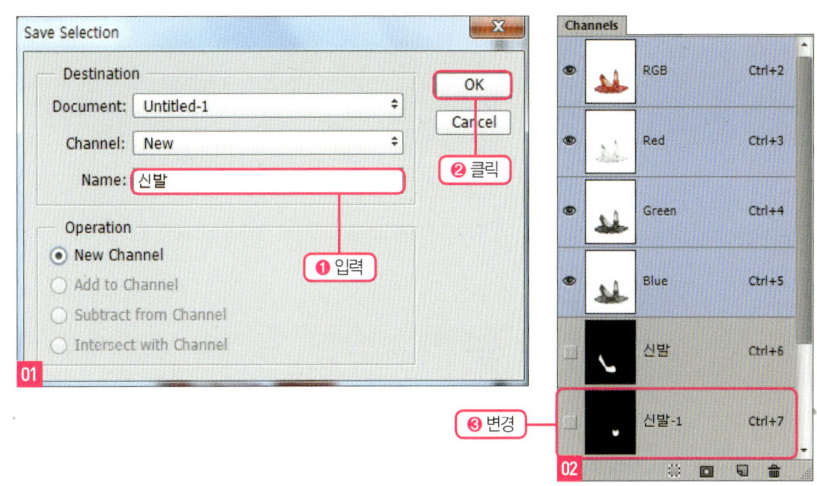

STEP 05 '망고' 이미지 배치하기

01 01 메뉴의 [File-Open]을 선택하여 이미지를 불러온 후 이동 툴(⊕)로 이미지를 이동하여 복사합니다.

02 02 Ctrl+T를 누른 후 이미지 크기를 조절하여 그림처럼 배치합니다.

● 예제 파일
Sample\Theme03\Lesson06\과일.psd

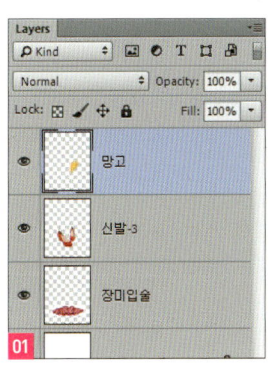

STEP 06 신발 속에 망고가 들어 있는 모양 만들기

01 01 [Layers] 패널에서 '망고' 레이어를 선택한 후 [Channels] 패널에 등록된 선택 영역을 불러오기 위해 메뉴의 [Select-Load Selection] 명령을 실행하여 '신발-1' 채널을 선택합니다.

02 Delete 를 눌러 망고가 신발 속에 들어 있는 것처럼 표현합니다.

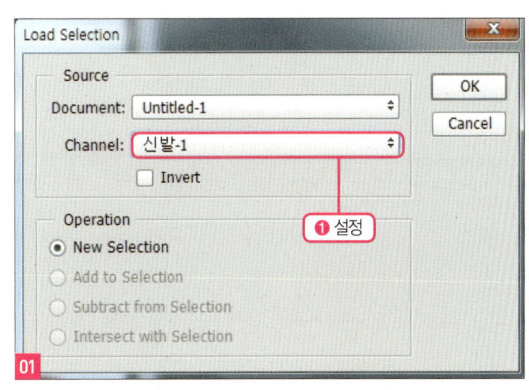

02 03 '과일.psd' 파일에서 산딸기 이미지를 불러온 후 04 Ctrl+T를 누르고 이미지 크기를 조절하여 그림처럼 배치합니다.

STEP 07 신발 속에 각 과일들이 들어 있는 모양 만들기

01 01 [Layers] 패널에서 '산딸기' 레이어를 선택한 후 [Channels] 패널에 등록된 선택 영역을 불러오기 위해 메뉴의 [Select-Load Selection] 명령을 실행하여 '신발' 채널을 선택합니다. 02 Delete를 눌러 그림처럼 산딸기를 삭제하여 03 산딸기가 신발 속에 있는 것처럼 표현합니다.

02 04 '과일.psd' 파일에서 또 다른 망고 이미지를 불러온 후 Ctrl+T를 눌러 이미지 크기를 조절하고 그림처럼 배치합니다.

03 05 채널을 이용해 신발 속에 과일이 있는 것처럼 작업합니다.

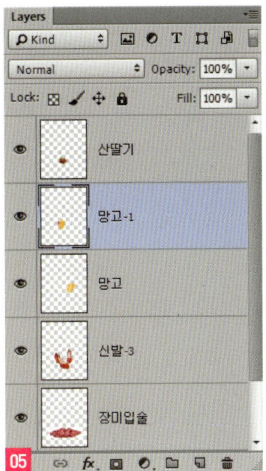

STEP 08 일러스트 파일 불러오기

01 01 일러스트레이터 파일을 불러오기 위해 메뉴의 [File-Place Embedded]를 선택합니다. [Open As Smart object] 대화상자의 [Crop To] 옵션에서 [Bounding Box]로 설정하여 불러옵니다. 02 이미지 삽입 작업을 완료하기 위해 이동 툴( )을 선택한 후 이미지를 클러, 드래그하여 이동합니다.

○ 예제 파일
Sample\Theme03\Lesson06\카라.ai

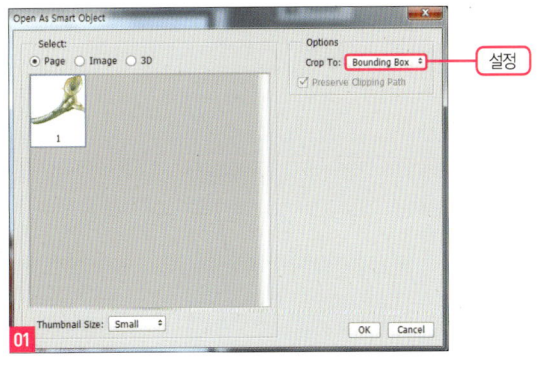

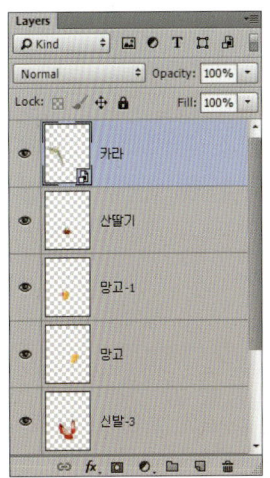

02 03 [Layers] 패널을 열고 '카라' 레이어를 선택한 후 마우스 오른쪽 버튼을 클릭하고 [Resterize Type]을 선택하여 일반 레이어로 변환합니다. 04 [Channels] 패널에 등록된 선택 영역을 불러오기 위해 메뉴에서 [Select-Load Selection] 명령을 실행하여 '신발' 채널을 선택합니다. 05 Delete 를 눌러 그림처럼 카라를 삭제하여 카라가 신발 속에 있는 것처럼 표현합니다.

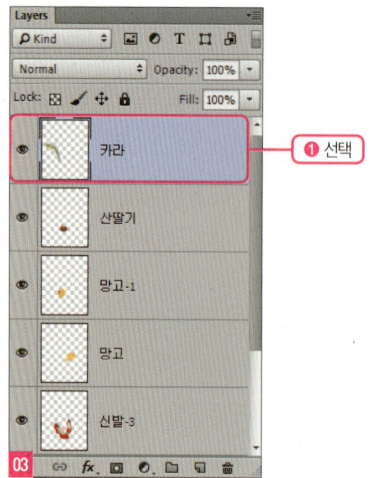

03 06 [Layers] 패널의 'Background', '장미입술' 레이어를 제외한 모든 레이어들을 선택한 후 07 Ctrl+E 를 눌러 모든 레이어를 합칩니다.

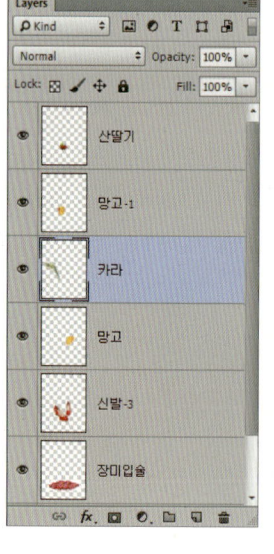
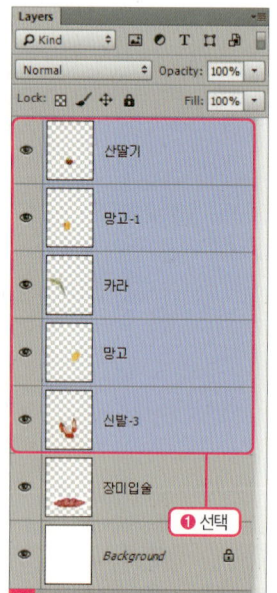

STEP 09 [Soft Light] 블렌드 모드 적용하기

01 01 [Layers] 패널에서 '산딸기' 레이어를 선택한 후 Ctrl+J를 눌러 레이어를 복사합니다. 02 '산딸기 copy' 레이어를 선택한 후 블렌딩 모드를 'Soft Light'와 [Opacity] 값을 '50%'로 조절합니다.

02 03 Ctrl+E를 눌러 '산딸기' 레이어와 합칩니다.

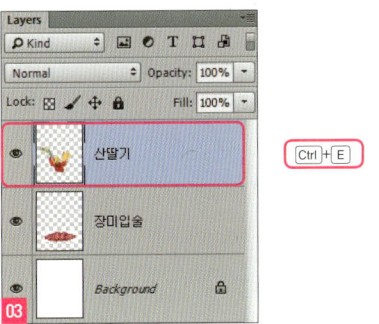

STEP 10 [Unsharp Mask] 필터 적용하기

01 메뉴의 [Filter-Shapen-Unsharp Mask]를 클릭합니다.

02 [Unsharp Mask] 대화상자가 나타나면 [Amount]와 [Radius]에 값을 입력한 후 [OK] 버튼을 클릭합니다.

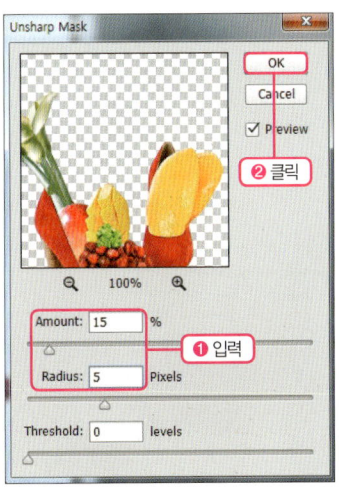

STEP 11 포토샵 파일과 일러스트 파일 불러오기

01 **01** 메뉴의 [File-Open]을 선택하여 이미지를 불러온 후 이동 툴(　)을 이용해 이미지를 이동하여 복사합니다.

02 **02** Ctrl+T를 눌러 이미지 크기를 조절하고 그림처럼 배치합니다.

● 예제 파일
Sample\Theme03\Lesson06\기타.psd
Sample\Theme03\Lesson06\풍선.ai

STEP 12 문자 입력하기

01 **01** 문자를 삽입하기 위해 문자 툴(T)을 이용하여 원하는 글자를 입력합니다. **02** 문자 색을 흰색으로 지정한 후 문자 툴의 옵션 바에서 글꼴과 문자 크기를 설정합니다.

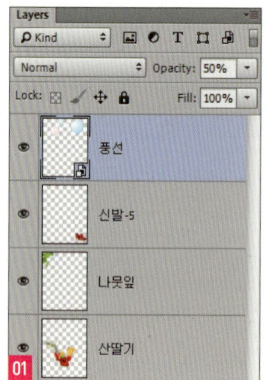
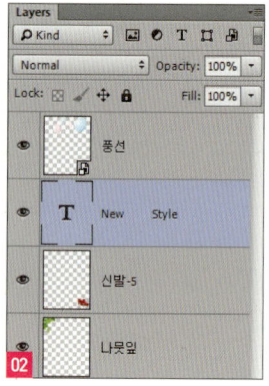

02 **03** 'new style' 레이어를 '풍선' 레이어 아래로 이동하고 그림처럼 완성합니다.

03 04 지금까지 작업한 이미지를 저장하기 위해 메뉴의 [File-Save As]를 선택합니다. 파일 형식은 '*.jpg'를 선택하고 저장합니다.

◉ 예제 파일
Sample\Theme03\Lesson06\신발광고.jpg

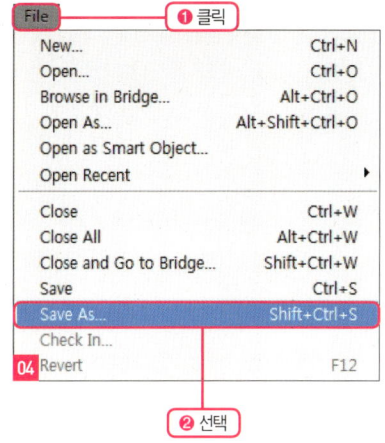

STEP 13 저장한 파일을 불러온 후 이미지를 복사하여 [Paste Info] 적용하기

01 01 새로운 이미지를 불러오기 위해 Ctrl+O를 누르거나 메뉴의 [File-Open]을 선택하여 '신발광고.jpg' 파일을 불러옵니다. 그런 다음 Ctrl+A를 눌러 전체 이미지를 선택한 후 메뉴의 [Edit-Copy]를 선택합니다.

◉ 예제 파일
Sample\Theme03\Lesson06\신발광고.jpg

02 새로운 이미지를 불러오기 위해 Ctrl+O를 누르거나 메뉴의 [File-Open]을 선택합니다. [Layers] 패널에서 '간판' 레이어를 선택한 후 그림처럼 02 마술봉 툴( )을 이용해 03 간판 화면 영역을 선택합니다.

◉예제 파일
Sample\Theme03\Lesson06\간판-1.psd

03 04 선택한 영역 안에 앞에서 복사한 이미지를 삽입하기 위해 메뉴의 [Edit-Paste Special-Paste Into]를 선택합니다. 05 완성된 이미지를 확인할 수 있습니다.

Filter Gallery

필터 조합으로 표현해내는 다양한 효과들은 Photoshop이 그래픽 중에서 지속적으로 유지하는 데 커다란 영향력을 발휘해왔습니다. 필터의 속성을 파악하고, 응용하여 다양한 효과들을 하는 능력을 키우기 위해 각 필터의 기본적 특징과 옵션 변화에 따른 다양한 효과들을 잘 파악해 두는 것이 중요합니다. [Filter Gallery]를 이용하면 쉽게 필터 스타일을 찾고, 필터 중복 효과를 만들어 낼 수 있습니다.

■ **Filter Gallery를 이용한 손쉬운 필터 활용**

Filter Gallery에서 Photoshop CC의 여러 필터들을 연속 적용하고 편집할 수 있습니다. 사용 빈도가 높은 필터(Filter)들의 특성을 이미지로 쉽게 확인할 수 있습니다. 'Effect' 레이어를 추가하여 조합된 필터(Filter) 효과를 만들 수 있습니다. 레이어의 순서를 바꿔 다른 조합 형태를 만들거나 사용하지 않는 'Effect' 레이어를 나타내거나 감출 수 있습니다. [Preview] 창에서 필터의 적용, 조합 결과를 미리 보기할 수 있습니다. 적용된 'Effect' 레이어의 옵션을 쉽게 재편집할 수 있어 원하는 결과물을 위해 충분히 테스트할 수 있습니다. 필터의 조합 결과는 액션으로 저장, 사용할 수 있으며 'Filter Gallery' 항목으로 일괄 저장됩니다.

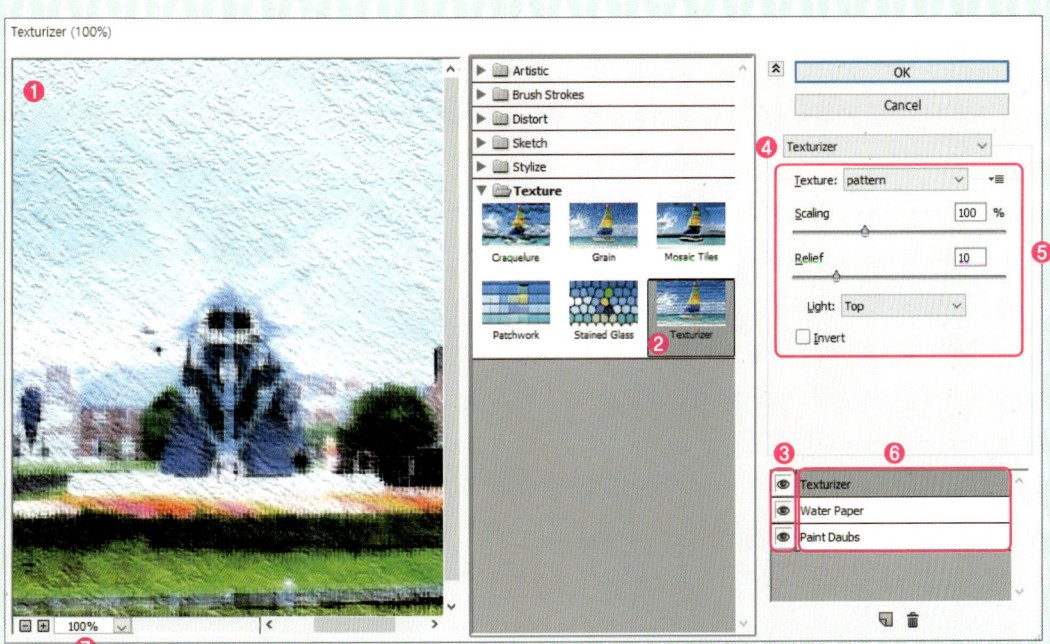

❶ 미리 보기 창
❷ 선택된 필터 이미지
❸ 필터 이미지 보기/감추기 버튼
❹ 필터 팝업 리스트
❺ 선택된 필터 옵션
❻ 적용된 필터 리스트
❼ 미리 보기 배율 지정

LESSON 07 모바일 광고

모바일 광고는 깔끔하고 단순해 보이지만, 보는 이로 하여금 강력한 임팩트를 느끼게 해야 하는 특징이 있습니다.

 필터(Filter) 조합으로 표현해내는 다양한 효과 알아보기

필터의 기본적인 특징과 옵션 변화에 따라 다양한 효과들을 잘 파악해두는 것이 중요합니다. 이를 응용하여 다양한 효과들을 하는 능력을 키우는 것입니다. 비슷하면서도 전혀 똑같지 않은 포토샵의 필터들을 살펴보겠습니다.

Filter / Sharpen (픽셀의 색상 대비를 증가함으로써 이미지의 선명도를 높임)

- Sharpen: 픽셀의 색상 대비를 증가함으로써 이미지의 선명도를 높여줍니다.
- Sharpen Edges: 이미지의 경계선을 중심으로 색상 대비를 증가시켜 이미지를 또렷하게 합니다.

▲ Sharpen

▲ Sharpen Edges

- Sharpen More: Sharpen 필터를 한 번에 2~3회 적용한 효과를 냅니다.
- Unsharpen Mask: 이미지의 채도를 높여 선명도를 조절합니다.

▲ Sharpen More

▲ Unsharpen Mask

▸▸ Filter / Sketch(수작업에 의하여 스케치한 효과)

- Bas Relief: 이미지의 명암 차이에 의해 조각칼로 파낸 듯 입체 효과를 냅니다.
- Chalk & Charcoal: 전경색과 배경색을 이용하여 초크와 목탄으로 그린 듯이 표현합니다.

▲ Bas Relief   ▲ Chalk & Charcoal

- Charcoal: 목탄화의 분위기를 살려 명암 조절로 강렬한 느낌을 냅니다.
- Chrome: 금속 질감을 내게 하며, 흑백으로만 표현합니다.

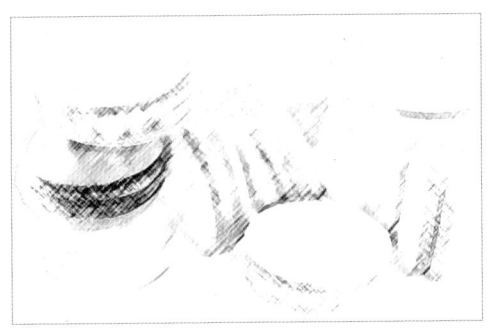 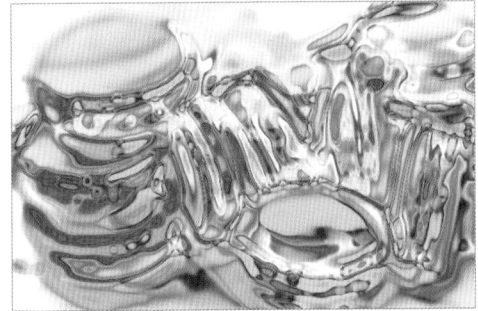

▲ Charcoal   ▲ Chrome

- Conte Crayon: 이미지에 크레용을 덧칠한 느낌을 줍니다.
- Graphic Pen: 가는 펜으로 정밀 묘사한 듯한 효과가 납니다.

▲ Conte Crayon   ▲ Graphic Pen

- Halfton Pattern: 전경색과 배경색을 섞어 사용함으로써 중간 톤을 만들어 망판 형식으로 표현합니다.
- Note Paper: 거친 종이의 효과를 냅니다.

▲ Halfton Pattern

▲ Note Paper

- Photocopy: 이미지를 복사기에 복사한 것 같은 효과가 납니다.
- Plaster: 이미지를 석고로 떠낸 것과 같은 효과를 냅니다.

▲ Photocopy

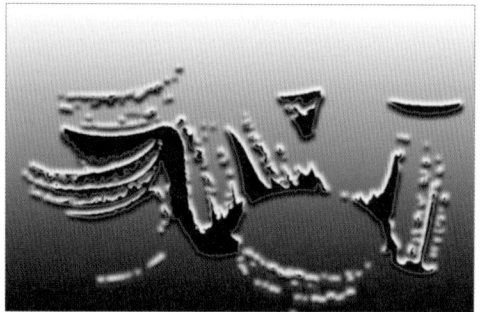
▲ Plaster

- Reticulation: 그물 모양의 망상 조직처럼 이미지를 분해하여 표현하는 효과입니다.
- Stamp: 이미지의 형태를 파서 도장으로 찍어낸 것 같은 효과입니다.

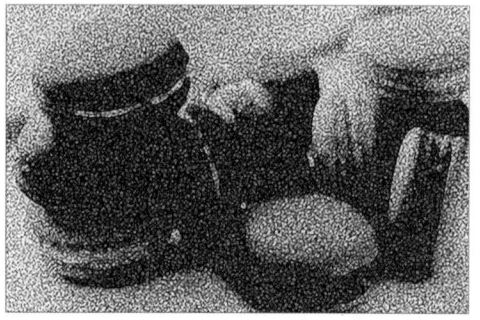
▲ Reticulation

▲ Stamp

- Torn Edges: 이미지의 형태를 파서 도장으로 찍어낸 것 같은 효과입니다.
- Water Paper: 종이에 물이 번지는 효과가 납니다.

▲ Torn Edges

▲ Water Paper

Filter / Stylize(다양한 효과들을 이용하여 새로운 스타일로 변화)

- Diffuse: 이미지의 경계선에 점을 흩뿌려 놓은 것처럼 표현합니다.
- Emboss: 이미지의 양각과 음각으로 조각한 느낌을 줍니다.

▲ Diffuse

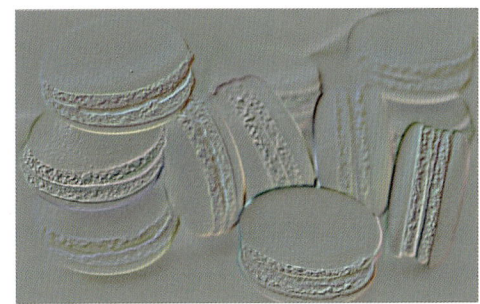

▲ Emboss

- Extrude: 이미지를 여러 개로 조각 내어 돌출된 모양을 연출합니다.
- Find Edges: 이미지의 윤곽선을 부각시키고 색상을 흰색 모드로 전환합니다.

▲ Extrude

▲ Find Edges

- Glowing Edges: Find Edges 필터와 반대의 효과가 납니다.
- Solarize: 사진 필름을 빛을 통해 바라보는 것처럼 이미지를 반전시킵니다.

▲ Glowing Edges

▲ Solarize

- Tiles: 이미지의 형태를 사각 타일 형태로 변형시킵니다.
- Trace Contour: 지도에 나타나는 등고선처럼 이미지의 윤곽선을 강조하여 나타냅니다.

▲ Tiles

▲ Trace Contour

- Wind: 이미지가 바람에 날리는 듯한 효과를 줍니다.

▲ Wind

◆ Filter / Texture(이미지의 질감을 다양한 형태로 표현)

- Craquelure: 벽에 바른 진흙이 말라 균열이 생긴 질감을 표현합니다.
- Grain: 이미지 위에 고운 입자를 뿌려놓은 듯한 질감을 표현합니다.

▲ Craquelure   ▲ Grain

- Mosaic Tiles: 이미지 위에 모자이크 형식의 타일을 입힌 질감이 나타납니다.
- Patchwork: 작은 타일 모양의 효과가 납니다.

▲ Mosaic Tiles   ▲ Patchwork

- Stained Glass: 성당에서 보는 스테인드글라스 효과가 납니다.
- Texturize: 벽돌, 삼베, 캔버스 등의 질감을 낼 수 있습니다.

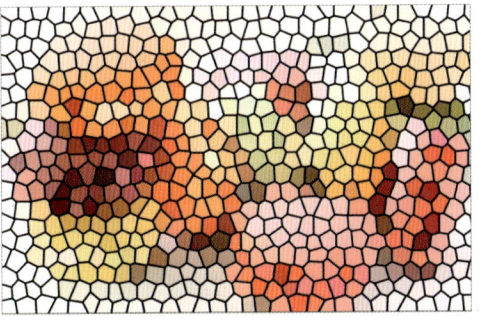 

▲ Stained Glass   ▲ Texturize

∷ Filter / Other(지금까지 공부한 메뉴에 속하지 않는 필터들을 모아 놓은 것)

- **Custom**: 사용자가 직접 대화상자 안의 셀(Cell) 상자에 수치를 입력하면 그 수치에 따라 이미지 픽셀들의 이동과 배합이 정해지게 되어 사용자만의 필터를 만들 수 있습니다.
- **High Pass**: 이미지에서 밝은 부분을 강조하고 그 밖의 영역은 회색 모드로 전환합니다.

▲ Custom

▲ High Pass

- **Maximum**: 이미지의 밝은 영역에서 밝은 색상을 추가하여 그 부분을 부각시킵니다.
- **Minimum**: 이미지의 어두운 영역에서 어두운 색상을 추가하여 그 부분을 부각시킵니다.

▲ Maximum

▲ Minimum

- **Offset**: 입력된 수치에 따라 선택된 영역의 이미지를 나눈 후 이동시키는 필터입니다.

▲ Offset

01
모바일 게임 광고 디자인 만들기

예제 파일 Sample\Theme03\Lesson07\배경.psd, 배경-1.jpg, 장난감소품.psd, 캔디.psd, 꽃게1.ai, 꽃게2.ai, 꽃게3.ai

완성 파일 Sample\Theme03\Lesson07\핸드폰-완성.psd

키 워 드 일러스트 파일 불러오기, [Motion Blur] 필터 적용

길라잡이 스마트폰을 사용하다 보면 흔히 게임 광고를 많이 볼 수 있습니다. 여러분이 흔하게 볼 수 있는 간단한 게임 광고를 작업해봅니다.

STEP 01 이미지 파일 불러온 후 배치하기

01 **01** 새로운 이미지를 불러오기 위해 단축키 Ctrl+O를 누르면 나타나는 [Open] 대화상자에서 배경으로 작업할 이미지를 불러옵니다. **02** 도구 상자에서 이동 툴( )을 선택한 후 이미지를 클릭, 드래그하여 복사합니다. **03** 그리고 그림처럼 배치하고 레이어도 순서대로 정리합니다.

○ 예제 파일
Sample\Theme03\Lesson07\배경.psd, 배경-1.jpg

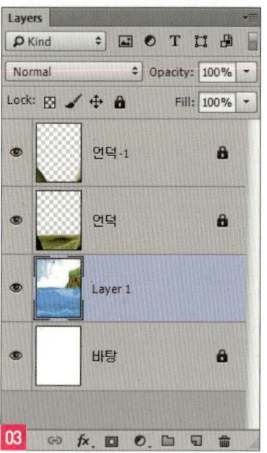

02 새로운 이미지를 불러오기 위해 Ctrl+O를 누르거나 메뉴의 [File-Open]을 선택합니다. 도구 상자에서 이동 툴( )을 선택한 후 이미지를 클릭, 드래그하여 복사합니다. Ctrl+T를 눌러 [Free Transform]을 실행합니다. **04** 조절점을 드래그하여 캔디 이미지를 축소한 후 그림처럼 이동한 후 Enter를 눌러 적용합니다.

○ 예제 파일
Sample\Theme03\Lesson07\캔디.psd

03 05 삽입한 캔디 이미지의 가장자리 부분을 정리하기 위해 메뉴의 [Layer-Matting-Defringe]를 선택한 후 Width 값을 '1Pixels'를 입력한 후 [OK] 버튼을 클릭합니다. 06 [Layers] 패널에서 '캔디' 레이어를 선택한 후 '언덕-1' 레이어 아래로 이동합니다.

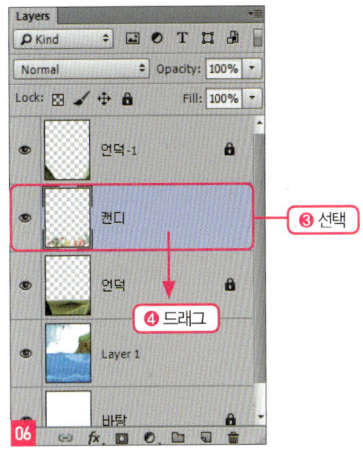

STEP 02 일러스트 파일 불러오기

01 01 일러스트레이터 파일을 불러오기 위해 메뉴의 [File-Place Embedded]를 선택합니다. [Open As Smart object] 대화상자의 [Crop To] 옵션에서 [Bounding Box]로 설정하여 불러옵니다. 이미지 삽입 작업을 완료하기 위해 이동 툴(▸)을 선택한 후 이미지를 클릭, 드래그하여 이동합니다. 02 Ctrl+T를 눌러 이미지의 크기를 조절한 후 그림처럼 이동하고 Enter를 눌러 적용합니다.

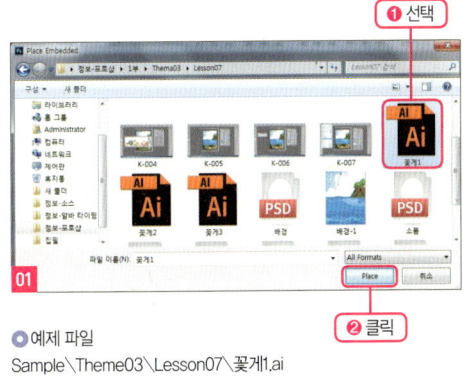

● 예제 파일
Sample\Theme03\Lesson07\꽃게1.ai

02 03 또 다른 일러스트레이터 파일들을 불러온 후 그림처럼 이동 툴(▸)을 선택하여 이미지를 클릭, 드래그하여 이동합니다. 04 Ctrl+T를 눌러 이미지의 크기를 조절한 후 그림처럼 이동하고 Enter를 눌러 적용합니다.

● 예제 파일
Sample\Theme03\Lesson07\꽃게2.ai, 꽃게3.ai

STEP 03 물고기가 떨어지는 효과주기

01 01 Ctrl+O를 눌러 새로운 이미지 파일을 불러옵니다. 02 도구 상자에서 이동 툴( )과 Ctrl+T를 눌러 [Free Transform]을 사용하여 이미지의 크기를 조절한 후 03 그림처럼 배치합니다.

◯ 예제 파일
Sample\Theme03\Lesson07\장난감소품.psd

02 04 물고기가 떨어지는 효과를 주기 위해 '물고기' 레이어를 선택한 후 05 Ctrl+J를 두 번 눌러 레이어를 두 개 복사합니다.

03 06 [Layers] 패널에서 '물고기 copy' 레이어를 선택한 후 메뉴에서 [Filter-Blur-Motion Blur]를 선택합니다.
07 그림처럼 [Angle] 값을 '90°', [Distance] 값을 '30Pixels'로 설정합니다.
08 떨어지는 효과를 좀 더 부드럽게 표현하기 위해 [Layers] 패널에서 [Opacity] 값을 '50%'로 조절합니다.

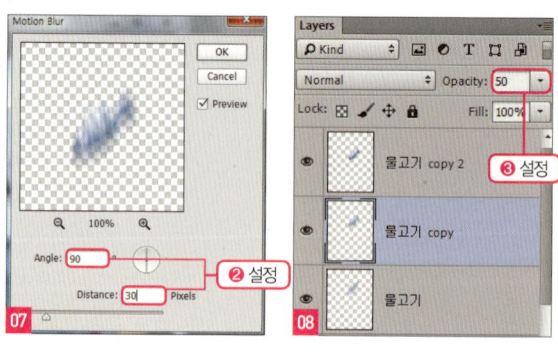

04 09 다시 한 번 [Layers] 패널에서 '물고기' 레이어를 선택한 후 메뉴에서 [Filter-Blur-Motion Blur]를 선택합니다.

10 그림처럼 [Angle] 값을 '90°', [Distance] 값을 '50Pixels'로 설정합니다.

11 떨어지는 효과를 좀 더 부드럽게 표현하기 위해 [Layers] 패널에서 [Opacity] 값을 '50%'로 조절합니다.

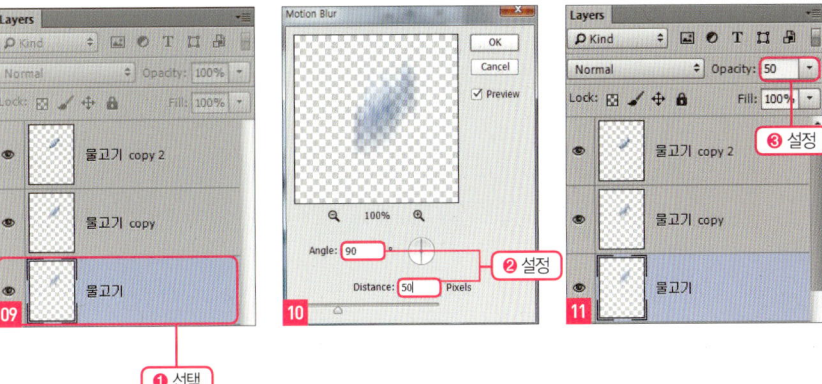

STEP 04 지금까지 작업한 이미지 저장하기

01 01 지금까지 작업한 이미지를 저장하기 위해 메뉴의 [File-Save As]를 선택하고 파일 형식은 '*.jpg'로 저장합니다.

02 02 Ctrl+O를 눌러 새로운 이미지 파일을 불러옵니다.

● 예제 파일
Sample\Theme03\Lesson07\핸드폰.psd, 배경-완성.jpg

STEP 05 불러온 이미지 배치 및 마무리하기

01 01 '배경완성.jpg' 파일을 불러온 후 이동 툴( )을 선택하여 이미지를 클릭, 드래그하여 복사합니다. Ctrl+T를 눌러 [Free Transform]을 실행한 후 조절점을 드래그하여 크기를 조절하고 그림처럼 이동한 다음 Enter를 눌러 적용합니다.

02 [Layers] 패널에서 'Layer 1' 레이어를 선택한 후 '핸폰' 레이어 아래로 이동하고 03 그림처럼 완성합니다.

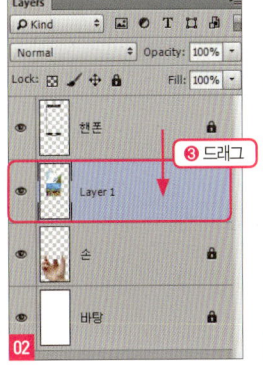

02
커피 모바일 광고 디자인 만들기

예제 파일 Sample\Theme03\Lesson07\커피.psd, 핸드폰-1.psd , 커피잔-1.jpg, 로고.ai
완성 파일 Sample\Theme03\Lesson07\핸드폰-1.psd

키 워 드 문자 툴, [Hue/Saturation], [Brightness/Contrast], [Curves], [Canvas Size] 설정, [Paste Into] 적용, [Unsharp Mask] 필터 활용
길라잡이 요즘 스마트폰으로 할인 쿠폰을 주는 카페, 레스토랑, 쇼핑몰 등 광고를 많이 볼 수 있습니다.

STEP 01 새로운 이미지 불러와 배치하기

01 새로운 이미지를 불러오기 위해 Ctrl+O를 누르거나 메뉴의 [File-Open]을 선택합니다.

● 예제 파일
Sample\Theme03\Lesson07\커피.psd

02 [Layers] 패널에서 '빵' 레이어를 선택한 후 Ctrl+J를 눌러 레이어를 복사합니다.

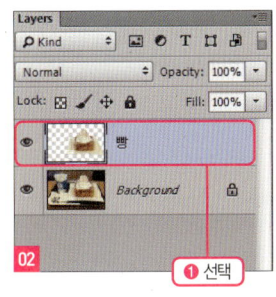 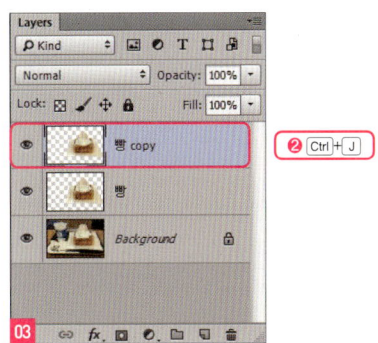

STEP 02 빵 이미지에 채도를 선명하게 표현하기

01 빵 이미지의 채도를 좀 더 선명하게 표현하기 위해 [Layer] 패널에서 '빵 copy' 레이어를 선택한 후 메뉴의 [Image-Adjustments-Hue/Saturation]을 선택합니다.

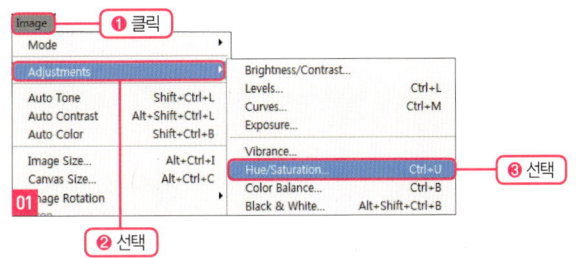

02 [Hue/Saturation] 대화상자의 [Saturation] 값을 '20'으로 설정합니다.

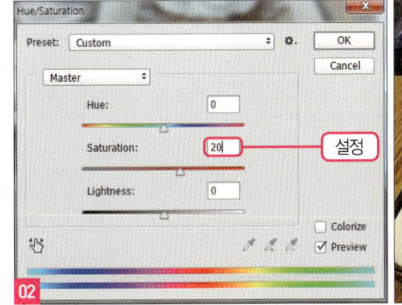 

STEP 03 빵 이미지에 밝은 효과를 주어 선명하게 표현하기

01 **01** 이미지의 밝기를 좀 더 간단하게 표현하기 위해 메뉴의 [Image-Adjustments-Brightness/Contrast]를 선택합니다. **02** 그런 다음 [Brightness/Contrast] 대화상자에서 Brightness 값을 '10', [Contrast] 값을 '50'으로 설정합니다.

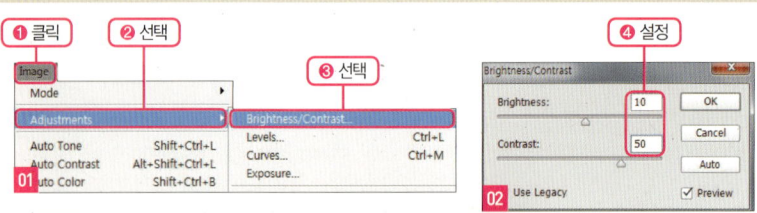

02 **03** [Layers] 패널의 '빵 copy' 레이어를 선택한 후 **04** Ctrl+E를 눌러 '빵' 레이어와 합칩니다.

 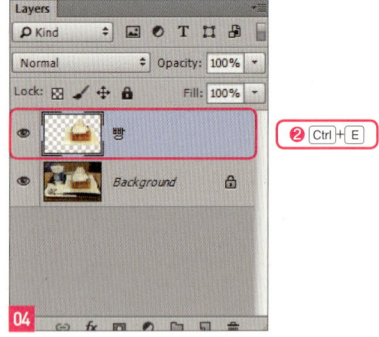

STEP 04 [Unsharp Mask] 필터 적용하기

01 **01** 이미지의 가장자리를 좀 더 선명하게 나타내기 위해 메뉴의 [Filter-Shapen-Unsharp Mask]를 클릭합니다.

02 **02** [Unsharp Mask] 대화상자가 나타나면 [Amount]와 [Radius]에 값을 입력한 후 [OK] 버튼을 클릭합니다.

STEP 05 [Curves] 이미지 보정 적용하기

01 [Layers] 패널의 '빵 copy' 레이어를 선택한 후 작업할 사진을 불러옵니다.

02 **01** 색상을 바꾸기 위해 [Layers] 패널에서 [create new fill or adjustment layer] 버튼()을 클릭한 후 [Curves]를 선택합니다.

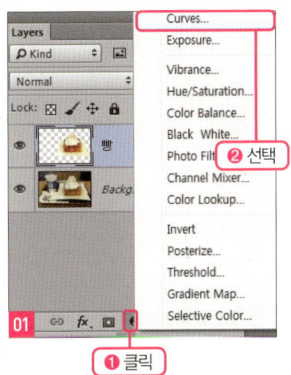 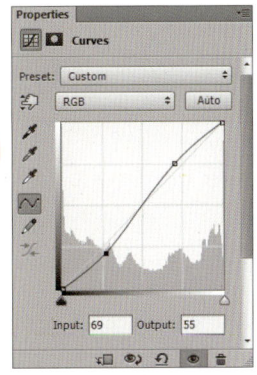 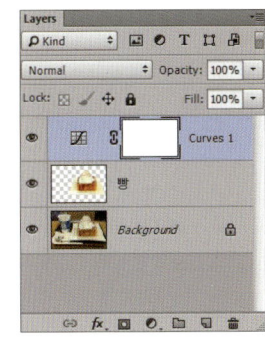

TIP

S자형 곡선
[Curves] 그래프에 추가한 포인트를 좌측 상단 방향으로 이동시키면 톤이 밝아지고, 우측 하단 방향으로 이동시키면 어두워집니다. 두 포인트를 추가하여 만든 S자형 곡선은 사진에 [contrast]를 증가시키는 데 사용되는 대표적인 곡선 형태입니다.

STEP 06 부족한 용지 늘리기

01 **01** 배경으로 용지를 늘리기 위해 메뉴에서 [Image-Canvas Size]를 선택합니다. 그림처럼 늘리기 위한 용지 방향을 [Anchor] 항목에서 '정중앙'을 선택합니다.

02 **02** 높이를 늘리기 위해 Height 값에만 '800'을 입력한 후 [OK] 버튼을 클릭합니다.

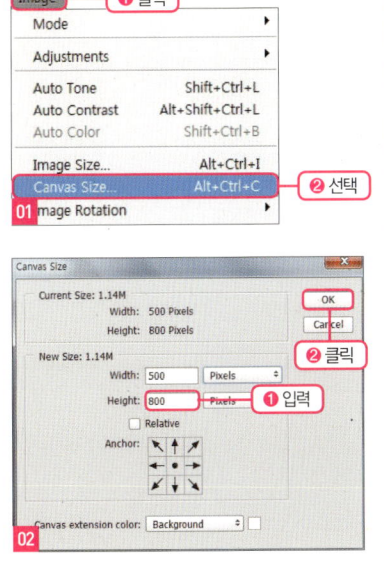 

STEP 07 흰색 영역에 검은색 채우기

01 **01** 흰색 용지 부분에 색을 채우기 위해 **02** 그림처럼 마술봉 툴( )을 이용해 하얀색 용지 부분을 클릭합니다.

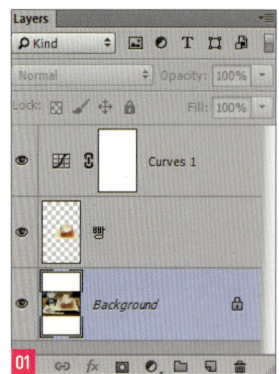 

02 **03** 도구 상자의 전경색을 검은색으로 지정하고 **04** 단축키 Alt + Delete 를 선택하여 검은색을 채웁니다.

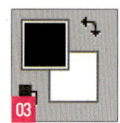 

STEP 08 새로운 이미지 불러와 복사하기

01 Ctrl+O를 눌러 새로운 이미지 파일을 불러옵니다.

02 단축키 Ctrl+A를 눌러 전체 이미지를 선택한 후 메뉴의 [Edit-Copy]를 선택합니다.

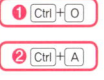

●예제 파일
Sample\Theme03\Lesson07\커피잔-1.jpg

STEP 09 [Paste Into] 적용하기

01 01 그림처럼 마술봉 툴( )을 이용하여 화면 하단의 검은색 영역을 클릭합니다.

02 02 앞에서 복사한 이미지를 삽입하기 위해 메뉴의 [Edit-Paste Special-Paste Into]를 선택합니다.

03 03 그림처럼 배치한 이미지를 알맞은 크기로 조절하기 위해서 Ctrl+T를 눌러 이미지 크기를 조절한 후 그림처럼 배치합니다.

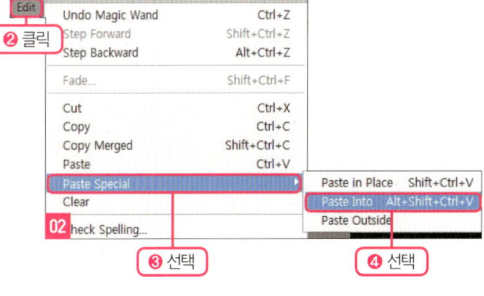
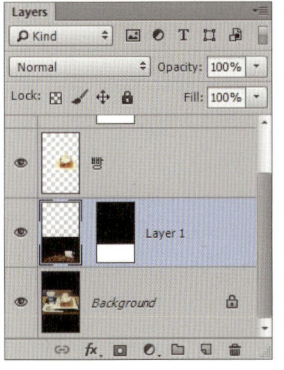

STEP 10 일러스트 파일 불러오기

01 일러스트레이터 파일을 불러오기 위해 메뉴의 [File-Place Embedded]를 선택합니다.
[Open As Smart object] 대화상자의 [Crop To] 옵션에서 [Bounding Box]로 설정하여 불러옵니다.

02 01 이미지 삽입 작업을 완료하기 위해 이동 툴( )을 선택한 후 클릭, 드래그하여 이동합니다.

● 예제 파일
Sample\Theme03\Lesson07\로고.ai

STEP 11 문자 입력하기

01 01 문자를 삽입하기 위해 문자 툴(T)을 이용하여 원하는 글자를 입력합니다.

02 02 문자 색을 흰색으로 지정한 후 문자 툴의 옵션 바에서 글꼴과 문자 크기를 설정합니다.

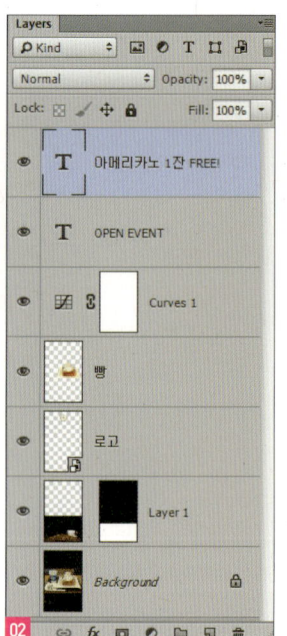

STEP 12 지금까지의 이미지를 저장한 후 포토샵 파일 불러오기

01 지금까지 작업한 이미지를 저장하기 위해 메뉴의 [File-Save As]를 선택하고 파일 형식은 '*.jpg'로 저장합니다. Ctrl+O를 눌러 새로운 이미지 파일을 불러옵니다.

◯ 예제 파일
Sample\Theme03\Lesson07\핸드폰-1.psd

02 앞에서 저장한 '커피-완성.jpg' 파일을 불러온 후 이동 툴(▶⊕)을 선택하여 이미지를 클릭, 드래그하여 복사합니다. Ctrl+T를 눌러 [Free Transform]을 실행한 후 조절점을 드래그하여 크기를 조절하여 그림처럼 이동하고 Enter를 눌러 적용합니다. [Layers] 패널에서 'Layer 1' 레이어를 선택한 후 '핸폰' 레이어 아래로 이동하여 그림처럼 완성합니다.

◯ 완성 파일
Sample\Theme03\Lesson07\커피-완성.jpg

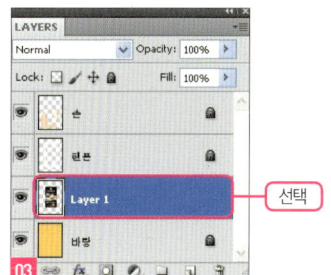

그 밖에 도움을 주는 기능

기능의 안정성과 속도, 효율성이 강화된 작업 환경 구축에 더욱 비중을 두어 사용자로 하여금 소프트웨어를 더욱 효과적으로 사용할 수 있는 기능을 소개합니다.

■ 대용량 이미지 제작

Photoshop CC에서는 게시판, 버스 광고판, 간판 등 거대한 사이즈의 이미지 창조물을 제작하는 데 필요한 크기의 이미지를 만들 수 있습니다. 최고 300,000×300,000 픽셀의 이미지를 파일당 최고 '57' 채널로 만들 수 있습니다.

■ PDF 파일을 이용한 프로젝트 파일 공유

메뉴의 [File-Automate-PDF Presentation] 명령으로 여러 PSD 파일을 페이지에 지닌 하나의 PDF 문서로 저장할 수 있습니다. 포토샵에서 만든 메모가 PDF 문서에 그대로 유지되고, PDF 문서에 포함된 메모를 다시 Photoshop CC를 설치하지 않은 컴퓨터에서도 PSD 작업 파일에 관한 정보를 교환할 수 있습니다.

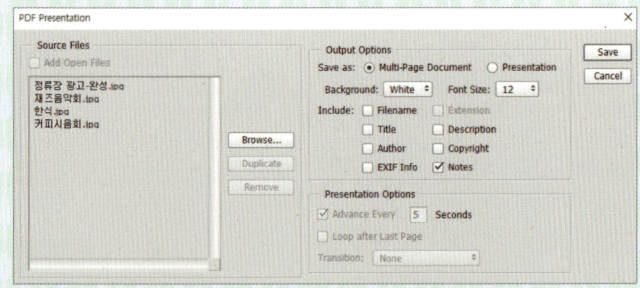

▲ [PDF Presentation] 대화상자-PDF 문서로 작업할 파일 불러오기

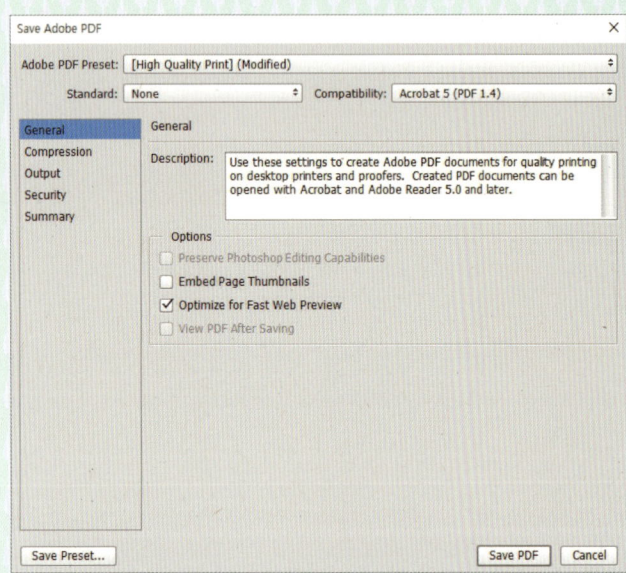

▲ [Save Adobe PDF] 대화상자-PDF 문서를 만들 때 사용할 옵션

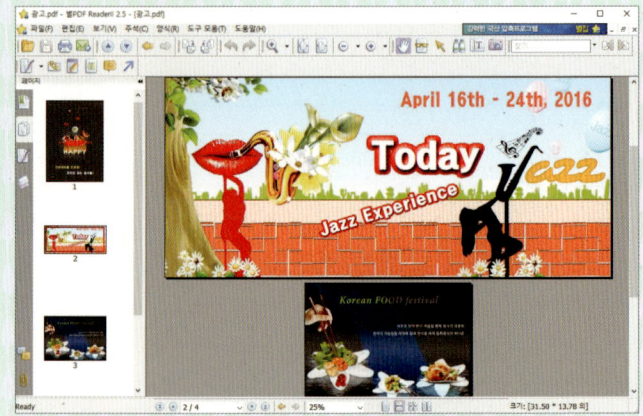

▲ PDF 문서 확인하기

■ 잘못된 철자 교정 기능

메뉴의 [Edit-Check Spelling]를 선택하면 잘못 입력된 글자를 교정할 수 있습니다. 또한 [Edit-find and Repling] 메뉴로 쉽게 글자를 찾고 수정, 교체하는 작업을 진행할 수 있습니다. 따라서 PDF 문서를 제작하거나 인쇄용 문서를 제작하는 데 편리하게 활용할 수 있습니다.

■ 키보드 단축키 사용자 정의

메뉴의 [Edit-Keyboard Shortcuts]를 선택하여 단축키가 지정된 메뉴와 지정되지 않은 메뉴에 새로운 단축키를 지정할 수 있습니다. 액션을 통해 단축키가 적용되지 않던 메뉴에 단축키를 지정되지 않은 명령이나 팔레트 옵션, 도구 상자 메뉴에도 단축키를 적용할 수 있습니다.

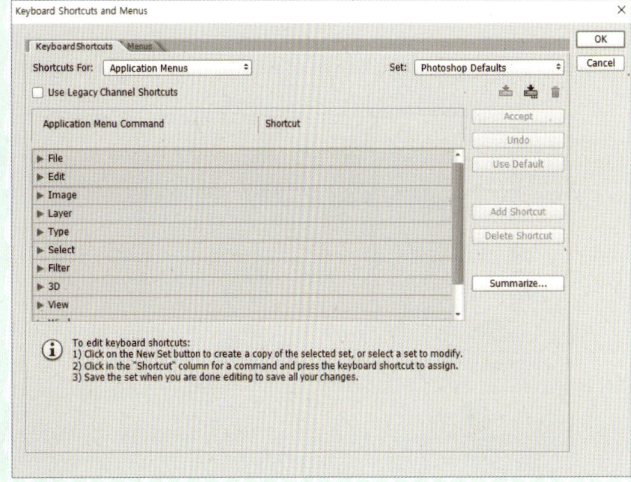

 ## 정류장 옥외 광고 만들기

아웃도어 광고는 일정 공간에서 시각적으로 불특정 다수에게 어필할 수 있는 광고입니다. 자주 이용하고 지나치는 버스 정류장을 이용하여 효과를 얻으면서 눈길을 끄는 정류장 광고를 소개합니다.

예제 파일 Sample\Theme03\실무테크닉\실무 예제01\고기-채소.psd, 팬.psd, 버스 정류장 광고.jpg, 정류장 광고-예제.jpg
완성 파일 Sample\Theme03\실무테크닉\실무 예제01\정류장 광고[1].psd

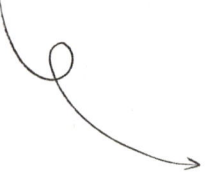

- 다양한 필터를 이용해 불꽃 문자를 작업합니다.
- 이미지 보정 명령어들을 통해 음식들의 색감 등을 좀 더 입체적으로 표현합니다.

02 재즈 음악회 티켓 만들기

문화 행사 티켓은 연극, 영화, 음악회, 전람회 등 모든 행사의 정보를 알리기 위해 제작되는 것입니다. 이해하기 쉬우며 한눈에 알아볼 수 있어야 합니다.

예제 파일 Sample\Theme03\실무테크닉\실무 예제02\식물.psd, 소품.psd, 사람.psd, 나무.png, 카라.ai, 풍선.ai, 음표.png
완성 파일 Sample\Theme03\실무테크닉\실무 예제02\재즈음악회-완성.psd

- 다양한 필터를 이용해 벽면을 작업합니다.
- 작업한 이미지들을 불러와 좀 더 수작업 느낌이 나는 티켓으로 작업합니다.

03 한식 페스티발 포스터 만들기

한식을 알리자! 평범한 소재를 잘 표현해내야 할 뿐만 아니라 세세한 설명 없이도 메시지가 정확히 전달하는 것이 중요합니다. 잔잔한 물결 위에 떠 있는 하얀 꽃잎 접시 위에 다양한 음식들을 소개합니다.

예제 파일 Sample\Theme03\실무테크닉\실무 예제03\꽃접시.psd, 접시음식.psd, 전.psd, 젓가락.psd, 채소.psd
완성 파일 Sample\Theme03\실무테크닉\실무 예제03\한식-완성.psd

- 다양한 필터를 이용해 잔잔한 물결을 표현하는 배경을 작업합니다.
- 이미지 보정 명령어들을 통해 음식들의 색감 등을 좀 더 입체적으로 표현합니다.

커피 시음회 포스터 만들기

원두커피는 커피 열매를 볶은 후 갈거나 빻은 가루를 여과지나 기구 등을 이용하여 내려 마시는 커피를 말합니다. 블렌딩이라는 작업을 통해 원두의 풍미를 더욱 살리는 시음회를 광고합니다.

예제 파일 Sample\Theme03\실무테크닉\실무 예제04\소스.psd, 커피콩.jpg, 커피.jpg, 건물.jpg
완성 파일 Sample\Theme03\실무테크닉\실무 예제04\커피시음회-완성.psd

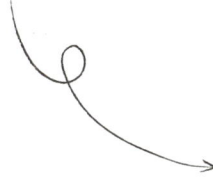

- 다양한 필터를 이용해 배경 효과를 좀 더 깊게 선명하게 표현합니다.
- 이미지 보정 명령어들을 통해 소스들의 풍부한 이미지의 효과를 표현합니다.

찾아보기

A

Add a Layer Style 110
Add a Mask 111
Add New Artboard 툴 036
[Add Noise] 대화상자 108
Adjustment Layer 072
Adobe ID 등록 신청 021
Amount 156
Artboard Tool 옵션 활성화하기 038
Artboard 기능 추가하기 034
Artboard 툴 035
Artboard를 생성하고자 할 때 034
Auto 049, 063
Auto Color 066
Auto Contrast 066
Auto Erase 125
Auto Tone 065

B

Background 084
Background 레이어 이동하기 115
Bevel & Emboss 110
Black & White 패널 143
Blend Mode 111
Bloat Tool 159, 162
Brush 125
Brush Pressure 158
Brush Size 158

C

Camera Raw Filter 132
Camera Raw 이미지 데이터 044
Camera Raw 패널 043
Cancel Puppet Warp 167
Channel 049, 063
Click To Edit Gradient 096
Color 083, 113
Color Balance 048, 051
[Color Balance] 대화상자 057
Color Levels 048
Color Negative(RGB) 060
[Color Picker] 대화상자 084, 128
[Color Range] 대화상자 056
Colorize 073, 075
CommitI Puppet Warp 167
Constrain 버튼 099
Content-Aware 146
Create A New Set 111
Create New Fill Or Adjustment Layer 051, 066, 094
Create New Layer 111, 113
Create Texture 146
Creative Cloud 023
Curver 포인트 040
[Curves] 대화상자 060
Custom Pattern 102

D

Dehaze 043
Delete Layer 111
Depth Map 086
Desaturate 144
Deselect 091
Dimensions 099
Dither 096
Document Size 099
Drop Shadow 040

Drop Shadow 레이어 스타일을 세 개 적용했을 때 040
Duotone 069
Duotone Curve 072
Duotone Mode 072
[Duotone Options] 대화상자 069
Duplicate Layer 114

Highlights 048
Histogram 065
History States 수치 늘리기 027
Hue 073, 075
[Hue/Saturation] 대화상자 073, 075
Hue/Saturation 패널 081

E~F

Edit 073
Essentials 030
Fill 101, 111
Fit To 099
Flatten Image 117
Flow 124
Foreground 084
Forward Warp Tool 159, 162
Full Screen Mode 029
Full Screen Mode with Menu Bar 028
Fuzziness 051, 083

I~L

Image 083
Image Size 099
Input Levels 063
Iris 086
Layer Mask 섬네일 135
Layer Style 표시 활용 039
[Lens Blur] 대화상자 086, 091
Lens Blur 필터 적용 091
Levels 062
Lighter(RGB) 061
Lightness 073
Liquify 162
[Liquify] 대화상자 158
Load Mesh 158
[Load Selection] 대화상자 090
Lock 111

G~H

[Gradient Editor] 대화상자 094, 097, 106
[Gradient Fill] 창 094
Gradient Map 085, 089
[Gradient Map] 대화상자 106
Gradient Map 명령으로 색채 재설정하기 089
Gradient Map을 적용하여 색상 변경하기 106
Gradient 명령으로 사진 보정하기 094
Gradient 색상 아이콘 097
Grayscale 069
Hand Tool 160
Healing Brush Tool 145
[High Pass] 대화상자 141

M~N

Magentas 079
Merge Down 116
Merge Layers 116
Merge Visible 116
Midtones 048
Mode 096, 113, 124
Motion 031

찾아보기

Name 113
Negative(RGB) 061
New Effect Layer 버튼 109
[New Layer] 대화상자 113
Noise 086

Resample 099
Resolution 099
Result 083
Reverse 096

O-P

Opacity 096, 111, 113, 124
Output Levels 063
Overprint Colors 072
Painting 031
Pattern 099
[Pattern Name] 대화상자 101, 109
Photograhy 031
Photoshop CC 2015 설치하기 020
Photoshop CC 2015의 달라진 기능 034
Preserve Luminosity 048
Preset 049, 062
Proximity Match 146
Pucker Tool 159
Puppet Warp 167
Purge 기능 027
Push Left Tool 160

S

Saturation 073, 093, 154
[Select Ink Color] 대화상자 070
Selection 083
Shadows 048
Smart Blur 필터 150, 156
Smart Filters 042
Smart Object 직접 보정 기능 043
Smart Objects 041
Soft Light 109, 153
Soft Light 블렌드 모드 157
Specular Highlights 086
Spot Healing Brush Tool 146
Standard Screen Mode 028
Stroke 039
Stroke 레이어 스타일을 두 개 적용했을 때 039
Strong Contrast(RGB) 061
Style 종류 126
Stylus Pressure 158
S자 곡선 082

Q-R

Quality 150
Radial Blur 097
Radius 150, 156
Reconstruct Options 158
Reconstruct Tool 159
Remove all pins 167
Replace Color 083
Replacement 083

T

Target Adjustment 082
Target Adjustment Tool 073, 081
Texture 110
Threshold 098, 150, 156
Threshold Level 105
[Threshold] 대화상자 105

Threshold 적용하여 흑백 구성으로 표현하기 104
Tolerance 126
Transparency 096
Tritone 069
Type 072
Typography 032

U~Z

[Unsharp Mask] 대화상자 142, 155
Unsharpen Mask 필터 156
Use Previous Layer to Create Clipping Mask 113
Vibrance 093
[Vibrance] 대화상자 093
Zoom Tool 160

ㄱ~ㄷ

그레이던트 모드 096
그레이던트의 컨트롤 패널 096
기존 이미지에서 Artboard로 변환하기 037
눈 아이콘 111
눈/얼굴형/콧대 성형하기 162
단색 이미지 만들기 075
도구 상자 033
듀오톤 사진에 그래프로 표현하기 071
듀오톤 사진에 색상 추가하기 070
디헤이즈 043

ㄹ

레이어 111
레이어 링크 걸기 117
레이어 복사하고 삭제하기 114
레이어 순서 변경하기 115
레이어 숨기고 나타내기 112
레이어 이름 변경하기 114
레이어 이미지 보정 138
레이어 합치기 116

ㅁ~ㅅ

머리카락 잡티 제거하기 148
메뉴 바 033
배경색 084
배경에 등록한 패턴 채우기 101
브러시 크기 조정 124
브러시 툴 124
사각 선택 툴 104
사진 밝기 조절하기 135
사진의 색조 수정하기 048
사진의 채도 높이기 150
사진의 톤 수정하기 048
상태 바 033
색감 자동으로 설정하기 152
색상 선택 072
색상 스포이트 049, 063
색상 영역 073
섀도 슬라이더 067
스포이트 073
스포이트 툴 083
스폿 힐링 브러시 툴 컨트롤 패널 146

ㅇ~ㅈ

아트 히스토리 브러시 툴 126
얼굴의 점 제거하기 148
연필 버튼 049
연필 툴 125
이미지 가장자리를 뚜렷하게 142

찾아보기

이미지 작업 창 033
이미지 채도 높이기 142
자동 보정 기능 065
작업 환경 설정하기 023
전경색 084
전체 화면 모드 전환 029

패턴 등록 및 레이어 스타일 적용하기 109
피부 잡티 제거 149
피부에 색상 입히기 128
피부에 음영 표현하기 129
필터 조합으로 낡은 종이 질감 표현하기 108

ㅋ~ㅍ

카메라 로 필터 132
컨트롤 바 033
컬러 사진을 흑백 사진으로 변환하기 140
팔뚝과 골반 라인 다듬기 165
패널 033
패스 버튼 049

ㅎ

허리, 무릎, 종아리, 가슴 라인 다듬기 165
화면 모드 변경하기 028
흑백 사진 만들기 137
흑백 이미지를 단색 이미지로 변경하기 077
히스토리 브러시 툴 125
힐링 브러시 툴 컨트롤 패널 145